JIDDISCHE ERZÄHLUNGEN

November '97

SAMMLUNG DIETERICH · BAND 241

Jiddische Erzählungen

IN DER ÜBERSETZUNG VON
ALEXANDER ELIASBERG
MIT EINER EINLEITUNG VON
RUDOLF NEUMANN

PARKLAND VERLAG

1997 Lizenzausgabe für Parkland Verlag, Köln

Herstellung: Meco Buchproduktion, Dreieich
Einband: Angela Müller
Satz: F. L. Wagener Lemgo
Druck und Bindung: Druckerei Ernst Uhl, Radolfzell am Bodensee

ISBN 3-88059-931-9

Printed in Germany

INHALT

Aschkenazim, d. h. »Deutsche«, war zum Unterschied von den *Sefardim* genannten Westjuden der Name der Juden des europäischen Ostens, die sich bis an die Schwelle unserer Gegenwart in Religion, Sprache und Lebensgewohnheiten ihre Eigenart bewahrt hatten. Diese Bezeichnung erinnerte daran, daß die Vorfahren der Ostjuden vor Jahrhunderten – oft auf der Flucht vor Verfolgungen, zumal in der Zeit der Kreuzzüge oder im Jahr des »Schwarzen Todes« (1348) – aus Deutschland gekommen waren. Von Polen, wo sie sich manchmal gleichzeitig mit deutschen Siedlern in den Städten niedergelassen hatten, waren sie nach Rußland und der Ukraine gewandert. Noch nach Jahrhunderten erinnerten – eine Folge der Glaubensverschiedenheit und mehr noch ihrer ursprünglichen kulturellen Überlegenheit gegenüber den leibeigenen Bauern der meist slawischen Umgebung – Tracht und Sprache der Ostjuden an ihr deutsches Herkunftsland.

Die Juden im Osten hatten ihre deutsche Umgangssprache, ihre *Mameluschen* (Muttersprache), bewahrt, ähnlich wie z. B. die aus Spanien vertriebenen Juden in der Türkei am Kastilischen ihrer Väter festgehalten haben. Wie alle jemals von Juden gebrauchten Sprachen wurde aber auch sie mit hebräischen Buchstaben geschrieben, und die Trennung vom lebendigen Strom der deutschen Sprache währte lange genug, um ihr in der anderssprachigen Umgebung ein unzerstörbares Eigengepräge zu geben. Bereits im 17. Jahrhundert stellten die vor den Kosakenunruhen *(Chmelnizkij)* aus Polen fliehenden Juden in Deutschland, das inzwischen zum Neuhochdeutschen übergegangen war, traurig fest, daß sie sprachlich Fremde geworden waren. Ihr treubewahrtes Deutsch hatte sich zur Sondersprache, zum »Jiddischen«, entwickelt.

Dieses Jiddisch hat seine mittelhochdeutsche Grundlage bewahrt; entsprechend der Herkunft der Auswanderer zeigt es Spuren verschiedener (vielleicht überwiegend fränkischer und alemannischer) Mundarten, doch begründen diese nicht die andere, vorwiegend räumlich bedingte Aufspaltung des Jiddischen in mehrere Dialekte. Im Laufe der Jahrhunderte sind in den Wortschatz hebräische und slawische Elemente eingedrungen, die zwar nicht sehr umfangreich sind (10–15 % sind hebräischen und bis zu 10 % slawischen Ursprungs), aber in merkwürdigster Verbindung oder Mischung auftreten und somit genügen, um der Sprache ihre eigene, oft sehr fremdartige Färbung zu geben.

Aus der slawischen Umwelt sind lediglich Wörter eingedrungen, die sich auf Dinge des Alltags, z. B. auf Nahrung, Kleidung, Handwerke, beziehen. Einige Körperteile haben z. B. polnische Bezeichnungen, desgleichen einige Handwerker (z. B. Tischler oder Klempner. Andere, z. B. Schuster oder Müller, tragen deutsche Namen. Der Fleischer aber heißt wegen der für ihn geltenden Religionsvorschriften nach dem Hebräischen *Kazzef*). Immer sind diese Lehnwörter nach deutschen Sprachregeln behandelt, z. B. mit deutschen Endungen versehen.

Zahlreicher sind die Entlehnungen aus dem Hebräischen. Da die Synagoge jahrhundertelang Mittelpunkt des gesamten, nicht nur des geistigen Lebens war und jeder Jude von Thora, Talmud und Gebetbuch Kenntnisse besaß, gerieten für Begriffe der Religion, überhaupt des Seelenlebens, viele hebräische Worte aus der Bibel und dem geistigen Schrifttum unschwer in den Volksmund. Während die konkrete Welt mit deutschen, seltener auch mit slawischen Wörtern bezeichnet wurde, stellte für Abstrakta wie Barmherzigkeit (*Rachmones*) oder Almosen (*Zdoke*) das Hebräische die nötigen Wörter. Eine Reihe von Begriffen aus dem Kultus entstammen, z. T. wohl durch deutsche Vermittlung, dem Latein des Mittelalters; so heißt das tägliche Gebet *oren* (orare) oder *dawnen* (devovere), segnen oder das Tischgebet sprechen *benschen* (benedicere).

Da zum synagogalen Leben in erster Linie der Festkalender gehört, sind viele seiner Bezeichnungen hebräischen Ursprungs. Dorther kommen Wörter wie *Chäudesch* (Monat) und *Scho* (Stunde); ihnen gegenüber stehen allerdings *Tog, Woch* und *Jor*. Während der Sonnabend *Schabbes,* der Feiertag als *Jontef* bezeichnet werden, führt die Synagoge die deutsche Bezeichnung *Schul* (die Gemeinde wird wiederum als *Kille* bezeichnet).

Wegen der besonders engen Verbindung mit dem Religionsgesetz wurden sehr viele Ausdrücke für das Familienleben dem Hebräischen entnommen, z. B. für: Familie *(Mischpoche),* Braut *(Kalle)* und Bräutigam *(Chußen).* Andererseits trugen Sohn *(Sun)* und Schwiegersohn *(Eidem),* Tochter *(Tochter)* und Tante *(Muhme)* deutsche Bezeichnungen.

Die dem Hebräischen entlehnten Wörter wurden vielfach umgeformt (Betonungswechsel), mit deutschen Vor- und Nachsilben ausgestattet, oft auch der deutschen Flexion unterworfen. Unverkennbar hat bei dieser Gelegenheit der Satzbau des Jiddischen auch manches Hebräische für die Syntax der Gesamtsprache übernommen.

Noch etwas hat gerade dem Deutschen das Verständnis der so nahe verwandten Sprache erschwert: häufig wurden mittelhochdeutsche oder noch zu Luthers Zeit gebräuchliche Wörter und Wortformen bewahrt, die bei uns bestenfalls nur noch in irgendeinem Dialekt auftauchen, z. B. *Leilech* für Leinentuch, *Fartech* (Fürtuch) für Schürze, *Tre(he)r* für Träne, *Lefzen* für Lippen, *nechten* für gestern, *licht(ig)* für hell, *Schnur* für Schwiegertochter oder *Eidem* für Schwiegersohn. Eine Wortfolge wie die Frage *Was ist dermer?* war nicht sofort als »Was ist der Märe?« erkenntlich.

Im Jiddischen sind also die deutschen Grundelemente durch fremdsprachige Einschiebungen, neue Konstruktionen und sehr verschiedene Arten der Aussprache oft bis zur Unkenntlichkeit verändert. Eine Anekdote erzählt von dem polnischen Juden, der sich bitter über die Verkehrtheit der Deutschen beklagt: »Auf e Häus sugen se Haus, auf e Haus sugen se Hos, und auf e Hos sugen se Has.« Das Ganze war ebenso konservativ wie flüssig, durch das Fehlen aller verbindlichen Regeln aber auch verwildert und formlos.

Die Mischsprache teilte als »Jargon« das Schicksal ihrer Sprecher; sie wurde mit ihnen mißachtet, wo nicht gar verachtet. Was der Ostjude sprach, erschien nicht nur den Vertretern der jüdischen Aufklärung *(Maskilim)* um die Wende zum 19. Jahrhundert als verdorbenes Kauderwelsch und zum Untergang verurteilt. Fremde wie Eigene wetteiferten in ihrem Verdammungsurteil; so nannte Treitschke das Jiddisch »eine abscheulich verhunzte Sprache«, der jüdische Historiker H. Graetz es »ein lächerliches Kauderwelsch, ein häßliches Gelalle«, das nicht früh genug verschwinden könne.

Als »Jargon« geschmäht und verachtet, blieb das Jiddisch die Umgangssprache, die *Mameluschen*, d. h. Muttersprache, gegenüber *Kojdeschluschen* = der heiligen Sprache, dem Hebräischen, für den weitaus größten Teil der Judenheit. In dieser weithin unbekannten Sprache lebte das jüdische Volk, bewahrte es die Zeugnisse seiner Volksdichtung: Sagen, Märchen und Volkslieder*, die vielfach (wie z. B. eine kürzlich in Oxford gefundene, dem 13. Jahrhundert entstammende jiddische Fassung des Gudrunliedes) Zeugen seiner Herkunft aus Deutschland waren.

Trotz aller Angriffe von außen oder aus den eignen Reihen hielten die Juden am Jiddischen fest, um so mehr, als die im 19. Jahrhundert entstehende jüdische Nationalbewegung, der Zionismus, das Urteil darüber wesentlich beeinflußte. Für viele sollte Jiddisch sogar die nationale Sprache der Juden werden, wobei es allerdings zu erbittertem Streit mit dem gleichfalls neubelebten und zur Profansprache ausgebauten Hebräischen, zur Auseinandersetzung zwischen »Jiddischisten« und Hebräisten kam. – Für den Juden Osteuropas, der sein Jiddisch treu bewahrt hatte und es bei der Auswanderung übers Meer mitnahm, um ihm in den USA eine neue Heimstätte zu bereiten, blieb es

* Vieles Liedgut ist infolge der langen Nichtachtung verlorengegangen, aber vor dem ersten Weltkrieg ist noch manches gesammelt worden. Die Lieder sind teilweise sehr alt, viele dürften vor Jahrhunderten entstanden sein.

Neben religiösen Liedern, die Gebetstücke auf weltliche, dichterische Weise erweitern und in (halb)deutschem Gewande jüdischen Geist atmen, stehen Liebeslieder, die deutlich Verwandtschaft mit deutschen Volksliedern zeigen wie das folgende (das auch etwas vom Klang des Jiddischen vermittelt):

»Kumt der liber Sumer,
Schpil'n mir in Sand,
Kumt der liber Winter,
Fur'n mir ze Land.

Schwarze Karsch'n raaß'n mir,
Roite loß'n mir schtein,
Scheine bucherim (Knaben) nemen mir,
Mieße loß'n mir gein.«

seine Sprache. Die Sprache, in der seine Mutter zu ihm gesprochen hatte, in der er dachte und empfand, sich sorgte oder jubelte, wie der jiddische Dichter Morris Rosenfeld (in New York) es in seinen Versen ausdrückte:

»Ir fregt, zi Jidisch is e Schprach,
gramatisch und negidisch.
Ich kan ajch sug'n nor ein Sach:
Dem Jidens Schprach is Jidisch.

Ze süch'n ligt nischt in man Fach,
fin wannen werter schtamen.
Ich wajß nor, ich hob lib man Schprach,
dos Lusch'n fin man Mamen.

Es meg'n geb'n insre pnei
far inser Schprach ka Groschen.
Mir lach'n sich ale äus fin sei
un red'n Mame-Luschen.«

(»Ihr fragt, ob Jiddisch eine grammatikalische, adlige Sprache sei? Ich kann Euch nur eines sagen: Der Juden Sprache ist Jiddisch. Es ist nicht mein Fach, die Herkunft der Wörter zu untersuchen. Ich weiß nur: ich liebe meine Sprache, die Sprache meiner Mutter. Mögen unsre Großen für unsere Sprache keinen Groschen geben; wir lachen sie alle aus und sprechen die Muttersprache.«)

Die Literatur setzt in dieser Volkssprache schon früh ein; das erste jiddische Buch wird 1534 gedruckt (die zahlreichen Handschriften gehen bis ins 13. Jahrhundert zurück). Doch bleibt diese altjiddische Literatur mit ihren begrenzten Zielen neben dem hebräischen Schrifttum noch lange Zeit unbedeutend; sie dient dem religiösen Leben, leichter Unterhaltung, daneben auch geschäftlichen Bedürfnissen.

Vor allem war Jiddisch die Literatursprache derjenigen, die wohl hebräisch lesen konnten, die hebräische Sprache, in der die umfangreiche geistliche Literatur erschien, jedoch nicht beherrschten, d. h. vor allem der Frauen. Für sie entstand bis ins 18. Jahrhundert parallel zur rabbinischen (hebräischen) Literatur ein umfangreiches religiöses Schrifttum im »Weiberdeutsch«. Es waren vornehmlich freie Bibelübersetzungen und volkstümliche Midrasch-Paraphrasen, die weite Verbreitung fanden, z. B. der »Teitsch-Chumesch« (Fünf Bücher Mosis, von Isaak ben Simson aus Prag, 1590) oder »Zenne-Renne« (*Zeeno-Ureeno* = »Sie gehen aus und schauen«, von Jakob Aschkenazi aus Janow, vor 1620). Dazu kamen ferner die Frauen-Andacht- und -Gebetbücher sowie, oft von Prag, dem Zentrum des jüdischen Schrifttums im 17. Jahrhundert, ausgehend, zahlreiche Werke, die Unterhaltung mit moralischer Belehrung verbanden (»Frauenspiegel« 1610, »Brandspiegel« 1602 u. ä.).

Unterhalten wollten auch Veröffentlichungen wie das »Bovo-Buch«, ein von dem Grammatiker Levita zu Beginn des 16. Jahrhunderts in Reimen bearbeitetes Ritterbuch, und das seit 1602 unzählige Male gedruckte »Maaße-Buch«, eine umfangreiche Sammlung von Erzählungen, Fabeln und Märchen. Weiter gab es jiddische Übersetzungen deutscher Volksbücher (Fortunat, Blancheflur), die noch im 18. Jahrhundert gedruckt wurden; sie wurden ergänzt durch historische Bearbeitungen biblischer Stoffe und phantastischer Reiseberichte.

In der Zeit der Aufklärung und der beginnenden Judenemanzipation weicht bei den Juden im Westen Europas das »Judendeutsch« (Jiddisch), bereits zum »Jargon« abgewertet, als Literatursprache der Landessprache, vielfach dem Hochdeutschen. Der Schwerpunkt der jiddischen Literatur verschiebt sich zusehends nach dem Osten Europas, wo neben-, mehr noch gegeneinander *Chassidismus* und *Haskala* (Aufklärung) zu wirken beginnen. Der Chassidismus belebt das religiöse Schrifttum, vornehmlich mystischen Gehalts, in jiddischer Sprache neu. Dagegen arbeitet die Haskala, die eine umfangreiche populärwissenschaftliche Literatur begründet. Obwohl ihre Anhänger, die *Maskilim*, die Sprache des Volkes höchst geringschätzig oder gar verächtlich behandeln, wird sie ihnen zur Aufklärung der jüdischen Massen unentbehrlich.

Zwei Richtungen waren für die jiddische Haskalaliteratur bezeichnend. Die eine bringt Werke, welche die Ideen der Aufklärung verbreiten sollten (da sie von Deutschland herübergetragen wurden, hieß man sie kurzweg *daitsch*), und, oft als eine Art Fortsetzung der früheren Moralliteratur, belehrendes Schrifttum verschiedenen Inhalts. Die zweite Strömung regte schärfste, meist als Satire geübte Kritik an der Herrschaft der starren, jedem Fortschritt feindlichen Orthodoxie über das gesamte Leben der Juden an. Künstlerische Gesichtspunkte wurden darin von der Polemik völlig in den Hintergrund gedrängt.

Vermittler zwischen der Berliner Aufklärung und den östlichen »Maskilim« waren, besonders in Galizien und Südrußland, Tendenzschriftsteller wie Mendl Satanower (1749–1826), der vornehmlich die chassidischen »Zaddikim« Galiziens angriff, und der »Mendelssohn der russischen Juden«, Isaac Bär Levinsohn (1788–1860) mit seinem satirischen Hauptwerk »Hefker-Welt« (»Die freie Welt«). Beide schrieben zunächst Hebräisch, wandten sich dann aber, um ihre Ziele zu erreichen, an den *Amhorez*, den ungebildeten Juden, auch in jiddischer Sprache. Zu ihnen gesellten sich Männer wie Israel Axenfeld (1787–1866) aus Odessa, dessen Novellen und Erzählungen interessante Milieuschilderungen boten, und Salomon Ettinger (1803 bis 1867), der »Urgroßvater der modernen jiddischen Literatur«. Ettinger, der in seinen Arbeiten weit über den Raum des osteuropäischen Ghettos hinausgriff und auch als Lyriker hervortrat, hat mit einer nach Lessings Muster gedichteten Komödie »Serkele« (»Der Spiegel«) nicht vergeblich künstlerische Absichten verfolgt.

Neben dieser kämpferischen stand eine umfangreiche Unterhaltungsliteratur, die minder erhabene Ziele anstrebte. Ihr Hauptlieferant war Jahrzehnte hindurch der Wilnaer Vielschreiber Aisik Meir Dyk (1814–1893), »Maggid (Prediger) und moderner Erzähler in einer Person«, der annähernd 300 romanhafte Geschichten, realistische Erzählungen wie romantische Novellen, »für seine geehrten Leserinnen« veröffentlichte und mit diesen, zu wenigen Kopeken auf allen Jahrmärkten verkauften Heften Zehntausende von Lesern erreichte. Seine Geschichten erheben sich oft kaum über das Niveau billiger Schundliteratur, sind aber wegen der scharfen Beobachtungsgabe ihres Verfassers noch heute von gewisser kulturhistorischer Bedeutung. Noch geringeren literarischen Wert als Dyk hatten Schomer-Schaikewitz und Seifert mit ihren vielbändigen Kolportageromanen. – Auch die jiddische Volksdichtung alten Stils wurde noch immer gepflegt. Sie war von einiger Bedeutung für die Geburt einer jüdischen Bühne, des »Jargon-Theaters«, das mit dem Namen Abraham Goldfadens (1840–1908), des vielseitigen Schöpfers des jiddischen Singspiels, untrennbar verbunden bleibt.

Trotz ihres oft bedenklich niedrigen Niveaus wirkte die jiddische Unterhaltungsliteratur in einer Hinsicht auch positiv: sie weitete den Gesichtskreis ihrer Leser und bereitete damit den Boden für Größere, die ihrem Volk mehr als Zerstreuung bieten wollten. Wichtiger noch waren die nach der russischen Bauernbefreiung

(1861) einsetzenden Gesellschaftsveränderungen, die auch für die Juden Rußlands und Polens neue, mindestens vorübergehend freiere Lebensbedingungen schufen. Allmählich entstand, nach Milderung der russischen Pressezensur, eine jiddische Presse, die der schönen Literatur einigen Raum gewährte und damit zur Verbreitung ihrer Leistungen beitrug. Für die jiddische Literatur begann um 1870 eine erste Blütezeit, eröffnet und bestimmt durch Mendele Mocher Sforim, dessen Name in den nächsten Jahrzehnten die literarische Szene beherrschen sollte.

Mendele Mocher Sforim (»Mendel der Bücherkrämer«) war das Pseudonym des aus einer litauisch-weißrussischen Kleinstadt stammenden Scholem Jakob Abramowitsch (1835–1917), dessen Werdegang für so manche jüdische Schriftsteller Osteuropas im 19. Jahrhundert typisch ist. Er ist der traditionell erzogene *Jeschiwe-Bocher*, der bei der heimlichen Lektüre eines deutschen Buches, oftmals eines Bändchens aus Schillers Werken, sich für die geistige und soziale Befreiung seines Volkes begeistert und nach langem Zögern dem Wunsch nachgibt, seine neuen Gedanken nicht hebräisch oder etwa russisch, sondern in der Umgangssprache seines Volkes vorzutragen. Nach siebenjährigem Studium an einer *Jeschiwe* (Talmud-Hochschule) und langem Wanderleben wählt er 1864 den Beruf des Schriftstellers; er beschließt ihn in Odessa als Leiter einer *Talmud-Thora* (jüd. Volksschule).

Anders als bei seinen Vorgängern haben bei Abramowitsch, der wie kaum einer mit dem Leben seines Volkes verbunden war, Sozialkritik und -pädagogik die überzeugendere Form der Dichtung gefunden. Die Figur des Bücherkrämers Mendele, der, »ein lebendes Symbol der östlichen Judenheit damaliger Zeit« (Seligmann), mit seinem Karren von Jahrmarkt zu Jahrmarkt fährt und seine »Jidelach« in der Woche wie am Feiertage sieht, ermöglichte es seinem Schöpfer, eigene Beobachtungen zusammen mit seinen Reflexionen, nur wenig distanziert, dem Leser mitzuteilen.

Bis zur Mitte des 19. Jahrhunderts lebten die Juden des Ostens nahezu ausschließlich (als Mehrheit!) in Kleinstädten, die ihr Eigengepräge, ihre patriarchalische Lebensweise bewahrt hatten. Dieser jüdischen Kleinstadt hat Abramowitsch in zahlreichen Schilderungen ein Denkmal gesetzt, wenn er z. B. die Stadt Glupsk (Dummdorf) in den »Reisen Benjamins des Dritten« mit folgenden Worten beschreibt:

»Kommt ihr nach Glupsk, laßt es euch nicht verdrießen, vorerst eine Pfütze, dann eine zweite, noch weiter dritte, just die größte, zu durchwaten, wohin – mit Verlaub – alles Gerinnsel und Spülicht der Stadt mündet und des Guten genug mit sich führt, tagtäglich andere Ladung von allerlei Art und Farbe und gar verschiednen, dem jeweiligen Tag angepaßten Gerüchen, so daß ihr leicht erraten könntet, welcher Tag es sei. Plätschern darin z. B. gelbe Rinnsale voll Sand, mit dem man Fußböden scheuert, und führen sie überdies Fischschuppen, Innereien, Hühnerköpfe, Haar und gesengte Klauen von Rindsfüßen mit sich, dann wisset: heute ist Freitag, nehmt Reisigbündel und begebt euch – mit Verlaub – ins Schwitzbad. Sammeln sich darin Eier-, Zwiebel- und Rettichschalen, Schwanzflossen von Heringen und große, ausgehöhlte Markknochen, – aha, gut Schabbes euch, Kinder Israels! Wünsch' gute Verdauung nach dem ›Kugel‹! Bemerkt ihr jedoch, daß sich das Gerinnsel mühsam fortbewegt, sich verbrannte Abfälle von Heidegrütze, ›Kasche‹, darin befinden, vertrocknete Teigreste, zerrissene Fetzen und Teile eines Besens, dann merkt es euch wohl: heute ist Sonntag; noch hat der Wasserträger kein frisches Wasser gebracht, mit Mühe hat man aus dem Faß die letzten Tropfen entleert, um wenigstens nur oberflächlich Töpfe und Schüsseln spülen zu können. Und so hat auch an allen anderen Tagen der Woche jedweder Tümpel sein eigenes Antlitz, sein eigenes Bild und seinen eigenen Geruch ...

Wenn ihr mit heiler Haut auch diese Lache überschritten habt, kommt ihr zu einem großen Schutthügel, dem kläglichen Rest eines abgebrannten Häuschens, auf dessen Gipfel meist eine Kuh, wie ein Prediger auf der Kanzel, steht und die Menge der Juden anglotzt, die, mit Stöcken und Schirmen bewaffnet, wie vergiftete Mäuse ratlos umherlaufen ... Und wenn ihr auch diesen Schutthügel glücklich überwunden habt, dann geht immer geradeaus, immer der Nase nach, bis ihr zu einem großen Platz gelangt. Dort habt ihr das Herz der Stadt. Dort pocht es Tag und Nacht, dort sitzt sein innerster Nerv, vollzieht sich sein Leben. Da stehen Geschäfte, große und kleine Buden und die weitberühmten Hehlerstände, wo Handwerker die Reste, Stoff-, Leinen-, Sammet- und Pelzfetzen an den Mann bringen. Dort kocht es wie in einem Kessel; es wimmelt von Leuten, unberufen, eine dichte Menge: Juden drängen sich und stecken von allen Seiten Püffe ein, von Deichseln, Wagen und Kutschen. Ärzte behaupten, wenn man einen Glupsker Juden obduziert, findet man meistens in seinem Leib eine Deichsel. Aber auf die Glupsker Ärzte ist kein Verlaß, der Feldscher spielt dort eine größere Rolle. Auf besagtem Platz hört man immer Stimmen: ›Heiße Bohnen, liebe Jüden! Heiße Grütze, Knoblauch, Zwiebel, ihr Kinder Israels!‹ Zerrissen und zerschlissen umherlaufende Jungen bieten diese Dinge mit sonderbarer Melodie feil. Am Abend könnt ihr dort stehenden Fußes Minche- und Maariwgebet herunterleiern; dort auch wird der Neumond begrüßt und geheiligt. Laut schreit man dem Vorübergehenden zu: ›Scholem alejchem, Vetter!‹, Lastträger stehen herum, die Hüften mit dicken Stricken umgürtet, ausgediente Soldaten in alten, zerfetzten Monturen, Trödler mit abgetragenen Hosen, Kaftanen, Leibchen und allerlei altem Plunder. Ein schmutziges Mädchen mit verfilztem Haar bittet heulend mit kreischender Stimme um Almosen, zupft jeden an den Rockschößen ... Jüdinnen sitzen vor Schüsseln mit Knoblauch, Gurken, Kirschen, Stachelbeeren, Kol-Nidre-Birnen und anderen Dingen ...«

Nicht nur die Häßlichkeit der Straßen wird geschildert, auch die Menschen mit ihren Eigenheiten, Schwächen und Verbrechen, die Krämer, Steuerpächter und »Chapper«, die von den Reichen bestochenen Rekrutenfänger. Die Bilder, die Abramowitsch zeichnet, lassen verstehen, weshalb er als Sozialreformer begann, der von allen denen, welche die Gemeinden beherrschten, Gerechtigkeit forderte. Ob es sich um ein veraltetes Steuer- und Verwaltungssystem (»Die Taxe«), wirtschaftliche Not und Ungerechtigkeit (»Der Wunschring«, »Fischke der Krumme«) oder das tragikomische Wanderleben des entwurzelten jüdischen Menschen (»Die Reisen Benjamins des Dritten«) handelt, überall und immer forderte Abramowitsch, der bereits lange vor dem Aufstieg der jüdischen Nationalbewegung in seinem berühmt gewordenen Roman »Die Schindmähre« (»Die Kljatsche«, 1873) die Tragik des jüdischen Volkes behandelt hatte, Freiheit und Gerechtigkeit. Ohne diesen Kampf gegen die politische und wirtschaftliche Bedrückung seines Volkes jemals aufzugeben – was ein Wunder gewesen wäre, nachdem die Pogrome von 1881 allen Hoffnungen der Juden auf ein freieres Leben ein Ende bereitet hatten –, wuchs Abramowitsch doch darüber hinaus; zusehends siegte in ihm der Dichter über den Publizisten und Satiriker, wichen Haß und Liebe, wie er bekannte, der Liebe und dem Mitleid.

»Ich gestehe vor Gott und den Menschen, daß ich gegen meine Nachbarn zuerst in meinem Herzen Haß verspürte. Ich hatte das Gefühl, als hätten sie mir etwas genommen; sie ließen mich wirklich nicht in Ruhe. Ich grollte meinem bösen Schicksal, das mich mit diesen wunderlichen Geschöpfen zusammengebracht hatte. Aber als ich sie näher beobachtete, vollzog sich in meinem Herzen ein Wandel zu ihren Gunsten, und ich begann, anders über sie zu denken. Mein Herz wollte vor Mitleid mit ihnen zerspringen.«

Das tiefe Verständnis für seine »Jidelach« mit all ihren Schwächen verwandelte ihn, der als kämpferischer Satiriker begonnen hatte, in den alles verstehenden Humoristen, der nun ohne allzuviel Licht und Schatten auskam. Immer deutlicher rückwärts, einer schon zu seinen Lebzeiten entschwundenen Epoche zugewandt, wurde Abramowitsch mit seiner wachsenden Liebe zur Detailschilderung und Ironie in mancher Hinsicht Dickens, mit dem man ihn oft verglichen hat, eher noch Raabe recht ähnlich. Für seine vielen Freunde und Nachfolger aber wurde er gegen Ende seines langen Lebens der *Seide* (Großvater), bei dem der bittere, halb schon vergessene Anfang durch ein gütiges Lächeln überdeckt wurde. Mit diesem »vergoldeten Realismus« hat Abramowitsch Schule gemacht.

Unter Mendeles Zeitgenossen hat keiner seine Bedeutung erreicht, weder Izchok Joel Linetzki (1839 bis 1916) durch seine (autobiographischen) Anklagen gegen den Chassidismus, noch auch Jakob Dineson (1856–1919) mit Romanen aus dem Seelenleben des jüdischen Kindes (»Herschele«, »Jossele«), die in den neunziger Jahren erschienen. Beide fanden wenig Gehör bei dem Volke, das ihnen, wie lange Zeit auch Mendele, die billige Ware eines Dyk oder Schomer vorzog.

Die Gruppe der »Jargonisten«, die Jiddisch als Literatursprache durchsetzen wollten, war zahlenmäßig damals noch zu schwach. Zu viele gute Köpfe schrieben nur Hebräisch (z. B. Perez, Scholem Alejchem) und mußten erst der Volkssprache gewonnen werden. Andere, die der russischen Revolutionsbewegung nahestanden, bevorzugten aus Solidarität gegenüber ihren Kampfgenossen die russische Sprache (z. B. Simon Frug, der in der russischen Literaturgeschichte erscheint, später aber, wie Mendele für die Erzählung, bahnbrechend für die jiddische Dichtung werden sollte). Es bedurfte erst der Pogrome nach 1881, daß sie sich auf ihr Judentum besannen und dem Zionismus anschlossen, wenigstens aber sich von der fremden Sprache abwandten und jiddisch zu schreiben begannen. Jetzt konnten auch Sammlungen erscheinen wie die von Scholem Alejchem herausgegebene »Jiddische Folksbibliotek« oder »Der Hojsfrajnd«, der von Mordechai Spector herausgegeben wurde.

Mordechai Spector (1858–1925) begann gleichzeitig mit Scholem Alejchem in dem wöchentlich erscheinenden »Jiddischen Folksblat«. Er hatte Mendeles Stil und Technik übernommen; in seinen zahlreichen Romanen und Novellen (»Die Krüppel«, »Der jüdische Muschik«) wurde aber zusehends dessen Humor durch Sentimentalität verdrängt. Wie sein Vorbild zeigt Spector das Leben der Juden im »Ansiedlungsrayon«, dem ihnen seit 1835 zugewiesenen Wohngebiet in den westlichen und südwestlichen Gouvernements des zaristischen Rußlands. Sein Thema heißt also auch Armut, Elend und Not, wie sie unter den Juden überall herschten. Doch war Spector weder ein Mendele noch ein Scholem Alejchem, und seine oft farblosen Werke blieben in ihrer Wirkung beschränkt. Erst sein Altersgenosse Scholem Alejchem war berufen, in Mendeles Fußtapfen zu treten und durch ein reiches, sehr verschiedenartiges Werk (Romane, Erzählungen,

Kinderbücher sowie Theaterstücke) sein Vorbild an Bedeutung noch zu übertreffen. Die Wirkung seiner populären, vielfach im Familienkreise vorgelesenen Werke auf das Leben der Ostjuden ist kaum zu ermessen.

Scholem Rabinowitsch (1859–1916) ist unter seinem Pseudonym *Scholem Alejchem*, der gebräuchlichsten jüdischen Grußformel (»Friede sei mit Euch!«), unter den jiddischen Autoren derjenige, der bei den Juden in Ost und West am nachhaltigsten gewirkt und auch international die größte Beachtung gefunden hat. In Perejaslawl (Ukraine) geboren und nach dem Bankrott seines Vaters bereits mit 13 Jahren zum Broterwerb gezwungen, war er später Hauslehrer, dann Kaufmann; früh begann er zu schreiben. Nach hebräischen Anfängen ging er zum Jiddischen über und setzte sich dann sein Leben lang für den Rang der jiddischen Sprache und Literatur ein; dabei blieb er so volksnahe wie nur einer.

Er kannte die ukrainischen Juden seiner Heimat und die New Yorker Juden von der Lower East Side genau, daher sind seine Schilderungen jüdischer Typen für den Psychologen nicht minder interessant wie für den Volksforscher.

Der Verlust seines Vermögens an der Börse veranlaßte ihn, sich ganz schriftstellerischer Arbeit zu widmen. 1894 brachte sein Roman »Tewje der Milchiger«, der sein bekanntestes Werk blieb, den großen Erfolg. Nach dem Kiewer Pogrom von 1905 lebte er im Auslande (zunächst in der Schweiz, dann meist in New York) als volkstümlichster Schriftsteller, der auf Vortragsreisen von seinen jüdischen Landsleuten überall größte Ovationen erfuhr. Als er 1916 in New York starb, beteiligte sich die ganze Judenheit der Stadt an seinem Begräbnis, das nach seinem letzten Wunsch, auch im Tode dem Volk verbunden zu bleiben, auf einem Arbeiterfriedhof in Brooklyn stattfand.

Scholem Alejchem begann mit realistischen Novellen und Erzählungen (»Jossele Nachtigall«), zunächst unverkennbar in der Art Mendeles. Von diesem übernahm er, abschweifende Detailmalerei ablehnend, die Technik, die vielen Typen der damaligen jüdischen Welt mit spöttischem und doch liebevollem Blick zu charakterisieren. Seinen eigenen Stil zeigte der Roman »Kleine Menschen und kleine Gedanken« (»Klajne Menschelach mit klajne Hasoges«); dort erscheint bereits Kasrilewka, in dem so viele seiner Geschichten spielen sollten. Mit Masepowka oder Juhupec entspricht diese Schöpfung seiner Phantasie den von Mendele gezeichneten Städten Glupsk, Tunejadewka u. a. Es folgen, immer begleitet von einer Vielzahl kleiner Geschichten, die großen Romane »Menachem Mendel«, »Tewje der Milchiger« und »Motel Pesse« (daneben Dramen wie »Dos grojße Gewins« oder »Zeseit und geschpreit«). In ihnen läßt Scholem Alejchem, der jede Erscheinung des jüdischen Lebens verfolgte, seine eindrucksvollen Typen auftreten, in denen sich der jüdische Leser wiedererkannte: den Spekulanten Menachem Mendel, den biederen Tewje mit seiner Frau Golde, den Waisenknaben Motel u. a.

Menachem Mendel, dessen Leben aus einer endlosen Kette von Reinfällen und Rückschlägen, ja Katastrophen besteht und der doch von der nie versagenden Hoffnung getragen wird, daß ihm früher oder später das große Los zufallen wird, verkörpert jene Unsicherheit und Wurzellosigkeit, welche die Juden des »Rayons« zwang, ihre Existenz auf Treibsand zu bauen. Es sind Luftgeschäfte, die Menachem Mendel betreibt, er selbst einer der »Luftmenschen«, in denen unerschütterlicher Optimismus immer wieder die unfreundliche Wirklichkeit besiegt.

Ihm steht Tewje der Milchiger gegenüber, dem

Scholem Alejchems ganze Liebe gehört, eine künstlerische Darstellung des jüdischen Alltagsmenschen. Tewje kennt das Leben, erkennt es an. Aber auch er ist ein Mensch der Hoffnung, der trotz aller Nackenschläge nie enttäuscht werden kann; auch er, der viel Schmerz und Mißgeschick erfährt, weiß nichts von Verzweiflung. Wenn ihm Schweres widerfuhr, nimmt er sich, in unerschüttertem Glauben an Gottes Güte, »wieder zu der Arbeit«. Tewje ist der jüdische Durchschnitt: Materialist und Idealist zugleich, Ungläubiger und Gläubiger, Praktiker und Schwärmer in einer Person.

Tewje hat es zu eigenem Pferd und Wagen gebracht und versorgt die Sommerfrischler von Boberik mit Milchprodukten. Einige Male wöchentlich führt ihn sein Weg durch stille Fichtenwälder. Die Berührung mit der Natur hat seine inneren Kräfte gesteigert, die stille Religiosität und philosophische Betrachtungsweise der Widrigkeiten, mit denen die Menschen im allgemeinen, der Jude besonders, zu rechnen hat. Sobald er seine Ware an den Mann gebracht hat, pflegt er sein Pferdchen gemächlich durch den Wald heimwärts traben zu lassen. Er vertieft sich in metaphysische Fragen und beschäftigt sich häufig mit dem Problem, wie töricht die Menschen das Leben eingerichtet haben. »Die Sonne strahlt und wärmt, die Fliegen schwirren, die Welt umfängt einen so wohlig, breitet sich so weit und offen aus; es ist einem zumute, als müßte man sich in die Lüfte erheben, um fortzufliegen oder sich hinzustrecken, dahin zu schwimmen.«

Wenn um die Zeit des Laubhüttenfestes die Sommerfrischler in die Stadt zurückkehren und Tewje weniger mit seinen Milchkannen zu schaffen hat, sitzt er gern vor seinem Häuschen. »Für mich ist das die schönste Zeit. Die Sonne brennt nicht mehr, sie liebkost nur milde, daß einem das Herz vor Wonne aufgeht. Der Wald ist immer noch grün, die Tannen hören nicht auf, harzig zu duften. Mir scheint, der Wald sieht so feierlich aus, als wäre er die Laubhütte für unseren lieben Gott, eigens für ihn errichtet. Da, denke ich mir, feiert unser Herr und Schöpfer das Laubhüttenfest; nicht in der Stadt, in dem Getöse und Gerenne, wo die Menschen ständig auf der Jagd nach dem Erwerb sind, wo man nichts anderes hört als Geld, Geld ... Hoschano-Rabbo ist gewiß das reinste Paradies! Der Himmel ist so blau, die Sterne funkeln, glitzern, verblassen; ab und zu zwinkern sie wie ein menschliches Auge. Manchmal schießt ein Stern wie ein Pfeil, vom Bogen geschnellt, fällt zu Boden, eine leuchtende Bahn hinter sich lassend. Gesunken ist ein Schicksalsstern: wieviel Sterne, soviel Schicksale, jüdische Schicksale!«

Tewje bleiben schlechte Erfahrungen nicht erspart. Menachem Mendel bringt ihn um sein bißchen Geld. Eine fremde Welt drängt sich an ihn heran, aber über alles vermag er sich durch seine Lebensphilosophie hinwegzusetzen. »Erbarme dich, lieber Herr und Vater«, pflegt er zu seufzen und – nachzugeben.

Tewje geht es immer »nur« um das tägliche Brot und um die Versorgung seiner sieben Töchter. In seiner trotz allem Elend unverwüstlichen Redseligkeit, die in der Sprache der Bibel und des Talmuds (mit echten wie mit selbstgeprägten Zitaten) schwelgt, verkörpert er »die ganze unermeßliche Not, die ganze unzerstörbare Zuversicht des späten Ostjudentums und mehr: alles Leiden, alle Hoffnung aller Juden überhaupt« (H. L. Goldschmidt).

Trotz der soziakritischen Spannung, die in seinen Werken spürbar wird, bleibt Scholem Alejchem im Pathos der Anklage hinter seinem Vorgänger und Lehrer Mendele zurück. Er besitzt nicht dessen tragischen Humor; er bezieht eine andere Position, von der aus er gleichzeitig weint und scherzt. Sein Humor ist so tief und umfassend, daß er selbst tragische

Szenen mit eigentümlicher Leichtigkeit behandeln kann. Auch das Furchtbarste, der Pogrom, kann sich dem nicht entziehen. Eine seiner Geschichten spielt, wie so viele andere, in Kasrilewka, zur Zeit des Pogroms von Kischinew (1903). Die Nachricht davon ist nach Kasrilewka gelangt und hat in der dortigen Judenschaft Trauer und Entsetzen erregt. Das Städtchen liegt zwar nicht allzu nahe bei Kischinew, aber auch nicht sehr weit ab. Und die Juden aller Lande sind ja Brüder; jeder fühlt die Not des anderen als eigene. Darin ist gewiß nichts Komisches; aber schon in dem Schwulst, mit dem der Überbringer die Schrekkensnachricht vorträgt, spielt Scholem Alejchems Humor. Und nun bekommen die Juden von Kasrilewka vor den Nichtjuden ihrer Stadt Angst. Da in dem Städtchen nur sehr wenige Nichtjuden wohnen, haben sie eben vor diesen wenigen Angst: vor Chwedor, dem »Schabbes-Goj«, der für alle Juden am Sabbat die notwendige profane Arbeit verrichtet, und vor der pockennarbigen Dienstfrau Hapke. Sie schauen ihnen in die Augen und werden immer besorgter, bis ein doppeldeutiges Wort eines wirklich judenfeindlichen russischen Beamten ihnen den Pogrom als unmittelbar bevorstehend erscheinen läßt und die ganze Judenschaft sich mit Hab und Gut auf den Weg nach dem nahen Koschojewka macht. Unterwegs begegnen sie den Juden Koschojewkas, die aus der gleichen Ursache nach Kasrilewka auswandern. Nun merken sie auf beiden Seiten: es gibt keinen Grund, davonzulaufen, es gibt auch kein Wohin. Alle kehren stumm und beschämt nach Hause zurück. – Auch diese Geschichte ist von Scholem Alejchem, wie alles, was er erzählt, in einer Sprache geschrieben, von der auch die beste Übersetzung nur eine Andeutung geben kann.

Der dritte der gleichzeitig schaffenden Klassiker des jiddischen Schrifttums, *Isaac Lejb Perez* (1852–1915), nimmt nicht nur durch seine Herkunft – er war im östlichen Polen (Zamość) geboren – gegenüber Mendele und Scholem Alejchem, mit denen ihn am Beginn viel verband, durch seine »tangentiale Entwicklung« (Y. Mark) eine Sonderstellung ein. Der Warschauer Rechtsanwalt schrieb zunächst hebräisch und ging erst in vorgerücktem Alter zum Jiddischen über. Dann allerdings war er ein begeisterter »Jiddischist«, als solcher einer der Führer bei dem Czernowitzer »Sprachkongreß« (1908), der Jiddisch zur »Nationalsprache« der Juden erklärte.

Mit der Haskala und dem Sozialismus verbunden, begann Perez in seinen »Feiertagsblättern« (»Jontefbletlach«) mit realistischen Skizzen und Kurzgeschichten aus seinen Erfahrungen bei der Sammlung statistischen Materials unter den Juden der polnischen Kleinstädte. Seine »Reisebilder« zeigen Menschen in zuweilen grotesker Wirklichkeit, z. B. den Rabbiner, der durch die Androhung eines Streiks in Ritualfragen eine Erhöhung seines kärglichen Gehalts zu erreichen sucht, oder den vielbeschäftigten Mann ohne Beruf, der »von Gott lebt« und dabei eine vielköpfige Familie ernährt. Aber diese witzigen Milieuschilderungen (wie sie in der jiddischen Literatur damals häufig waren) sind für Perez nicht bezeichnend. Sein Name ist vielmehr mit dem Chassidismus verbunden, den er in die jiddische Literatur eingeführt hat. Mit ihm beherrschte Perez, »der Vater der modernen jiddischen Literatur«, in den letzten 15 Jahren seines Lebens die literarische Szene des jüdischen Warschaus.

Perez hat stärker als andere hebräische wie jiddische Dichter die Krise empfunden, in welche das östliche Judentum im Laufe des 19. Jahrhunderts durch das Eindringen neuer Ideen geraten war. Dem Judentum, in dem bis dahin nationale und religiöse Werte eine unauflösbare Einheit gewesen waren, drohte die beginnende Verweltlichung zur nationalen Katastrophe zu werden. Die unerläßliche Besinnung auf die jüdischen Werte – nicht als religiöse Doktrin, sondern als Volksidee – erschien Perez als die eigentliche Aufgabe des jiddischen Dichters, also die seinige: er fand diese Werte im Chassidismus, der bis dahin nur das Angriffsziel aller Aufklärer war.

Ungefähr seit 1890 führt Perez den romantischen, phantastischen Chassidismus in die jiddische Literatur ein, während ungefähr zur gleichen Zeit der als Sammler jüdischer Sagen und Legenden bekannte Micha bin Gorion (M. J. Berdyczewski) es unternimmt, den Neo-Chassidismus theoretisch zu begründen. Perez beschwört – als Muster für die Zukunft des Judentums – in zahlreichen Novellen, u. a. in den »Chassidischen Novellen«, und Dramen (»Die goldene Kette«, »Die Nacht auf dem alten Marktplatz«) die traditionsreiche Vergangenheit, die dann entsprechend idealisiert wird. Es ist ein weiter Weg von dem Kampf gegen das Obskurantentum der orthodoxen Rabbiner bis zu dem »Heiligen Rebbe«, der Perez' Geschichten beherrscht.

Vom Realismus seiner Vorgänger und Zeitgenossen geht Perez den Weg zur Romantik und von der Romantik weiter zu einem (lyrischen) Symbolismus, für den er viel aus der Kunst Westeuropas übernimmt. Von ihm führen aber auch viele Fäden zurück zum Rabbi Nachman von Braclaw, dem Urenkel des großen Baal-Schem, des Begründers des Chassidismus im 18. Jahrhundert. Perez' Geschichten wirken wie »traumhafte Umdichtung chassidischer Legenden« (Sakheim, Das jüdische Element in der Weltliteratur); stets liegt über ihnen, zumal über den Geschichten von den 36 »Heiligen Juden«, die äußerlich unbedeutend (Holzhauer, Wasserträger u. ä.) sind und doch die Welt erhalten, ein milder Schimmer »ewiger Wahrheit«.

Perez' Geschichten fordern besondere Konzentration. Ihr Reichtum erschließt sich wohl nur dem Leser ganz, der der jüdischen Mystik nicht völlig fremd gegenübertritt. Auf die Jüngeren, die Perez um sich sammeln konnte, haben seine Werke nicht geringen Einfluß ausgeübt, manchmal vielleicht auch nur dadurch, daß sie von dem Elend der Juden Osteuropas ablenkten oder es doch romantisch vergoldeten.

Um diese Klassiker, die trotz ihrer großen Verschiedenheit dem rückschauenden Blick fast wie eine Einheit erscheinen, gruppieren sich zahlreiche kleinere Talente, welche die umfangreichen, meist in Warschau und Wilna erscheinenden Zeitschriften und Almanache mit ihren Arbeiten füllen. Dadurch erlebt kurz vor dem 1. Weltkrieg die jiddische Literatur Osteuropas ihre große Blüte. Daneben entwickelt sich nach der jüdischen Massenauswanderung aus Osteuropa bereits auch in den USA seit der Jahrhundertwende ein beachtliches jiddisches Schrifttum, von dem hier abgesehen sei, obwohl die jenseits des Ozeans wirkenden Autoren oft mit ihren Erstlingsarbeiten noch in Polen oder Rußland hervorgetreten sind.

So erscheinen in diesen Jahrzehnten mit ihren Arbeiten Ch. Tschereminski (Reb Mordche), der Satiriker, J. Steinberg mit Schilderungen aus dem Leben der Chassiden, als Poeten J. Eichmann, Mark Warschawski und Micha bin Gorion. Mit Erzählungen treten besonders hervor *David Frischmann* (1865 bis 1922), der als Literaturkritiker bekannter geworden ist, und der ältere Salman Izchok Aronsohn (geb. 1876), der in einigem an Perez anknüpft und seine Arbeiten unter dem Pseudonym *S. J. Onejchi* veröffentlicht. Seine Geschichten behandeln nicht mehr ausschließlich jüdisches Leben in Osteuropa, sondern zeigen bereits auch das Wirken der von dort ausgewanderten Juden als Pioniere in der alt-neuen Heimat Erez Jißroel (Palästina).

Altes und Neues verbinden sich dann bei dem in Polen beginnenden, größtenteils aber in den USA lebenden *Scholem Asch,* dessen umfangreiches Schaffen aus dieser Blütezeit bis in die jüngste Gegenwart reicht.

Der in Kutno Geborene (1880–1957), der bereits vor dem 1. Weltkriege seine polnische Heimat für immer verlassen, dann in der Schweiz und Paris, seit 1914 in New York gelebt hat und in London gestorben ist, war ein höchst erfolgreicher und der im Auslande weitaus bekannteste jiddische Autor; für viele war er *der* Vertreter des jiddischen Schrifttums. Da er lediglich den Chejder, die traditionelle Elementarschule der Ostjuden, besucht hatte, war er bei dem dort auf Bibel und Talmud beschränkten Lehrstoff nach westeuropäischen Begriffen Autodidakt. Das umfangreiche Werk (bereits 1924 erschien in Warschau eine achtzehnbändige Gesamtausgabe!) lebte bis zum Ende seiner Laufbahn vom Geist der Bibel und des Talmuds, chassidischer Literatur und Tradition. Der Dichter begann seine literarische Laufbahn in der jiddischen Presse Warschaus mit Skizzen, die 1905 als Buch »Das kleine Städtchen« (»Dos klajne Schtetl«), zu dem seine Gedanken immer wieder zurückkehren sollten, erschienen. Außerordentlich fruchtbar, veröffentlichte er in rascher Folge Skizzen, Erzählungen, Romane und Dramen. Seine Dramen wurden dadurch bedeutsam, daß ihn 1910 sein »Gott der Rache« durch die Berliner Aufführung unter Max Reinhardt der Welt bekannt gemacht hat.

Sein Werk, das vom Lokalen immer weiter in die Welt, zum Allgemeinen, fortschreitet, wird, wie anläßlich seines Todes 1957 Hermann Kesten bemerkte, deutlich durch drei Perioden gegliedert: 1. die ungefähr bis 1914 reichende Zeit, die mit sentimental-humoristischen Erzählungen (»Jiddische Provinz«) und Dramen erfüllt ist, 2. die zwei weitere Jahrzehnte umfassende Zeit der realistischen Romane, in denen er über seine engere polnische Heimat nach Osteuropa ausgreift. Bezeichnend ist hier die große Städtetrilogie »Petersburg – Moskau – Warschau«, die jüdisches Leben in Osteuropa vor, während und nach dem 1. Weltkriege behandelt und ihren Verfasser in englischer und deutscher Übersetzung weithin bekannt gemacht hat. In diese Periode fallen aber auch Romane wie »Mottke der Dieb« und »Chaim Lederers Rückkehr«, die jüdische Einzelschicksale zum Gegenstand haben. 3. Die letzte Periode wird durch den 1934 erschienenen Roman »Der Trost des Volkes« (»Der Tillimjid«) eingeleitet. Indem Scholem Asch darin die Geschichte eines chassidischen Wunderrabbis in einer einsamen Gegend Polens in der 1. Hälfte des 19. Jahrhunderts beschreibt, wendet er sich den mythologischen Religionsepen zu. Neben den 1939–1951 erschienenen Romanen um die großen Gestalten nicht nur seiner eigenen, sondern auch der christlichen Religion, »Der Nazarener«, »Der Apostel« (Paulus), »Maria«, »Moses«, die aus Kreisen seiner jüdischen Leser vielfach abgelehnt worden sind, kommen aus seiner Feder aber auch Schilderungen der Juden in Amerika. Wenn er in Romanen (»East River«) und Erzählungen (»Kinder Abrahams«) zeigt, wie in dem neuen Lande Sprache und Schrifttum der Väter, zunächst von den Ausgewanderten liebevoll gehütet und nach Kräften fortgebildet, doch den unbarmherzig wirkenden Kräften der andersartigen Umwelt zum Opfer fallen und versinken, so berührt er damit schon einen weltweiten Prozeß, den das Ostjudentum im 20. Jahrhundert erfährt.

Scholem Asch hat die jiddische Literatur von ihrer Blütezeit vor dem 1. Weltkriege bis in die unmittelbare Gegenwart fortgeführt. Er war lebender Beweis dafür, daß das jiddische Schrifttum in den USA weiter bestand. Erst recht war das zwischen den beiden Weltkriegen in Osteuropa der Fall: in Polen und, trotz aller Schwierigkeiten, auch in der Sowjetunion. Doch wirken damals schon Einflüsse, die das Schrifttum wesentlich veränderten (und eine besondere Darstellung nicht nur rechtfertigen, sondern sogar erforderlich machen).

Scholem Asch hat sich in den Romanen, in denen er sich auf Grund der Erlebnisse seiner Jugend mit der alten Heimat beschäftigt, thematisch den großen Gestaltern der jiddischen Literatur angeschlossen, die ebenso retrospektiv schreiben. Schon abgesehen von Mendele, dem der Vorwurf gemacht wurde, daß er von allen Geschehnissen nach 1870 keine Kenntnis mehr genommen habe, schildern Scholem Alejchem, aber auch Perez u. a. jüdische Lebensformen, die nur noch in Relikten vorhanden waren und vornehmlich in ihrem Gedächtnis lebten – eine im wesentlichen schon um die Jahrhundertwende abgeschlossene Periode des Ostjudentums.

Schon einmal, nach dem 1. Weltkriege, war der Eindruck entstanden, daß durch diesen auch für die Juden Osteuropas eine Epoche abgeschlossen war. Veranlaßt durch die während des Krieges gemachte Bekanntschaft mit dem Ostjudentum, sind im und nach dem 1. Weltkriege verschiedene Übersetzungen jiddischer Werke in deutscher Sprache erschienen. Sie gingen vielfach auf *Alexander Eliasberg* zurück, der, selbst diesem Volkstum angehörig, in einem recht kurzen Leben (geboren 1878 in Minsk, gestorben 1924 in Berlin) dieses im Westen, damals wie heute, so gut wie unbekannte Schrifttum erschlossen und sich dadurch – wie auch durch seine zahlreichen Übersetzungen aus der russischen Literatur – ein bleibendes Verdienst erworben hat. Vielen Kennern beider Sprachen, des Deutschen wie des Jiddischen, erscheint es unmöglich, Werke aus dem Jiddischen mit seinen merkwürdigen Wortmischungen, seiner besonderen Syntax und sehr eigentümlichen Satzmelodie ohne Substanzverlust in eine andere Sprache, auch in die ihm nächststehende hochdeutsche, zu übertragen. Soweit es möglich ist, hat Eliasberg es getan. Seine Übersetzungen liegen auch dieser Sammlung zugrunde, die bewußt von der Aufnahme anderer Arbeiten abgesehen hat.

Es lag somit ein weiterer Grund vor, die Darstellung auf den im wesentlichen um die Jahrhundertwende abgeschlossenen Zeitraum zu beschränken. Die Schilderungen einer schon zu Lebzeiten ihrer Verfasser nahezu versunkenen Welt neu vorzulegen, ist um so mehr gerechtfertigt, als auch die Nachfahren dieser Welt vor unseren Augen vernichtet wurden und damit nicht nur das alte Judentum Osteuropas, sondern das Ostjudentum überhaupt untergegangen ist.

Rudolf J. Neumann

Jiddische Erzählungen

JIZCHOK LEJB PEREZ

Wenn man sagt verrückt, glaub ...

Ihr fragt mich wegen Mojsche Josseles? Es handelt sich um eine Partie? Wen hättet ihr denn fragen sollen, wenn nicht mich? Er war doch mein Schulfreund! Gewiß! Ich kannte sogar gut seinen Vater, den Dajen; am Ende seiner Tage war er bei uns Dajen. Natürlich war er, er möchte es mir verzeihen, ein Misnagid, hat aber einen eisernen Kopf gehabt! So einer darf Misnagid sein, denn der Mensch saß direkt beim Faßzapfen!

Über die Kabbalah spottete er sogar, doch ich glaube nicht, daß es sein Ernst war. Der alte Mann wollte wohl uns junge Leute vor der Kabbalah abschrecken!

Allerdings fuhr er niemals zu einem Guten Jiden. Doch er war selbst ein Guter Jid.

Wie er zu lernen pflegte! Ein nasses Handtuch um den Kopf gebunden (er sagte, daß ihm ohne das Handtuch der Kopf zerspringen würde), ein Bein unter dem Sitz ... Und unter seinen dichten, bösen Brauen sprühen Funken! Habt ihr noch Zweifel, ob Mojsche Reb Josseles von guter Familie ist? Durch und durch Aristokrat! Doch er selbst ist eigentlich gar kein Mensch. Das Herz tut mir weh, ich muß aber die Wahrheit sagen: es fehlt ihm etwas im Gehirn!

Als Junge hatte auch er einen eisernen Kopf. Am Sonntag konnte er bereits den Talmudabschnitt für die ganze Woche auswendig. Schon am Sonntag!

Aber verrückt! Sein Benehmen, seine Manieren ... Hat auch dichte Augen und brennende Augen gehabt, wie sein Vater, er ruhe in Frieden. Doch sein Vater war vernünftig, und er ist verrückt. Als Junge hatte er die Gewohnheit, auf den Himmel zu schauen. Wenn zum Beispiel ein Wolke vorüberzog, sah er gleich einen verstorbenen Onkel in ihr oder einen Hohepriester, einen Ziegenbock ... Alles was ihr wollt, sah er in den Wolken! Und war der Himmel klar, so sagte er, daß es der Vorhang ist, den man am Roscheschune vor den Thoraschrein hängt.

Im Winter lag er ganze Tage am Fenster und sah auf den Schnee. Brillanten, sagte er, sieht er im Schnee! Kann man denn überhaupt alles aufzählen, was er sagte? Ich will euch nicht lange aufhalten, doch die Sache war so:

Wir heirateten beide in der gleichen Woche. Ich reiste dann zum Schwiegervater, Köst essen, und er wollte Melammed werden und sah sich nach Schülern um.

Beim Schwiegervater dachte ich natürlich nicht mehr an Mojschele. Im Städtchen gab es damals Streitigkeiten, und ich nahm an ihnen großen Anteil.

Und dann hatte ich meine eigenen Sorgen: Ein Kind war mir, nicht auf euch gedacht, gestorben; und mit der Frau lebte ich nicht gut. Kurz und gut – wir ließen uns scheiden, und man begann mir neue Partien, diesmal von zu Hause, vorzuschlagen.

Ich will ihr die Kinder zurücklassen. Sie will aber nicht. Also gehen wir zum Row. Der Row beschließt, daß sie die Kinder noch drei Jahre behalten muß. Ich reise nach Hause, komme ins Bejßmedresch und treffe Mojschele.

»Wie geht es dir?«

»So ...« sagte er.

»Hast du schon Kinder?«

»Nein«, sagte er.

»Warum?«

»Weiß ich, warum?«

»Und was machst du dagegen?«

»Gar nichts!«

Wie gefällt euch diese Antwort?

»Warst du schon bei einem Guten Jiden?«

»Mein Vater fuhr niemals zu Guten Jiden, also fahre ich auch nicht.«

Habt ihr es gehört? Da sein Vater nicht gefahren ist, will er auch nicht fahren! Wieso? »Ich habe«, sagt er, »ein Vermächtnis vom Vater.« Ich traue meinen Ohren nicht! Wenn es sich um Kinderlosigkeit handelt, fahren doch sogar Christen zum Guten Jiden!

Bei meinem Rebben, leben soll er, sah ich während der Jahre – ich will nicht übertreiben – über zwanzig rasierte Gesichter ... Der eine legte vor den Rebben fünfzig silberne Taler hin. Es half ihm zwar so, wie einem Toten Schröpfköpfe helfen! Wie kann man auch einem Menschen helfen, der tief im Götzendienst steckt?! Er hat aber wenigstens sein mögliches getan. Doch Mojschele tut gar nichts. Ich kann noch verstehen, daß irgendein roher Bursche, ein Träger, ein Schuster, nicht fahren will. Doch er, Mojschele? Weiß er denn nicht, daß Gott zuweilen eine Strafe verhängt, nur damit der Zaddik etwas hat, was er abwenden kann? Was wäre es denn sonst für eine Welt, wenn alles streng nach dem Gesetz ginge? Doch geh einer und rede mit ihm!

Inzwischen bekam ich wieder neue Sorgen: ich unterhandelte wegen einer großen Menge Partien von zu Hause, doch es kam so, daß ich wieder in die Fremde heiratete ...

Was glaubt ihr? Man hat mich beschwindelt! Es ist sogar eine Schande, zu sagen, wie man mich beschwindelt hat. Kurz und gut – ich komme nach Hause: mein Mojschele ist schon glücklich ein Witwer. Hier fängt aber eine neue Verrücktheit an: er will nicht wieder heiraten.

Nach dem Gesetz darf man schon in den ersten sieben Trauertagen wegen einer neuen Heirat unterhandeln; Mojschele will aber ein übriges tun und sagt, daß er den ersten Trauermonat abwarten will. Und dann, wie der Monat herum ist, erklärt er, er habe Bedenken, in der Sfirozeit etwas zu beginnen. Und schließlich sagte er, er will ein ganzes Jahr warten. Und wie auch das Jahr um ist – ich habe es kaum erwarten können –, erklärt er plötzlich, daß es keine Eile hat! Wenn einer sieht, daß er ohne Frauen auskommen kann, so soll er doch heiraten, meinetwegen auch ein paar Gulden Mitgift nehmen und dann das Weib verlassen und ein Porusch werden!

Nein! Das will er nicht! Das darf er nicht! Er hat Zeit. Er will es sich noch überlegen!

Was glaubt ihr? Er lebte auch wirklich, nicht auf euch gedacht, einige Jahre wie ein Hund auf der Gasse. Denn was taugt das Leben ohne ein Weib? Ohne etwas Warmes zum Mittag, ohne ein paar Kartoffeln? Er lebte von Hering. Er saß da, unterrichtete die Kinder und aß Hering dazu. Ein schönes Leben?

Seht doch mich an, wie ich aussehe! Und wie lange, glaubt ihr, ist es her, daß mein drittes Weib verschieden ist? Kaum ein halbes Jahr!

Und nun? Wüst und leer ist es bei mir in allen Winkeln, kein sauberes Hemd für den Schabbes, das Geschäft in der Schenke ist ganz hin; kein ganzes Paar Hosen; so ist mein Leben! Doch er? Er sitzt, unterrichtet die Kinder und macht sich nichts draus!

Könnt ihr so ein Leben verstehen? Am Morgen – etwas Brot mit Zwiebel; zu Mittag – ein Stück Hering; zum Abendbrot – den Rest des Herings. Er begießt sich die Hände mit einem Blechquart an der Pumpe auf dem Hofe, trocknet sie mit dem Rockschoß ab und ißt nichts als Heringe und Brot. Ihr könnt euch denken, wie er bei diesem Leben aussah: er ging einfach zugrunde! Seine Augen sah man überhaupt nicht mehr;

nur zwei schwarze Löcher im Kopfe. Er hielt sich ganz gebückt und hat einen Gang, daß Gott sich erbarme!

Er schwankte herum wie eine Leiche, wie ein Schatten, und verlor ganz den Kopf. Einmal lief er an einem Sabbat mit Talis und Tfillin unter dem Arm ins Bethaus. Der Mensch geht durch die Straße, sieht Streimlach, atlassene Kaftans, geschlossene Geschäfte, und merkt nicht, daß es Sabbat ist!

»Mojschele!« schrie man ihm nach. Er hörte nichts. Und es ist ja Sabbat, man darf keine große Schritte machen, man darf ihm nicht nachlaufen, aber alle kugeln sich vor Lachen. Schließlich warf ihm ein Schneiderjunge einen Stein nach und traf ihn in die Schulter, so daß er hinfiel . . .

Es ist doch wunderlich: wenn er die Kinder unterrichtete, war er bei der Sache, wie ein ganz anderer Mensch, nämlich ein Mensch wie alle Menschen: er redete, ereiferte sich, wiederholte mit den Kindern die Lektion – und war dabei doch verrückt! Er war so vertieft, daß er oft vergaß, einem Kind einen Klaps zu geben; seinen Stock hatte er schon längst verloren, und die Kinder hatten es in seinem Chejder wirklich wie im Paradiese.

Man hätte ihm den Chejder aufgelöst, aber er unterrichtete so gut, und die Kinder wußten bei ihm alles ganz ohne Püffe und Schläge! Er hatte schon einmal diese Kraft. Doch sobald er den Talmudband zuklappte, hörte er sofort auf, ein Mensch zu sein. Er vergaß zu essen, zu schlafen und selbst zu beten. Es ist noch ein Glück, daß er die Kinder um sich hatte: sie liebten ihn wie ihr eigen Leben, sie opferten sich für ihn auf, erinnerten ihn an alles und reichten ihm alles.

»Rebbe, wascht Euch!« sagt ihm ein Schüler; und er wäscht sich. »Rebbe, eßt!« Nein, essen will er nicht; er will warten; sagt er; er liebt es nicht, allein zu essen. Wißt ihr vielleicht, auf wen er warten will? Er sitzt so mit einem Heringsschwanz in der Hand, wartet, schaukelt hin und her und blickt immer auf die Tür, als ob der Prophet Elias gleich kommen würde.

Schließlich besinnt er sich, daß der Prophet Elias nur zum Seder zu kommen pflegt. Er fängt zu essen an und weint dabei. »Was weint Ihr, Rebbe?« fragen ihn die Kinder erschrocken, doch er antwortet nicht. Er kehrt das Gesicht zur Wand, und die Kinder hören, wie er weint. Manchmal geht er zum Kleiderschrank, der ihm noch vom Haushalt geblieben ist, macht ihn auf, stellt sich hin und starrt hinein; gleich als ob er ein reicher Mann wäre und sich überlegte, welchen Kaftan er heute anziehen soll: den atlassenen oder den seidenen, den gesteppten oder den nicht gesteppten. Und ich schwöre euch: im Schrank hing gar nichts außer einigen Kleidern, die ihm von der Frau geblieben waren und die kein Mensch ihm abkaufen wollte!

Die Leute im Städtchen waren alle mit ihren eigenen Sorgen beschäftigt und kümmerten sich nicht um ihn. Doch ich hatte mit ihm Mitleid; zufällig wurde ich damals zum ersten Male Witwer.

Ich habe euch schon gesagt, daß man mich mit meiner zweiten Frau beschwindelt hat; furchtbar war ich hereingefallen! Sie war immer krank und krank, bis sie schließlich, nicht auf euch gedacht, starb. Also mußte ich mich nach einer neuen Frau umsehen. Denn ich hatte Kinder, und zwar, wie man sagt, ›meine, deine und unsere‹ Kinder. Was kann ein Mann mit Kindern anfangen? Soll ich sie stillen? Schlafen legen? Waschen und füttern? Es war mir also wirklich bitter wie Galle, und für Mojschele hatte ich keine Zeit. Doch ich bin, Gottlob, kein Schlemiel und heiratete zum dritten Male; nämlich die Frau, die mir erst vor einem halben Jahr – nicht auf euch gedacht und auf keinen Juden gedacht – gestorben ist. Sie war eine tüchtige Frau, für meine Schenke wie geschaffen, und hat auch keine Kinder gekriegt.

Was tut aber Gott? Sie erkältet sich mitten im Sommer, im Tammus! In der Mikwe erkältet sie sich. Sie kriegt eine Lungenentzündung, die Krankheit kostet mich einen Haufen Geld, und schließlich stirbt sie mir weg! Ja, wo bin ich stehengeblieben? Richtig: ich heiratete also die dritte Frau und sobald sie die Schenke übernommen hatte und ich sah, daß ich mich auf sie verlassen konnte, machte ich mich daran, Mojschele zu versorgen.

»Du mußt heiraten«, sagte ich ihm, »und wenn es auch dein Tod ist, aber heiraten mußt du!«

Er hört mich wie den Row! So, denke ich mir, warte nur! Ich besprach die Sache mit den Familienvätern, und man nahm ihm an einem Tag alle Kinder weg. Denn es heißt ein für allemal: ein Melammed muß verheiratet sein. Doch mein Mojschele sagte nichts. Also keine Schüler mehr – gut!

Nun spaziert er vor der Stadt, liegt auf der Wiese am Fluß und kümmert sich um nichts. Hat er Hunger, so kommt er in die Stadt, bekommt irgendwo ein Stück Brot, wäscht sich die Hände, ißt und benscht und geht wieder fort. Ich denke mir schon, daß die Sache hoffnungslos ist. Doch am dritten Tag kommt Mojschele plötzlich ins Bejßmedresch. Er erklärt, daß er heiraten will. Glaubt ihr vielleicht, daß er zur Vernunft gekommen ist? Daß er eingesehen hat, daß ein Mensch ohne ein Weib gar nichts wert ist? Gott behüte! Er bangte nur nach den Kindern. Ohne die Kinder konnte er es nicht aushalten!

Nun, so oder so, aber er will heiraten. Und er verspricht mit Handschlag, daß er heiraten wird. Man betraut mich mit der Sache, und ich soll ihm eine Partie finden; und man gibt ihm die Kinder wieder.

Was glaubt ihr? Sobald ich die Sache in die Hand nahm, gedieh sie gut! Es war aber auch Gottes Hilfe dabei. Es trifft sich gerade eine ausgezeichnete Partie. Diese selbe Partie hatte man sogar früher mir vorgeschlagen; aber ein Schadchen – ausgelöscht sei sein

Name! – hatte mir den Kopf verdreht. Stellt euch nur vor: eine steinreiche Witwe, eine Geldverleiherin – eine wahre Schmalzgrube! Sie gab Geld auf Pfänder und war eine ungemein tüchtige Person. Das ganze Geschäft führte sie nur mit dem Kopf, ohne irgendwelche Bücher, und irrte sich niemals auch nur um ein Haar zu ihrem Schaden. Und sie wollte ihn gerne nehmen – so ein Glück hatte er schon! Ich wollte etwas Geld zusammenbringen, um ihm neue Kleider zu machen, wenigstens ein Streimel zu kaufen, einen Arbekanfes ... Läßt sie mir sagen: sie will es nicht haben, daß fremde Menschen sich seiner annehmen; und sie schickt fünfundzwanzig Rubel. Man kleidete ihn ein – mit königlichem Prunk. Alles vom Besten: Schuhe und Socken, ein Streimel, zwei Arbekanfes und zwei oder drei Paar Hosen. Man machte keine langen Geschichten, stellte bald die Chuppe, und mein Mojschele strahlte unter der Chuppe wie ein Fürst. Doch sein verrücktes Gesicht ruhte keinen Augenblick, gleich als ob er Wehen hätte: die Lippen zitterten, als ob er einen bösen Blick bespräche und die Augen brannten ganz unheimlich! Wirklich verrückt! Doch bald kam ein neuer verrückter Einfall.

Erstens will es die Frau nicht haben, daß er noch weiter Kinder unterrichtet. Sie verdient beinahe zehn Rubel die Woche, was braucht sie einen Melammed zum Mann? Sitz zu Hause, lerne für dich und bade in Milch und Honig! Will er aber nicht. Er muß die Kinder unterrichten, er kann ohne die Kinder nicht leben. Sagt man ihm: Du wirst doch deine eigenen Kinder haben! Nein, er kann nicht warten und will den Chejder behalten.

Gut, behalte den Chejder. Plötzlich wird er ganz zerstreut und hört fast ganz zu sprechen auf – außer beim Unterricht mit den Kindern ... Und wenn er schon etwas sagt, so sind es immer dieselben Worte: »Es ist nicht das!« »Nicht das!« Wer ist »nicht das«, was ist »nicht das« – weiß kein Mensch.

Die Frau geht, nebbich, zugrunde, sie opfert sich für ihn auf. Sie kocht für ihn vom Schönsten und Besten; und er hebt die Augen, sieht sie so an, als ob er sie zum erstenmal sähe, seufzt schwer auf und sagt: »Es ist nicht das! Gar nicht das!«

Eines Abends bleibt er später als sonst im Bejßmedresch. Er betet nicht, noch lernt er, sondern er sitzt einfach vor dem Betpult oder geht mit großen Schritten auf und ab. Der letzte Mensch, der das Bejßmedresch verläßt, erbarmt sich seiner und fragt ihn: »Mojsche, du gehst?« Er antwortet nicht. »Warum gehst du nicht nach Hause?« Er schweigt. Der Mann packt ihn an der Schulter und schüttelt ihn. Nun erwacht er plötzlich wie ein verschlafenes Huhn und sagt: »Es ist gar nicht das!«

Es ist schlecht mit ihm! Die Frau klagt und weint mir die Ohren voll, und ich bin wirklich verantwortlich: war ich doch der Vermittler! . . .

Und auch mir tut das Herz weh: die Frau hat ja so viel Auslagen gehabt; und was hat sie für ihr schönes Geld bekommen? Einen »Es ist nicht das!« Was kann ich aber helfen? Ich gebe ihr den Rat, daß sie ihn unter irgendeinem Vorwand zum Rebben bringt . . . Und wir beschließen, am nächsten Roscheschune zum Rebben zu fahren. Denn am Roscheschune fahren die meisten Leute, die ganze Welt kommt zum Rebben! Und ich bin überzeugt, daß in der Zeit um Roscheschune auch die Kraft des Zaddiks größer ist. Doch vor Roscheschune passiert folgende Geschichte: Eines Abends sagt ihm die Frau vor dem Abendessen, er solle hinausgehen und die Läden zumachen; denn sie will nicht mit ihm beim offenen Fenster essen. Sie nimmt den Bolzen, er geht hinaus und seufzt im Hinausgehen: »Es ist nicht das!« Er schließt den Laden, und sie versperrt ihn von innen mit dem Bolzen. Doch er kommt nicht zurück: er ist einfach verschwunden.

Ihr könnt euch denken, was es für eine Aufregung im Städtchen gab! Man dachte sich: der Mann ist verrückt, also ging er in der Kälte zum Flusse baden und ertrank; oder er ging vor die Stadt und verirrte sich; einem Verrückten kann doch alles passieren! Man dingte Bauern, ließ den Fluß absuchen, durchstreifte die ganze Gegend – keine Spur von ihm! Daß er einfach durchgebrannt sei, glaubte kein Mensch. Es kommt ja nicht selten vor, daß ein Mensch von seinem Weibe durchbrennt. Dann ißt er aber zunächst das Abendbrot und zieht sich seinen Kaftan an. Aber wer läßt eine Schüssel Nudeln mit Bohnen auf dem Tische stehen und läuft in einem alten zerrissenen Rock weg? Die arme Agune war wirklich zu bedauern. Hat er sie denn wenig Geld gekostet? Eine anständige Hochzeit, Kleider, Schadchengebühren ... und wofür alles? Nur vier Wochen hat sie mit dem Manne zusammen gelebt. Und was war das für ein Leben? Es war gar kein Leben. Man kann zwar nicht sagen, daß er sie schlecht behandelte; kein böses Wort bekam sie von ihm zu hören. Aber auch kein gutes Wort. Gar nichts als die verrückten Worte: »Es ist nicht das!« Der Armen gerann ja auch schon so jeden Tag die Muttermilch, nun muß sie auch noch eine Agune werden!

Was tut man? Man schreibt an die Rebbes. Es hilft nichts! Nun fragt man bei den Rebbes an, ob es gestattet sei, sich in diesem Falle an den misnagidschen »Magid« zu wenden ...

Der eine Rebbe schrieb, es sei gestattet. Der andere sagte, es sei nicht gestattet: man muß zwar einer Agune helfen; der Magid soll aber so leben, wie er etwas weiß! Und woher konnte er auch etwas wissen? Wenn selbst die Rebbes nichts wußten!

Und er war verschwunden, wie ins Wasser gefallen!

Man glaubte schon, er sei für immer verschwunden. Doch nein! Eines Tages erscheint ein Sendbote von ihm mit einem Scheidebrief! Meint ihr, daß er von weither kam? Nein! Aus Pischtschewka, kaum fünf Werst von unserer Stadt.

Konnte es denn jemandem einfallen, daß der Verrückte sich nur fünf Werst von der Stadt verborgen hält? Keinem Menschen kam der Gedanke, ihn so nahe zu suchen! Mit dem Scheidebrief schickte er ihr einen Schuldschein über zweihundert Gilden für ihre Auslagen. Er will, schreibt er, jede Woche einen Gilden zahlen und haftet dafür mit allen seinen Einkünften. Und den Gilden für die erste Woche schickt er gleich mit!

Nach ein paar Wochen kehrte er selbst zurück und wird wieder Melammed.

»Narr!« sage ich ihm. »Warum bist du zurückgekommen? Hast du nicht dort in Pischtschewka bleiben und die dortigen Kinder unterrichten können?«

»Ich habe gebangt!« sagt er.

»Wonach hast du gebangt?«

»Nach dem hiesigen Friedhof!« sagt er. Und er sagt es so ernst, daß es mich kalt überläuft! Habt ihr einmal gehört, daß ein Mensch nach einem Friedhof bangt? Und er pflegt ja immer die Wahrheit zu sagen.

Jeden Abend nach dem Beten geht er vor die Stadt und streift in der Nähe des Friedhofes herum. Er ist ein Kojhen und darf den Friedhof nicht betreten, darum bleibt er draußen und sieht über die Mauer auf die Grabsteine!

Was hat das zu bedeuten? – frage ich mich. Ist er vielleicht Kabbalist geworden und sucht ein Mittel, jemand Kinder zu verschaffen? Oder gar Hexenmeister?

Was soll ich euch sagen?! Es kam mir schon der Gedanke, daß er entweder ein heimlicher Zaddik ist oder seine Seele dem Bösen verschrieben hat. Weiß ich was? Ich habe einmal in meiner Jugend gehört, daß einer, der sich eine Kerze aus dem Fett einer Fehlgeburt mit einem Zissesfaden als Docht macht, alles sehen kann und doch von niemand gesehen wird. Wenn ich nicht wüßte, daß er Kojhen ist und den Friedhof gar nicht betreten darf, hätte ich geglaubt, daß er sich einer Diebsbande angeschlossen hat und an der Friedhofsmauer eine Fehlgeburt sucht. Es versteht sich, daß Mojsche Reb Josseles nicht stehlen wird. Aber ein Licht zu machen, – wäre er vielleicht doch imstande. Was tut nicht ein Mensch des Verdienstes wegen?!

Es ist aber doch nicht so! Seit vielen Wochen geht er am Friedhof herum, und doch ist noch nichts geschehen: man hört nichts und man weiß nichts!

Versteht ihr schon, was Verrücktheit heißt! Wenn man sagt: »Verrückt!«, glaub! ...

Ja, ja, Reb Vetter, Mojschele ist mein Jugendfreund, ich liebe ihn wie mein Leben ... Doch er ist, nebbich, verrückt ... Es ist schwer, ihn zu verheiraten, sehr schwer ... Ich sage zwar nicht »nein!« Ihr wollt doch wahrscheinlich an der Sache etwas verdienen – tut wie ihr wißt ...

Seht ihr: wenn ihr für *mich* eine Partie hättet ...

SCHOLEM ALEJCHEM

Der Haupttreffer

Eine wunderliche Geschichte, wie Tewje, der an Geld arm, doch mit Kindern gesegnet war, sein Glück machte durch einen seltsamen Zufall, von dem es sich lohnt zu berichten. Von ihm selbst erzählt.

> Er richtet den Geringen auf aus dem Staube und erhöhet den Armen aus dem Kot.
> (Psalm 113, 7.)

Wenn einem der Haupttreffer beschert ist, hört Ihr, Reb Scholem Alejchem, so kommt er zu einem ganz von selbst ins Haus, wie es in den Psalmen heißt: »Vorzusingen auf der Githith:« – wenn man Glück hat, so kommt es von allen Seiten gelaufen; und es gehört gar kein Verstand und keine Tüchtigkeit dazu. Wenn man aber, Gott behüte, kein Glück hat, so kann man reden, bis man zerspringt, und es wird nützen wie der vorjährige Schnee. Wie sagt man doch: »Es gibt keine Weisheit und keinen Rat gegen ein schlechtes Pferd.« Der Mensch arbeitet, der Mensch plagt sich ab und ist nahe daran, auf alle Feinde Zions sei es gesagt, sich hinzulegen und zu sterben! Und plötzlich kommt, man weiß nicht woher, von allen Seiten lauter Glück und Erfolg, wie es im Buche Esther steht: »Hilfe und Errettung komme den Juden.« Ich brauche es Euch wohl nicht zu übersetzen, doch der Sinn dieser Stelle ist, daß der Mensch, solange seine Seele in ihm ist, Gottvertrauen haben muß. Das habe ich am eigenen Leibe erfahren, wie der Ewige mich geleitet hat und wie ich zu meinem jetzigen Beruf gekommen bin: denn wie komme ich dazu, Käse und Butter zu verkaufen, wo die Großmutter meiner Großmutter niemals mit Milchwaren gehandelt hat? Es lohnt sich wirklich, die ganze Geschichte vom Anfang bis zum Ende anzuhören. Ich werde mich für eine Weile hier neben Euch ins Gras setzen, und mein Pferdchen soll inzwischen etwas kauen, wie wir es im Morgengebet sagen: »Die Seele aller Lebenden preiset den Herrn.« Und das Pferdchen ist ja auch ein Geschöpf Gottes!

Kurz und gut, es war so um die Schwueszeit herum, das heißt: ich will nicht lügen, es war eine oder zwei Wochen vor Schwues und vielleicht auch ein paar Wochen nach Schwues. Vergeßt nicht; es ist schon – ich will es Euch ganz genau sagen – ein Jahr mit einem Mittwoch her, das heißt es sind genau neun Jahre, vielleicht auch zehn und vielleicht auch etwas mehr. Ich war damals gar nicht der Tewje, wie Ihr mich jetzt seht; das heißt, eigentlich war ich derselbe Tewje, und doch ein anderer. Was heißt das? Nun, ich war damals ein siebenfacher Bettler. Die Wahrheit zu sagen, bin ich ja auch jetzt kein reicher Mann: was mir dazu fehlt, um so reich wie Brodskij*) zu sein, können wir uns beide wünschen, in diesem Sommer bis nach Ssukes zu verdienen. Aber immerhin, im Vergleich mit damals bin ich heute ein reicher Mann, der ein eigenes Pferd und einen eigenen Wagen hat und auch, unberufen, ein paar Kühe, die sich melken lassen und von denen die eine bald kalben muß. Ich will nicht mit den Lippen sündigen: ich habe alle Tage frischen Käse und Butter und Sahne, und alles ist mit eigenen Händen erarbei-

* Brodskij — bekannter Zuckerindustrieller und Millionär in Kiew.

tet, denn wir arbeiten alle, und niemand sitzt müßig: mein Weib, sie soll leben, melkt die Kühe, die Kinder schleppen die Milchkannen, machen Butter, und ich selbst, wie Ihr mich da seht, fahre jeden Morgen auf den Markt hinaus; gehe durch Bojberik von einer Sommerwohnung zur andern und komme auch manchmal mit Menschen zusammen, sogar mit den vornehmsten Herren aus Jehupez. Und wenn man so unter Menschen kommt und mit Menschen spricht, so fühlt man, daß man auch selbst ein Mensch auf der Welt ist, und kein hinkender Schneider. Und vom Sabbat gar nicht zu reden: am Sabbat bin ich ein König. Da schaue ich auch in ein jüdisches Buch hinein, ich nehme den Wochenabschnitt durch, lese ein wenig im Targum, in den Psalmen, in den Sprüchen der Väter usw. Ihr schaut mich an, Reb Scholem Alejchem, und denkt Euch wohl in Eurem Herzen: »Dieser Tewje ist doch wirklich ein Mensch, welcher . . .«

Kurz und gut, was wollte ich erzählen? Ja, ich war also damals, mit Gottes Hilfe, ein elender Bettler, starb, auf keinen Juden sei es gedacht, mit Weib und Kindern dreimal am Tage vor Hunger, arbeitete wie ein Esel, schleppte Baumklötze aus dem Walde zur Bahn, ganze Wagenladungen Baumklötze, und bekam dafür, nehmt daran keinen Anstoß, dreißig Kopeken den Tag; und selbst diesen Verdienst hatte ich nicht alle Tage. Und mit diesem Geld mußte ich, unberufen, eine ganze Stube voll hungriger Mäuler aushalten, und, es sei zwischen dem Menschen und dem Vieh wohl unterschieden, auch ein Pferd, das sich gar nicht darum kümmert, was Raschi dazu sagt, sondern den ganzen Tag ohne Grund kauen will. Was tut aber Gott? Er ist doch, wie man sagt, ein Ernährer und Erhalter und regiert die Welt klug und weise. Und wie er sieht, daß ich mich wegen eines Bissens Brot quäle, sagt er zu mir: »Du meinst wohl, Tewje, daß du am Ende angelangt bist und daß der Himmel über dir eingestürzt ist? Nein, Tewje, du bist ein Narr! Bald wirst du sehen, daß Gott, wenn er will, dein Schicksal in einem Augenblick umwenden kann, so daß es bei dir in allen Winkeln leuchten wird!« Wie wir es auch am Roscheschune im Gebet »Unessane Tojkef« sagen:

»Im Himmel wird bestimmt, wer erhöht und wer erniedrigt werden soll«, wer fahren und wer zu Fuß gehen wird. Die Hauptsache ist aber Gottvertrauen: der Jude muß hoffen und immer hoffen! Und wenn er dabei zugrunde geht? Nun, dazu sind wir ja eben Juden auf der Welt, und es steht geschrieben: »Du hast uns erwählt vor allen Völkern«, und nicht umsonst beneidet uns die ganze Welt ... Ja, warum sage ich denn das alles? Ich sage es, weil ich Euch erzählen will, wie Gott mich geleitet hat, was für Wunder und Zeichen er an mir getan hat, und Ihr könnt mir wirklich zuhören.

Ich fahre eines Tages im Sommer durch den Wald, ich fahre nach Hause, mit leerem Wagen. Ich halte den Kopf gesenkt, und die Welt ist mir wüst und finster. Mein Pferdchen, nebbich, bewegt kaum die Beine, will nicht schneller laufen, und wenn ich es auch totschlage. »Laß dich«, sage ich, »zusammen mit mir begraben! Auch du sollst einmal wissen, was ein Fasttag an einem langen Sommertag bedeutet, wenn du schon einmal bei Tewje als Pferd angestellt bist!« Ringsumher ist es still, jeder Peitschenknall hallt im Walde wider. Die Sonne geht gerade unter, der Tag liegt in den letzten Zügen; die Schatten der Bäume werden so lang wie der jüdischen Goles. Es wird dunkel, und trübe Gedanken ziehen mir durch den Kopf, Gestalten längst verstorbner Menschen tauchen vor mir auf und gemahnen mich an mein Heim. Ach und weh ist mir! In der Stube ist es finster, und meine Kinder, gesund sollen sie sein, sind nackt und barfuß und schauen nach ihrem unglücklichen Vater aus, ob er ihnen vielleicht ein frisches Brot mitbringt oder gar eine Semmel. Und sie, meine Alte, brummt, wie ein Weib eben brummen kann: »Kinder muß ich dir gebären und gleich sieben Stück! Gott möchte mich für die sündigen Worte nicht strafen, aber erwürge deine Kinder oder wirf sie in den Fluß.« Wie glaubt Ihr, ist es angenehm, solche Worte zu hören? Man ist aber doch nur ein Mensch, ein Geschöpf aus Fleisch und Fisch! Mit Worten kann man sich den Magen nicht vollstopfen, und wenn ich ein Stück Hering heruntergewürgt habe, will ich gerne einen Schluck Tee trinken. Und zum Tee braucht man ein Stück Zucker, und den Zucker hat Brodskij und nicht ich. »Ohne Brot«, pflegt mein Weib, sie soll leben, zu sagen, »kann man noch auskommen, und der Magen kann das verzeihen. Doch ohne Tee«, sagt sie, »bin ich am Morgen wie tot, denn das Kind«, sagt sie, »saugt aus mir in der Nacht alle Kräfte heraus!«

Und man ist doch ein Jude und muß das Abendgebet verrichten. Das Gebet ist zwar, wie man sagt, keine Ziege und läuft einem nicht davon, aber beten muß man doch. Stellt Euch aber vor, was das für ein schönes Beten ist: gerade wie ich mich hinstelle, um die Schmojneessre zu sprechen, brennt mir der Gaul, wohl vom Satan angestiftet, durch, und ich muß ihm nachlaufen, fest die Zügel anziehen und dabei singen: »Gott Abrahams, Gott Isaaks, Gott Jakobs!« Es ist wirklich ein schönes Beten! Und ich habe ausgerechnet an diesem Abend Lust, mit besonderer Inbrunst und recht schön zu beten, denn es scheint mir, daß das Gebet mir das Herz erleichtern kann ...

Ich laufe also dem Wagen nach und spreche dabei die Schmojneessre recht laut mit der richtigen Melodie, wie man sie in der Schul – sie sei vom Walde wohl unterschieden! – vor dem Vorbeterpult singt: »Er versorgt alle Lebewesen«, singe ich, »mit Gnade und bewährt seine Treue den im Staube Liegenden« – und sogar denen, die unter der Erde liegen und aus Lehm Beigel backen. Ach, denke ich mir, liege ich nicht tief in der Erde? Ach, geht es mir schlecht! Und nicht wie jenen Leuten, den Reichen von Jehupez, die den ganzen Sommer in Bojberik sitzen, gut essen und trinken, und in allem Guten baden. »Ach du Schöpfer der Welt, womit habe ich das verdient? Ich bin doch der gleiche Mensch wie die andern Juden! Gott, habe doch ein Einsehen! Sieh unser Elend«, singe ich weiter, »schau nur, wie wir uns abplagen und nimm Dich der armen Menschen an, denn wer soll sich ihrer annehmen, wenn nicht Du? Heile uns, daß wir genesen und schicke uns nur die Arznei«, denn die Wunden haben wir schon selbst ... »Segne uns dieses Jahr mit allen Arten seines Ertrages, das heißt mit Korn und Weizen und Gerste«, obwohl ich eigentlich gar nicht weiß, was ich das brauche! Und was geht es mein Pferdchen an – es sei von mir wohl unterschieden! – ob der Hafer teuer oder billig wird? So oder so – es bekommt doch niemals Hafer zu sehen! Aber Gott darf man mit solchen Fragen nicht kommen: am allerwenigsten darf es der Jude. Er muß alles als gut hinnehmen und zu allem sagen: »Auch dieses ist zu meinem Besten, denn so will es Gott.«

»Und den Lästerern«, singe ich weiter. »sei keine Hoffnung, denn Gott zerbricht die Feinde und vernichtet die Übermütigen!«

Die Aristokraten, die da sagen, es gäbe keinen Gott auf der Welt, werden schön schauen, wenn sie ins Jenseits kommen; dort werden sie es mit Zinseszinsen auskosten, denn Gott ist ein guter Zahler und läßt mit sich nicht spaßen. Man darf ihn nur anflehen und zu ihm schreien: Barmherziger Vater, höre unsere Stimmen, schone uns und erbarme Dich unser, erbarme Dich meines Weibes und meiner Kinder, denn sie haben, nebbich, Hunger. »Bewillige Deinem Volke Israel«, singe ich, »wie einst den Tempel und die Priester und die Leviten ...« und plötzlich – halt! das Pferdchen ist stehen geblieben.

Ich spreche schnell die Schmojneessre zu Ende, hebe die Augen und sehe: zwei Gestalten kommen mir aus dem Walde entgegen. Sie sehen merkwürdig aus und sind gar sonderbar gekleidet. Mein erster Gedanke ist: »Räuber!« Ich sage mir aber sofort: »Pfui, Tewje, bist du ein Narr! Du fährst schon seit so vielen Jahren im Walde herum, bei Tag und bei Nacht und hast doch noch niemals einen Räuber gesehen. Was fallen dir plötzlich heute Räuber ein?! – Hui!« sage ich zum Pferdchen und ziehe ihm ein paar über, als ob das Ganze mich gar nicht anginge.

»Reb Jid! Hört doch, Reb Vetter!« schreit zu mir das eine der beiden Geschöpfe und winkt mir mit einem Tuche. »Bleibt doch einen Augenblick stehen, wartet ein Weilchen! Rennt nicht davon! Es wird Euch, Gott bewahre, gar nichts geschehen!«

»Aha! ein böser Geist!« denke ich mir und sage gleich darauf zu mir selbst: »Rindvieh in Gestalt eines Pferdes! Was fallen dir plötzlich böse Geister und Teufel ein?!« Ich lasse mein Pferdchen halten und sehe mir die beiden Geschöpfe genauer an: es sind zwei Frauenzimmer. Die eine, die ältere, hat ein seidenes Tuch auf dem Kopfe, die andere ist jünger und trägt eine Perücke. Beide haben feuerrote Gesichter und sind verschwitzt.

»Guten Abend! Willkommen!« sage ich zu ihnen sehr laut und tue so, als ob es mir lustig zumute wäre, »was ist euer Begehr? Wenn ihr etwas kaufen wollt, so werdet ihr bei mir nichts finden, höchstens Bauchweh, auf die Köpfe meiner Feinde sei es gesagt! Oder eine volle Woche Herzkrämpfe oder etwas Kopfweh, trockene Schmerzen, nasse Plagen, heisere Wehen ...«

»Beruhigt Euch!« sagen sie zu mir. »Sieh nur, wie er ins Zeug gekommen ist! Wenn man so einem Juden auch nur ein einziges Wort sagt, ist man seines Lebens nicht mehr sicher! Wir wollen«, sagen sie, »gar nichts kaufen. Wir wollen Euch nur fragen, ob Ihr uns vielleicht sagen könnt, wo der Weg nach Bojberik ist?!«

»Nach Bojberik?« sage ich und fange zu lachen an. »Es ist genau so«, sage ich, »wie wenn ihr mich fragen würdet, ob ich weiß, daß ich Tewje heiße.«

»So?« sagen sie. »Ihr heißt Tewje? Guten Abend, Reb Tewje! Wir verstehen gar nicht«, sagen sie, »warum Ihr lacht! Wir sind hier fremd, wir sind aus Jehupez und wohnen in Bojberik in der Sommerfrische. Wir sind«, sagen sie, »für einen Augenblick ausgegangen, um ein wenig spazierenzugehen, und irren jetzt in diesem Walde seit heute früh herum. Wir haben uns verirrt und können den Weg nicht finden. Da hörten wir«, sagen sie, »jemand im Walde singen, und wir glaubten anfangs, es sei, Gott behüte, ein Räuber. Als wir aber«, sagen sie, »sahen, daß Ihr ein Jude seid, wurde es uns etwas leichter zumute. Versteht Ihr es jetzt?«

»Ha-ha-ha! Ein schöner Räuber!« sage ich. «Habt ihr einmal die Geschichte vom jüdischen Räuber gehört«, sage ich, »der einen Wanderer überfiel und ihn um eine Prise Tabak bat? Wenn ihr wollt«, sage ich, »kann ich euch die Geschichte erzählen.«

»Die Geschichte«, sagen sie, »wollen wir lieber ein anderes Mal hören. Jetzt zeigt uns lieber den Weg nach Bojberik!«

»Nach Bojberik?« sage ich. »Herr Gott! Das ist ja der richtige Weg nach Bojberik! Ihr mögt wollen oder nicht«, sage ich, »ihr müßt auf diesen Wege nach Bojberik kommen!«

»Warum habt Ihr bisher geschwiegen?«

»Sollte ich denn schreien?«

»Wenn es sich so verhält«, sagen sie, »so wißt Ihr vielleicht auch, wie weit es noch nach Bojberik ist?«

»Nach Bojberik«, sage ich, »ist es nicht weit, es sind nur einige Werst. Das heißt«, sage ich, »es sind fünf bis sechs Werst oder sieben oder vielleicht auch volle acht.«

»Acht Werst?« schrien beide Weiber zugleich. Sie rangen die Hände und fingen beinahe zu weinen an. »Herr Gott, was redet Ihr? Wißt Ihr auch, was Ihr redet? Es ist doch keine Kleinigkeit – acht Werst!«

»Nun«, sage ich, »was soll ich dagegen machen? Wenn das von mir abhinge, hätte ich den Weg ein wenig kürzer gemacht. Der Mensch«, sage ich, »muß alles auf der Welt ausprobieren. Es kommt vor«, sage ich, »daß man sich durch den Schmutz bergaufschleppen muß, und es ist kurz vor Sabbatanbruch, der Regen peitscht ins Gesicht, die Hände zittern, das Herz ist matt, und zum Unglück bricht auch noch eine Achse . . .«

»Ihr redet wie ein Verrückter«, sagen sie. »Ihr seid wohl gar nicht recht bei Sinnen! Was erzählt Ihr uns für lange Geschichten, Märchen aus Tausendundeiner Nacht? Wir haben keine Kraft mehr, die Beine zu bewegen, wir haben heute den ganzen Tag außer einem Glas Kaffee und einer Buttersemmel nichts im Munde gehabt, und da kommt Ihr und erzählt uns solche Geschichten!«

»Wenn es sich so verhält«, sage ich, »so ist es was anderes. Wie sagt man doch: Kein Tanz geht vor dem Essen. Ich weiß ganz gut, wie der Hunger schmeckt, und ihr braucht es mir nicht zu erklären. Es ist wohl möglich«, sage ich, »daß ich Kaffee und Buttersemmeln seit einem Jahre nicht mehr gesehen habe . . .« Und wie ich das sage, sehe ich vor mir ein Glas heißen Kaffee mit Milch und eine frische Buttersemmel und noch andere gute Sachen . . . »Unglücksmensch!« sage ich zu mir, »bist du denn mit Kaffee und Buttersemmeln großgezogen worden? Bist du krank, ein Stück Schwarzbrot mit Hering zu essen?« Doch der böse Trieb, nicht gedacht soll seiner werden, hält mir wie zum Trotz den Kaffee und die Buttersemmel vor die

Nase! Und ich spüre den Geruch vom Kaffee und den Geschmack der Buttersemmel, die die Seele erquickt!

»Wißt Ihr was, Reb Tewje?« sagen zu mir beide Weiber. »Es wäre vielleicht gar nicht so dumm, wenn wir, wie wir hier stehen, zu Euch in den Wagen steigen und Ihr die Mühe auf Euch nehmt und uns, mit Verlaub zu sagen, nach Hause, nach Bojberik bringt! Was werdet Ihr dazu sagen?«

»Der Vorschlag ist jetzt ebenso angebracht«, sage ich, »wie der Vers, daß das Leben einem zerbrochenen Topf gleicht: ich komme *aus* Bojberik, und ihr wollt *nach* Bojberik!«

»Wie kommt also die Katze übers Wasser?«

»Nun, was ist denn dabei?« sagen sie. »Wißt Ihr denn nicht, was man in einem solchen Falle tut? Ein gelehrter Mann findet Rat: er wendet den Wagen um und fährt zurück. Habt nur kein Angst, Reb Tewje«, sagen sie, »Ihr könnt sicher sein: wenn Ihr uns, so Gott will, wohlbehalten nach Hause bringt, so werdet Ihr an der Sache sicher nichts draufzahlen!«

»Sie reden auf aramäisch«, denke ich mir, »es ist keine gewöhnliche Menschensprache!« Und es kommen mir in den Sinn Gespenster, Hexen, böse Geister, die Cholera. »Narr, Sohn eines Spechtes!« denke ich mir. »Was stehst du wie ein Pflock da? Spring in den Wagen, zeige deinem Pferde die Peitsche und entflieh!« Doch gegen meinen Willen, es ist wohl ein Werk des Teufels, kommen mir aus dem Munde die Worte:

»Steigt in den Wagen!«

Als die Weiber das hörten, ließen sie sich nicht lange bitten und sprangen schnell in den Wagen. Ich setzte mich auf dem Bock, wendete den Wagen um und zog dem Pferdchen ein paar über: eins, zwei, drei, vorwärts! Aber es hört auf mich wie auf den gestrigen Tag! Es will sich nicht vom Fleck rühren, und wenn ich es auch in Stücke schneide. »So«, denke ich mir, »nun verstehe ich schon, was es für Weiber sind ... Der Teufel hat mich verführt, mitten im Walde zu halten und mich mit den Weibern in Gespräche einzulassen! ...« Stellt Euch nun vor: einerseits bin ich im Walde, und es ist unheimlich still, und die Nacht bricht an, und andrerseits habe ich diese beiden Geschöpfe, sozusagen Weibsbilder bei mir ... Meine Einbildungskraft ist so recht im Zuge und spielt auf allen Saiten, und mir fällt die Geschichte von dem Fuhrmann ein, der einmal ganz allein durch den Wald fuhr und auf der Landstraße einen Sack Hafer liegen sah. Als der Fuhrmann den Sack Hafer sah, war er nicht faul, sprang vom Wagen, lud sich den Sack Hafer auf den Buckel, nahm alle seine Kräfte zusammen, schleppte den Sack Hafer zum Wagen und fuhr weiter. Wie er eine Werst gefahren ist, sieht er sich nach dem Hafer um: weg ist der Sack, weg ist der Hafer, eine Ziege liegt in seinem Wagen, eine Ziege mit einem Bärtchen. Er will sie anrühren, da zeigt sie ihm die Zunge, die eine Elle lang ist, lacht wild auf und verschwindet ...

»Warum fahrt Ihr noch nicht?« sagen zu mir die Weiber.

»Warum ich noch nicht fahre? Ihr seht doch«, sage ich, »warum: mein Pferdchen will nicht, es ist nicht in der Stimmung.«

»Zieht ihm doch ein paar mit der Peitsche über«, sagen sie. »Ihr habt doch eine Peitsche!«

»Ich danke euch«, sage ich, »für den Rat, es ist gut, daß ihr mich daran erinnert habt. Leider hat aber mein Pferd vor solchen Dingen keine Angst. Es ist die Peitsche schon so gewohnt, wie ich die Armut«, sage ich zu ihnen wie im Scherz, während ich wie im Fieber zittere.

Kurz und gut, was soll ich Euch lange damit aufhalten, ich ließ meine ganze Erbitterung an dem Pferdchen aus. Ich schlug es so lange, bis es mit Gottes

Hilfe die Beine rührte. »Und sie zogen aus von Raphidim . . .« So fuhren wir durch den Wald auf dem Wege nach Bojberik. Und wie wir so fahren, kommt mir ein neuer Gedanke in den Sinn: »Ach, Tewje, bist du ein Esel! Die Fallsucht kommt über dich! Du warst ein Bettler und bleibst ein Bettler. Was heißt das? Da schickt dir Gott eine solche Begegnung, wie man sie einmal in hundert Jahren erlebt! Warum machst du nicht im voraus aus, was du dafür zu bekommen hast? Von welchem Gesichtspunkte du die Sache auch betrachtest, vom Gesichtspunkte des Gewissens oder der Menschlichkeit, des göttlichen oder des menschlichen Gesetzes, oder ich weiß selbst nicht von welchem Gesichtspunkte, so ist es wirklich kein Verbrechen, wenn du bei einer solchen Gelegenheit etwas verdienst. Warum sollst du den Knochen nicht ablekken, wenn du ihn gefunden hast? Laß dein Pferd halten, du Rindvieh, und sage ihnen so und so, wie Jakob zu Laban gesagt hat: Es geht um Rahel, deine jüngere Tochter! Habt ihr bei euch so und so viel, so ist es gut; und wenn nicht, so nehmt es mir nicht übel und steigt aus dem Wagen!« Gleich darauf sage ich mir aber: »Du bist doch wirklich ein Rindvieh, Tewje! Weißt du denn nicht, daß man das Fell des Bären im Walde noch nicht verkaufen darf?«

»Warum fahrt Ihr nicht ein wenig schneller?« sagen die Weiber und stoßen mich in den Rücken.

»Habt Ihr denn«, sage ich, »keine Zeit? Übereilung«, sage ich, »führt zu nichts Gutem!« Ich schaue mir meine Fahrgäste genauer an: sie sehen wirklich wie Weibsbilder aus; die eine hat ein seidenes Tuch auf dem Kopfe, und die andere eine Perücke; so sitzen sie da, schauen einander an und tuscheln miteinander.

»Ist es noch weit?« fragen sie mich.

»Näher als von hier«, sage ich, »ist es ganz gewiß nicht. Bald«, sage ich, »geht es bergauf, dann bergab, und dann«, sage ich, »geht es wieder bergauf und wieder begab, und erst dann«, sage ich, »kommt der große Berg. Den müssen wir hinauf und wieder hinunter, und von dort geht schon ein ebener Weg bis nach Bojberik . . .«

»Ein Unglücksmensch!« sagt die eine zu der anderen.

»Die Cholera!« sagt die andere.

»Er gibt uns den Rest!« sagt wieder die erste.

»Mir scheint, er ist einfach verrückt«, sagt wieder die andere.

»Natürlich bin ich verrückt«, denke ich mir, »wenn ich mich so an der Nase herumführen lasse! . . .«

»Wo soll ich Euch abwerfen, meine werten Damen?« sage ich zu ihnen.

»Was heißt«, sagen sie, »abwerfen? Was wollt Ihr damit sagen?«

»Es ist nur so ein Ausdruck«, sage ich, »aus der Fuhrmannssprache! In gewöhnlicher Menschensprache heißt das: wo soll ich euch hinbringen, wenn wir«, sage ich, »mit Gottes Hilfe, heil und gesund und wenn der Herr uns am Leben erhält, nach Bojberik kommen? Es heißt ja: lieber zweimal fragen als einmal irregehen!«

»Ach so, das wollt Ihr wissen! Ihr werdet«, sagen sie, »so gut sein und uns zu der grünen Villa bringen, die am Fluß jenseits des Waldes steht. Kennt Ihr sie?«

»Warum soll ich sie nicht kennen?« sage ich. »Ich bin doch in Bojberik wie zu Hause. Ich möchte so viele Tausende verdienen«, sage ich, »wie viel Baumklötze ich schon hingebracht habe. Bei der grünen Villa«, sage ich, »habe ich erst im vorigen Sommer zwei Kubikklafter Brennholz abgeladen. Damals wohnte dort ein reicher Mann aus Jehupez, ein Millionär, ein Mann, der vielleicht hunderttausend oder gar zweihunderttausend Rubel hat!«

»Er wohnt auch noch da«, sagen die beiden Weiber. Sie schauen einander wieder an, tuscheln und lachen.

»Halt!« sage ich: »wenn die Schmerzen der Schwangerschaft wirklich so groß sind, so darf ich doch annehmen, daß ihr in irgendwelcher Beziehung zu ihm steht. Es wäre vielleicht gar nicht so dumm«, sage ich, »wenn ihr euch bemühen wolltet, bei ihm ein Wörtchen für mich einzulegen, daß er mir Arbeit oder eine Stelle verschafft oder ich weiß selbst nicht was. Ich kenne«, sage ich, »einen jungen Mann, Jißroel heißt er und wohnt nicht weit von unserem Städtchen. Ein großer Taugenichts war er, aber er machte, kein Mensch weiß wie, seinen Weg. Heute ist er ein einflußreicher Mensch, verdient vielleicht zwanzig Rubel die Woche und vielleicht gar vierzig, was weiß ich? Andere Leute haben Glück! Was wäre, zum Beispiel, aus dem Schwiegersohne unseres Schächters geworden, wenn er nicht nach Jehupez gekommen wäre? Allerdings ging es ihm dort in den ersten paar Jahren sehr schlecht, und er starb beinahe vor Hunger. Aber jetzt – auf mich sei es gesagt, wenn er nur keinen Schaden davon hat! Er ist schon so weit, daß er Geld nach Hause schickt und sein Weib mit den Kindern zu sich nach Jehupez kommen lassen will. Er hat aber kein Wohnrecht*) in Jehupez. Werdet ihr doch fragen: wie wohnt er dort? Nun, er quält sich eben ab ... Ich sage ja immer«, sage ich, »wenn man lebt, kann man manches erleben. Da ist ja auch schon«, sage ich, »der Fluß und da ist die grüne Villa!« Das sage ich und fahre nobel mit großem Gepolter, so daß die Deichsel beinahe in die Veranda hineinstößt.

Wie man uns sah, gab es gleich Freude und Jubel, einen Lärm und ein Geschrei: »Gott, da ist ja die Großmutter! ... Die Mutter! ... Tante! ... Da seid ihr ja endlich! Gratuliere! ... Gott, wo seid ihr gewe-

* Jehupez — (Kiew) liegt außerhalb des »Ansiedlungsgebiets für Juden«. Der Aufenthalt in dieser Stadt war wohl praktisch möglich, aber mit großen Schwierigkeiten und Kosten verbunden.

sen? Den ganzen Tag waren wir ohne Kopf... Überallhin haben wir Reiter ausgeschickt... Wir glaubten schon, Wölfe hätten euch zerrissen... Oder, Gott bewahre, Räuber hätten euch überfallen... Was ist denn passiert?«

»Es ist etwas sehr Schönes passiert: wir haben uns im Walde verirrt, haben uns vielleicht zehn Werst vom Hause entfernt... Plötzlich sehen wir einen Juden...« – »Was für einen Juden?...« »Einen Unglücksmenschen mit einem Pferd und einem Wagen... Mit Mühe und Not ließ er sich bewegen uns mitzunehmen!... Es war entsetzlich!...« »Ganz allein, ohne Begleitung?« »Das war eine Geschichte, man muß Gott danken...«

Kurz und gut, man brachte auf die Veranda Lampen, deckte den Tisch und schleppte Samowars herbei, Teekannen, Zucker, Eingemachtes, feines Gebäck, frisches Buttergebäck und allerlei Speise, die teuersten Gerichte, fette Suppen, Braten, Gänsernes, die besten Weine und die feinsten Liköre. Ich stehe abseits und sehe zu, wie die Reichen von Jehupez, unberufen, essen und trinken. »Man soll seine letzte Habe versetzen«, denke ich mir, »und ein reicher Mann werden! Mir scheint, daß das, was hier vom Tische fällt, meinen Kindern für eine ganze Woche bis zum Sabbat genügen würde. Lieber Gott! Es heißt ja, daß Du ein guter und großer Gott bist, – warum bekommt dann der eine alles, und der andere nichts? Warum gibst Du dem einen Buttersemmeln und dem anderen nichts als Plagen?« Und dann sage ich mir wieder: »Bist doch ein großer Narr, Tewje! Willst du Ihn vielleicht belehren, wie Er die Welt regieren soll? Wenn Er es einmal so haben will, so muß es wohl so sein. Denn wenn es anders sein müßte, so wäre es eben anders... Und warum ist es nicht anders? Nun, weil wir Knechte waren bei Pharao in Ägypten. Dazu sind wir ja auch Juden: Der Jude muß glauben und Gottvertrauen haben; erstens muß er glauben, daß es einen Gott auf der Welt gibt; und zweitens muß er auf den hoffen, der da ewig lebt, daß Er ihm, so Gott will, hilft . . .«

»Halt! Wo ist der Jude?« höre ich plötzlich jemand fragen. »Ist der Unglücksmensch schon weggefahren.«

»Gott behüte!« melde ich mich aus meinem Winkel. »Meint Ihr, daß ich so einfach wegfahren werde, ohne mich zu verabschieden? Friede sei mit Euch!« sage ich. »Guten Abend wünsche ich Euch allen, die Ihr versammelt seid! Wohl bekomm es Euch!«

»Kommt doch her«, sagt man mir. »Was steht Ihr dort im Finstern? Laßt Euch wenigstens anschauen, wir wollen wissen, wie Ihr ausschaut. Wollt Ihr vielleicht einen Schluck Branntwein?«

»Einen Schluck Branntwein? Ach«, sage ich, »wer wird einen Schluck Branntwein ausschlagen? Es steht ja geschrieben: Der eine soll leben und der andere sterben . . . und Raschi übersetzt es so: ›Gott ist Gott, und Branntwein ist Branntwein.‹ Ihr sollt leben!« sage ich und trinke mein Glas aus. »Gebe Gott«, sage ich, »daß Ihr immer reich bleibt und viel Freude erlebt! Juden«, sage ich, »sollen immer Juden bleiben. Gott gebe ihnen aber«, sage ich, »Gesundheit und Kraft, um alle Plagen und Leiden zu ertragen!«

»Wie heißt Ihr?« fragt mich der Hausherr selbst, ein stattlicher Mann mit einem Käppchen auf dem Kopfe. »Wo seid Ihr her? Wo wohnt Ihr, was ist Euer Geschäft, seid Ihr verheiratet, habt Ihr Kinder und wieviel?«

»Kinder?« sage ich, »ich kann mich nicht beklagen! Wenn jedes meiner Kinder«, sage ich, »wirklich eine Million wert ist, wie es mir meine Golde einreden will, so bin ich reicher als der reichste Mann von Jehupez. Leider«, sage ich, »ist aber arm nicht reich und verschieden nicht gleich, wie es auch geschrieben steht: Der da unterscheidet zwischen heilig und alltäglich. – Wenn einer das Geld hat, so geht es ihm gut. Geld haben aber die Brodskijs, und ich habe Töchter. Und wenn man Töchter hat«, sage ich, »so vergeht das Gelächter. Aber es macht nichts, Gott ist doch der Vater. Er regiert uns, das heißt: Er sitzt oben, und wir quälen uns unten. Man rackert sich ab und schleppt Baumklötze – hat man denn die Wahl? Das ganze Unglück kommt vom Essen. Wie meine Großmutter, sie ruhe in Frieden, zu sagen pflegte: ›Wenn das Maul in der Erde läge, könnte sich der Kopf in Gold kleiden! ...‹ Nehmt es mir nicht übel«, sage ich, »es gibt nichts Geraderes als eine schiefe Leiter, und nichts Schieferes als ein gerades Wort; besonders«, sage ich, »wenn man einen Schluck Branntwein auf den nüchternen Magen genommen hat.«

»Gebt doch dem Mann etwas zu essen!« sagt der Hausherr, und im Augenblick trägt man mir zahllose Gerichte auf: Fisch, und Fleisch, und Braten, und Gänsernes, und Hühner, und Lebern ohne Zahl.

»Wollt Ihr nicht etwas essen?« sagt man zu mir. »Geht wascht Euch die Hände!«

»Einen Kranken fragt man, einem Gesunden gibt man! Aber ich danke schön! Einen Schluck Branntwein kann ich noch nehmen! Aber ich werde mich doch nicht hier hinsetzen und ein solches Mahl verzehren, wenn Weib und Kinder, sie sollen gesund sein, zu Hause fasten ... Wenn Ihr aber so gut sein wollt ...«

Sie verstanden mich im Nu, und ein jeder packte mir in den Wagen, was er nur schleppen konnte: der eine – ein Brot, der andere – Fische, der dritte – Braten, der vierte – ein Viertel Gans, der fünfte – Tee und Zucker, der sechste – einen Topf Schmalz, der siebente – einen Topf Eingemachtes.

»Das alles werdet Ihr Eurem Weib und Euren Kindern als Geschenk mitbringen«, sagen sie. »Und jetzt sagt uns, was verlangt Ihr für Eure Mühe und dafür, daß Ihr zwei Seelen aus einer Gefahr gerettet habt?«

»Was heißt«, sage ich, »was ich verlange? So viel

Ihr mir geben werdet, so viel werde ich nehmen. Wir werden uns schon einigen, wie man sagt, einen Rubel herauf, einen Rubel herunter. Ein ausgetretener Schuh kann nicht noch mehr ausgetreten werden . . .«

»Nein«, sagen sie, »wir wollen Eure Ansicht hören, Reb Tewje, habt nur keine Angst, man wird Euch, Gott behüte, nicht köpfen!«

»Was soll ich da tun?« denke ich mir. »Es ist doch wirklich nicht gut: verlange ich einen Rubel, so wird es mich vielleicht später reuen, daß ich nicht zwei verlangt habe. Und verlange ich zwei, so werden sie mich vielleicht für verrückt halten. Womit habe ich auch zwei Rubel verdient?«

»Drei Rubel!« sage ich plötzlich ohne Überlegung. Alle fangen plötzlich zu lachen an, so daß ich vor Scham in die Erde versinken möchte.

»Nehmt es mir nicht übel«, sage ich, »ich habe es mir nicht überlegt. Ein Pferd hat vier Beine und kann stolpern; um so mehr der Mensch, der nur eine Zunge hat . . .«

Nun lachen sie noch lauter, sie kugeln sich einfach vor Lachen.

»Genug schon zu lachen!« sagt der Hausherr und holt aus dem Busen eine große Brieftasche heraus. Und er nimmt aus der Brieftasche – nun wieviel meint Ihr? – ratet einmal! – einen ganzen feuerroten Zehnrubelschein – so wahr wir beide gesund sein sollen! Und er sagt zu mir: »Das gebe ich, und ihr Kinder, gebt dem Mann aus eurer Tasche, so viel jeder will!«

Kurz und gut, was soll ich lange erzählen, es flogen auf den Tisch Fünfrubelscheine, Dreirubelscheine, Einrubelscheine, – Hände und Füße zitterten mir, ich meinte, ich müßte gleich in Ohnmacht fallen.

»Nun, was steht Ihr so da?« sagt zu mir der Hausherr. »Nehmt doch die paar Rubel und fahrt nach Hause zu Weib und Kindern.«

»Gott gebe Euch«, sage ich, »das Zehnfache und das

Hundertfache von dem, was Ihr mir gegeben habt. Und Ihr sollt alles Gute erleben und recht viel Freude!« Und ich scharre das Geld mit beiden Händen zusammen und stopfe es mir, ohne zu zählen, in die Taschen.

»Gute Nacht!« sage ich, »bleibt gesund und erlebt recht viel Freude an Euren Kindern und Eurer ganzen Familie!« Wie ich aber schon zum Wagen gehen will, sagt zu mir die Hausfrau, das ist die ältere Frau mit dem seidenen Tuche:

»Wartet eine Weile, Reb Tewje, von mir bekommt Ihr noch ein Extrageschenk. Ich schicke es Euch morgen zu. Ich habe«, sagt sie, »eine braune Kuh; sie war früher einmal eine wertvolle Kuh und gab jeden Tag vierundzwanzig Glas Milch. Heuer hat sie wohl ein böser Blick getroffen, und sie läßt sich nicht mehr melken; daß heißt melken läßt sie sich wohl, aber sie gibt keine Milch mehr ...«

»Lange leben sollt Ihr«, sage ich, »und nie im Leben Kummer erfahren! Bei mir wird sich Eure Kuh sowohl melken lassen wie auch Milch geben. Meine Alte ist, unberufen, eine gute Hausfrau und kann aus Nichts Nudeln machen und aus der leeren Hand einen Brei kochen. Nehmt's mir nicht übel«, sage ich, »wenn ich ein Wort zu viel gesagt habe. Ich wünsche Euch allen gute Nacht und alles Gute, und bleibt gesund«, sage ich.

Ich gehe aus dem Hause und schaue nach dem Pferd – ach und weh ist mir! Ein Unglück ist mir geschehen! Ich schaue nach allen Seiten – das Pferd ist verschwunden!

»Nun, Tewje«, sage ich mir, »man hat dich schon in Behandlung genommen! ...« Und es kommt mir eine schöne Geschichte in den Sinn, die ich einmal in irgendeinem Buche gelesen habe: die unsauberen Mächte erwischten einmal einen anständigen Juden, einen Chossid in der Fremde, lockten ihn in einen Palast und traktierten ihn dort mit allerhand Speisen und Getränken; plötzlich verschwanden sie alle und ließen ihn allein mit einem Frauenzimmer zurück. Das Frauenzimmer verwandelte sich sofort in ein reißendes Tier, das reißende Tier in eine Katze, und die Katze in eine Natter ... »Paß auf, Tewje, daß dir nicht dasselbe geschieht und daß man dich nicht beschwindelt!«

»Was schleicht Ihr dort herum und was brummt Ihr?« fragt man mich.

»Was ich brumme?« antworte ich. »Ach und weh ist mir!« sage ich, »ich habe einen großen Schaden: mein Pferd ...«

»Euer Pferd«, sagen sie zu mir, »steht im Stall. Bemüht Euch nur in den Stall.«

Ich komme in den Stall und sehe: es stimmt, so wahr ich Jude bin! Mein Gaul steht recht vornehm unter den herrschaftlichen Pferden, ist ganz ins Kauen vertieft und frißt Hafer nach Herzenslust.

»Hör nur«, sage ich zu ihm, »mein Kluger, es ist schon Zeit, nach Hause zu fahren! Man darf nicht«, sage ich, »sich auf das Fressen stürzen; ein Bissen zu viel kann manchmal schaden ...«

Kurz und gut, es gelang mir mit großer Mühe, den Gaul zu überreden und, mit Verlaub zu sagen, vor den Wagen zu spannen. Und ich fuhr nach Hause lustig und guter Dinge und sang im Fahren gar fröhlich das Gebet: »Mejlech Eljen«; auch das Pferdchen war ein ganz anderes geworden, als ob ihm ein neues Fell gewachsen wäre: es wartete nicht mehr auf die Peitsche und lief vorwärts so flink wie ein Lied.

Ich kam recht spät in der Nacht nach Hause und weckte mein Weib mit großer Freude.

»Einen guten Feiertag wünsche ich dir!! Masel-tow, Golde!«

»Einen wüsten und finsteren Masel-tow wünsche ich dir!« sagt sie. »Was bist du so festlich gestimmt, mein teurer Brotgeber? Kommst du denn von einer

Hochzeit oder von einer Beschneidungsfeier, mein Goldspinner?«

»Von einer Hochzeit«, sage ich, »*und* von einer Beschneidungsfeier! Warte eine Weile, mein Weib, du wirst bald einen Schatz sehen«, sage ich. »Wecke aber zuerst die Kinder, damit auch sie, nebbich«, sage ich, »von den Jehupezer Speisen genießen.«

»Bist du toll oder nicht gescheit, oder närrisch oder von Sinnen? Denn du redest wie ein Verrückter, auf alle Feinde Zions sei es gesagt!« sagt mir mein Weib und flucht, wie es eben nur ein Weib kann.

»Ein Weibsbild«, sage ich, »bleibt ein Weibsbild. Nicht umsonst sagt König Salomo, daß er unter tausend Weibern nicht ein rechtes gefunden hat. Es ist wirklich noch ein Glück, daß es heute nicht mehr Mode ist, viel Weiber zu haben«, sage ich. Und ich gehe zu meinem Wagen, hole alle guten Dinge, die man mir eingepackt hat, und stelle alles auf den Tisch. Als meine Leute die Semmeln sahen und den Braten rochen, fielen sie, nebbich, wie die hungrigen Wölfe über den Tisch her. Sie packten fest zu, ihre Hände zitterten und ihre Zähne arbeiteten, wie es in der Schrift heißt: »Und sie aßen.« – Raschi übersetzt es: »Und sie fraßen wie die Heuschrecken.« Tränen traten mir in die Augen . . .

»Nun, sag schon endlich«, sagt zu mir mein Weib, »bei wem war denn die Armenmahlzeit oder das Festessen, und warum bis du plötzlich so stolz?«

»Habe Geduld, Golde«, sage ich, »bald wirst du alles erfahren. Bereite aber«, sage ich, »zuerst den Samowar; dann wollen wir uns alle um den Tisch herumsetzen«, sage ich, »und ein Glas Tee trinken, so wie es sich gehört. Der Mensch«, sage ich, »lebt nur einmal auf der Welt, und nicht zweimal. Besonders jetzt«, sage ich, »wo wir eine eigene Kuh haben, die vierundzwanzig Glas Milch am Tage gibt. So Gott will, bringe ich sie morgen her.« Nun ziehe ich aus der

Tasche den ganzen Pack Banknoten und sage: »Zeige deinen Verstand, Golde«, sage ich, »und rate, wieviel Geld wir da haben!«

Ich werfe einen Blick auf mein Weib – sie ist blaß wie die Wand und kann kein Wort sprechen.

»Gott sei mit dir, liebe Golde«, sage ich, »was bist du so erschrocken? Fürchtest du vielleicht«, sage ich, »daß ich jemand bestohlen oder beraubt habe? Pfui«, sage ich, »du sollst dich schämen! Du bist schon so lange Tewjes Weib und verdächtigst ihn einer solchen Sache? Närrchen«, sage ich, »das ist koscheres Geld, ich habe es mit den eigenen Händen und eigenem Verstand ehrlich verdient. Ich habe«, sage ich, »zwei Seelen aus einer großen Gefahr errettet«, sage ich, »wenn ich nicht gekommen wäre, so weiß Gott allein, was mit ihnen geschehen wäre! . . .«

Kurz und gut, ich erzähle ihr die ganze Geschichte, wie Gott mich geleitet hat, vom Aleph bis Ssof. Und dann begannen wir das Geld zu zählen: es waren zweimal achtzehn*) Rubel, und noch ein überzähliger Rubel dazu. Ihr könnt es Euch leicht ausrechnen: es waren genau siebenunddreißig Rubel! . . . Golde fing sogar zu weinen an.

»Was weinst du«, sage ich, »du närrisches Weib?«

»Wie soll ich nicht weinen«, sagt sie, »wenn mir die Tränen von selbst kommen und wenn das Herz voll ist?!« sagt sie, »Mein Herz wußte es schon vorher, daß du mit einer guten Nachricht kommen wirst! Heute nacht«, sagt sie, »erschien mir zum erstenmal nach sieben Jahren Großmutter Zeitel – es sei zwischen Lebenden und Toten wohl unterschieden – wieder im Traume. Ich schlief, und plötzlich sah ich einen Melkkübel; Großmutter Zeitel, sie ruhe in Frieden, hielt den Melkkübel unter der Schürze verborgen,

* Achtzehn gilt als Glückszahl, da der Buchstabenwert des Wortes »Chaj« — »Leben« 18 beträgt.

damit ihn kein böser Blick treffe, und die Kinder schrien: Mutter, gib uns Milch! . . .«

»Greife nicht nach den Nudeln vor dem Sabbat«, sage ich, »teure Seele! Großmutter Zeitel möge ein lichtes Paradies haben«, sage ich, »ich weiß aber nicht, ob wir von ihr etwas haben werden. Doch wenn Gott an uns solch ein Wunder getan hat, daß wir eine Kuh bekommen, wird er wohl auch dafür forgen, daß es eine anständige Kuh wird . . . Gib mir lieber einen Rat, Golde, was wir mit dem Gelde tun sollen?«

»Das wollte ich eben dich fragen«, sagt sie zu mir, »was willst du mit dem Gelde, unberufen, tun, Tewje?«

»Nein, sage du, was können wir mit einem solchen Kapital, unberufen, anfangen?«

Und wir begannen beide nachzudenken. Wir zerbrachen uns den Kopf und nahmen alle Geschäfte durch, die es nur in der Welt gibt. In jener Nacht handelten wir mit allen Dingen, die man sich nur ausdenken kann: wir kauften ein paar Pferde und verkauften sie dann gleich wieder mit Profit; wir gründeten ein Kolonialwarengeschäft in Bojberik, verkauften alle Waren aus und gründeten gleich darauf ein Schnittwarengeschäft; wir beteiligten uns an einer Waldversteigerung und ließen uns einige Rubel Abstandsgeld bezahlen; dann versuchten wir die Fleischsteuer in Anatewka zu pachten und liehen das Geld auf Zinsen aus . . .

»Du bist verrückt, auf meine Feinde sei es gesagt«, sagt zu mir mein Weib. »Du willst wohl die paar Rubel verlieren, so daß dir nichts als deine Peitsche zurückbleibt?!«

»Ist es denn besser«, sage ich, »mit Brot zu handeln und Bankerott zu machen? Sind denn wenig Leute«, sage ich, »beim Weizenhandel zugrunde gegangen? Hast du denn noch nicht gehört«, sage ich, »wie es in Odessa zugeht?«

»Was taugt mir«, sagt sie, »Odessa? Die Väter meiner Väter sind dort niemals gewesen, und meine Kinder kommen auch niemals hin, solange ich lebe und solange mich meine Beine tragen!«

»Was willst du denn?« sage ich.

»Was ich will?« sagt sie. »Ich will, daß du kein Narr bist und keine Dummheiten redest.«

»Wahrscheinlich«, sage ich, »bist du jetzt klug geworden. Man sagt ja auch: kommt Geld, kommt Verstand, und wenn man *vielleicht* reich ist, so ist man *gewiß* klug ... So ist es immer!«

Kurz und gut, wir zankten uns einige Male und versöhnten uns gleich wieder. Schließlich einigten wir uns darauf, daß wir zu der braunen Kuh noch eine zweite Milchkuh hinzukaufen sollen ...

Werdet Ihr doch wohl fragen: Warum gerade eine Kuh und kein Pferd? Werde ich Euch darauf antworten: Warum ein Pferd und keine Kuh? Bojberik ist doch ein Ort, wo im Sommer alle reichen Leute von Jehupez wohnen, die eine vornehme Erziehung genossen haben und gewohnt sind, daß man ihnen alles ins Haus bringt und in den Mund steckt: Holz, Fleisch, Eier, Hühner, Zwiebeln, Pfeffer, Petersilie – warum soll sich nicht jemand finden, der ihnen jeden Tag Käse, Butter und Sahne ins Haus bringt? Und da die Jehupezer Leute viel vom Essen halten und der Rubel bei ihnen keine Rolle spielt, kann man dabei viel Geld einnehmen und ordentlich verdienen. Wichtig ist nur, daß man ihnen gute Ware liefert; solche Ware wie bei mir findet Ihr aber auch in Jehupez nicht! Ich möchte mit Euch zusammen soviel Segen erleben, wie oft mich schon sehr vornehme Leute, auch Christen, gebeten haben, ihnen frische Ware zu bringen. »Wir haben gehört«, sagen sie, »Tewje, daß du ein anständiger Mensch bist, wenn du auch ein krätziger Jude bist ...« Wie glaubt Ihr: bekommt man von Juden je ein solches Kompliment zu hören? Auf alle meine

Feinde sei es gesagt! Kein gutes Wort höre ich von unseren Leuten. Ständig schauen sie in fremde Töpfe hinein. Als sie bei Tewje eine Kuh und einen neuen Wagen sahen, zerbrachen sie sich gleich die Köpfe: »Wo hat er das her? Handelt vielleicht dieser Tewje mit falschen Banknoten, oder hat er eine geheime Schnapsbrennerei? ...« »Ha, ha, ha!« denke ich mir.. »Zerbrecht euch nur die Köpfe, Brüder!« Ich weiß nicht, ob Ihr mir glauben werdet – Ihr seid wohl der erste, dem ich die ganze Geschichte erzähle, wie und was und warum ...

Mir scheint aber, ich habe mich ein wenig verplaudert, nehmt es mir nicht übel! Man muß ja auch ans Geschäft denken, oder wie es in der Schrift heißt: »Und alle Raben mit ihrer Art!« ein jeglicher gehe an seine Arbeit: Ihr an Eure Bücher und ich an meine Milchtöpfe und Kannen ...

Um eines möchte ich Euch bitten, Reb Scholem Alejchem: Ihr sollt mich in Euren Büchern nicht beschreiben! Und wenn Ihr mich doch einmal beschreibt, so nennt meinen Namen nicht ... Bleibt mir gesund und laßt es Euch gut gehen!

SCHOLEM ALEJCHEM

Die Durchsuchung

»Halt!« meldete sich ein Mann mit runden Ochsenaugen, der die ganze Zeit in der Ecke am Fenster gesessen und rauchend den Gesprächen über Diebstähle, Raubanfälle und ähnliche Verbrechen zugehört hatte. »Nun will ich euch eine schöne Geschichte von einem Diebstahl erzählen, der bei uns passiert ist, und ausgerechnet im Bejßmedresch und dazu noch an einem Jojmkipper! Ihr könnt zuhören:

Unser Städtchen Kasrilewka – ich bin nämlich ein Kasrilewker – ist ein armes, kleines Städtchen, und es gibt bei uns keine Diebe. Man stiehlt bei uns nicht, denn man hat nicht, bei wem zu stehlen und was zu stehlen. Und schließlich und endlich ist doch der Jude kein Dieb. Das heißt, der Jude ist im Grunde genommen doch ein Dieb, aber keiner, der durchs Fenster in eine Wohnung steigt oder einen Menschen mit dem Messer überfällt. Drehen, hineindrehen, verdrehen und einem den Kopf abdrehen, das kann der Jude; aber die Hand in eine fremde Tasche stecken, so daß man ihn erwischt und einsperrt – das paßt wohl für einen Verbrecher, aber für keinen Juden ... Nun stellt euch vor: bei uns in Kasrilewka gab es einmal doch einen Diebstahl, und was für einen Diebstahl! Achtzehnhundert Rubel auf einen Schlag!

Eines Tages kommt zu uns in die Stadt ein Fremder, irgendein Bauunternehmer aus Litauen. Er kommt gerade am Vorabend von Jojmkipper um die Stunde des Nachmittagsgebets. Er steigt natürlich im Gasthause ab, läßt dort sein Gepäck zurück und begibt sich direkt ins alte Bejßmedresch. Wie er zum Nachmittagsgebet ins Bejßmedresch kommt, sitzen die Gabbojim vor der Geldschüssel. ›Friede sei mit Euch!‹ – ›Auch mit Euch sei Friede!‹ – ›Woher kommt Ihr?‹ – ›Aus Litauen.‹ – ›Wie heißt Ihr?‹ – ›Was geht's Euch an?‹ – ›Ihr wollt doch in die Schul?‹ – ›Wohin soll ich denn wollen?‹ – ›Ihr wollt wohl bei uns beten?‹ – ›Bleibt mir denn was anderes übrig?‹ – ›Dann müßt Ihr doch etwas in die Schüssel geben.‹ – ›Was denn sonst? Werde ich bei Euch umsonst beten?‹

Kurz und gut, der Fremde zieht drei silberne Rubel aus der Tasche und legt sie in die große Schüssel. Außerdem einen Rubel in den Teller des Chasens, einen Rubel für die Talmud-Thora, einen Rubel für den Row, einen halben Rubel für die Armen, außer dem Kleingeld, das er unter den Bettlern vor der Türe verteilt hat. Wir haben nämlich, unberufen, so viele Bettler, daß man das Vermögen eines Rothschilds haben müßte, um sich mit ihnen ordentlich abzugeben.

Als man sah, daß man es mit so einem Menschen zu tun hatte, trat man ihm einen Platz an der Misrachwand ab. Werdet ihr fragen, wo man den Platz hergenommen hat, da doch alle Plätze in festen Händen sind? Das ist gar keine Frage. Genau dasselbe ist doch bei einer Hochzeit oder bei einem Briß: es ist gesteckt voll, und plötzlich kommen alle in Bewegung. Was ist los? Der reiche Mann ist gekommen! Drückt man sich so zusammen, daß es einen Platz für den Reichen gibt. Das Drücken ist nämlich eine jüdische Sache: wenn sie niemand anderer drückt, so drücken sie sich selbst . . .«

Der Mann mit den runden Augen macht eine Pause, läßt den Blick über Zuhörer schweifen, um festzustellen, welchen Eindruck auf sie der Witz machte, und fährt fort.

»Kurz und gut, unser Fremder bekam einen Ehrenplatz und ließ sich vom Schammes ein Betpult geben. Zu Kolniddre zog er sich Talis und Kittel an und stellte sich beten. Und er betete und betete und setzte sich für keinen Augenblick hin; vom Hinlegen rede ich schon gar nicht! Für keinen Augenblick ging der Litwak von seinem Betpult weg, außer wenn man Schmojneessre betete oder niederknien mußte ... Vierundzwanzig Stunden fasten und sich für keinen Augenblick hinsetzen – das kann eben nur ein Litwak! ...

Erst nach dem letzten Schojferblasen, wie man mit dem gewöhnlichen Abendgebet beginnt, und Chajim-Chane der Melammed (Chajim-Chane hat seit undenklicher Zeit das Vorrecht, am Jojmkipperausgang das Abendgebet vorzubeten) mit seiner Ziegenstimme ›Der du die Abende dämmern läßt‹ anstimmt, hört man ein entsetzliches Geschrei: ›Gewalt! Gewalt!‹ Man schaut hin – der Litwak liegt ohnmächtig da. Man begießt ihn mit Wasser – es nützt nichts! Was ist das für eine Geschichte? Eine schöne Geschichte. Er hatte bei sich, der Litwak meine ich, achtzehnhundert Rubel gehabt. Er hatte Angst, sagt er, sie im Gasthause zurückzulassen – es ist doch wirklich kein Spaß – achtzehnhundert Rubel! Wem kann man eine solche Riesensumme in einer wildfremden Stadt anvertrauen? Das Geld am Jojmkipper in der Tasche zu haben – schickt sich nicht. Also kam er auf den Einfall, sagt er, das Geld unbemerkt in das Betpult hineinzulegen – was ein Litwak nicht alles kann! Jetzt versteht ihr schon, warum er für keinen Augenblick vom Betpult wegging? ... Aber bei der Schmojneessre oder beim Niederknien hat wohl jemand das Geld herausgenommen.

Kurz und gut, er schreit und jammert und ist ganz

außer sich: Was soll er jetzt anfangen? Es ist, sagt er, fremdes Geld, es ist nicht sein Geld, er ist nur Bevollmächtigter von einem Kontor, er selbst ist ein Bettler, sagt er, mit Kindern gesegnet! Es bleibt ihm, sagt er, nichts anderes übrig, als ins Wasser zu gehen oder sich aufzuhängen, sagt er, und zwar hier gleich in der Schul, vor aller Augen!! ...

Als die Leute diese Worte hörten, erstarrten sie zu Stein. Man vergaß sogar, daß man den ganzen Tag gefastet hatte und nach Hause eilen mußte, um sich zu stärken. Wir schämten uns vor dem Fremden und vor uns selbst. So ein Diebstahl – ganze achtzehnhundert Rubel! Und wo? Im Bejßmedresch, im alten Kasrilewker Bejßmedresch! Und wann? Am Jojmkipper! So etwas hat man doch noch nicht gehört, seit die Welt steht!

›Schammes, schließ die Tür!‹ ertönt plötzlich die Stimme von unserm Row. Unser Row, er heißt Reb Jusifl, ist ein ordentlicher, frommer Mann, eine reine Seele; vielleicht nicht übermäßig klug, aber ein guter Charakter, ein Mensch ohne Galle. Manchmal hat er Einfälle, auf die kein Mensch kommen kann, und wenn er auch achtzehn Köpfe hat! Sobald man die Tür vom Bejßmedresch geschlossen hat, wendet sich Reb Jusifl zur ganzen Gemeinde. Er ist blaß wie die Wand, und die Hände zittern ihm und die Augen brennen:

›Rabojssai, hört mich an. Es ist eine häßliche Geschichte. So was hat man noch nicht gehört, seit die Welt steht. Daß bei uns in Kasrilewka sich ein Sünder finden soll, ein Verbrecher in Israel, der einem wildfremden Menschen, einem Familienvater so eine Summe stiehlt! Und wann? An einem so heiligen Tag wie Jojmkipper, vielleicht sogar während der Nile. So was hat man noch nicht gehört, seit die Welt steht! Ich kann mir es gar nicht denken, es ist einfach unmöglich! Wenn sich vielleicht doch jemand gefunden hat, den es nach Geld gelüstete, und dazu nach einer solchen Summe wie achtzehnhundert Rubel – der böse Trieb ist ja, Gott sei es geklagt, mächtig genug –, wenn jemand von uns gestrauchelt ist, wenn jemand, nebbich, das Unglück beschert war, an einem solchen Tag so eine Sünde zu begehen, so müssen wir uns Mühe geben, die Sache zu untersuchen und zu ergründen. Himmel und Erde haben geschworen, daß die Wahrheit wie Baumöl auf dem Wasser an die Oberfläche kommen muß. Darum‹, sagt er, ›müssen wir einander durchsuchen, betasten, uns die Taschen herauswenden, vom reichsten Bürger‹, sagt er, ›bis zum Schammes, ohne jemand auszunehmen. Kommt, Juden, durchsucht mich!‹

So sprach unser Row, Reb Jusifl, und mit diesen Worten löste er sich den Gürtel und wendete alle Taschen heraus. Seinem Beispiel folgend, nahmen sich alle Bürger die Gürtel ab, knöpften sich die Kaftans auf und wendeten die Taschen heraus. Und man durchsuchte, betastete und durchschüttelte einander, bis die Reihe an Lejser-Jossel kam. Und als die Reihe an Lejser-Jossel kam, fing er an, lange Geschichten zu machen und erklärte vor allen Dingen, daß der Fremde ein Schwindler ist: der Litwak hat die Geschichte glatt erfunden, niemand hat bei ihm das Geld gesehen, alles ist Lug und Trug! ›Seht Ihr denn nicht selbst, daß es ein Schwindel ist?‹

Machten die Leute großen Lärm: ›Was soll das heißen? Die vornehmsten Bürger ließen sich durchsuchen, warum soll man plötzlich bei Lejser-Jossel eine Ausnahme machen? Hier gibt es keine Aristokraten! Durchsuchen! Durchsuchen!‹

Wie Lejser-Jossel merkt, daß die Sache schlimm für ihn steht, beginnt er mit Tränen in den Augen zu flehen, daß man ihn doch nicht durchsuchen möchte. Er beteuert mit allen Eiden, daß er ebenso rein von allem Übel sein möchte, wie rein er von dieser Sünde ist. Er schämt sich aber, sagt er, sich durchsuchen zu lassen. Man möchte Erbarmen mit seinen jungen Jahren haben und ihm diese Schande nicht antun. ›Tut mit mir,‹ sagt er, ›was ihr wollt, durchsucht mich aber nicht.‹ Wie gefällt euch so ein Kerl? Glaubt ihr vielleicht, daß man auf ihn gehört hat? Daß man ihm diese Ehre erwies? . . .

Aber halt! Ich vergaß euch zu sagen, wer Lejser-Jossel ist. Dieser Lejser-Jossel ist eigentlich kein Kasrilewker, der Teufel weiß, wo er zu Hause ist, aber er hatte nach Kasrilewka geheiratet. Unser Reicher hatte diesen Edelstein irgendwo für seine Tochter aufgegabelt, nach Kasrilewka gebracht und mit ihm geprahlt: er kann tausend Blatt Talmud auswendig, kennt sich gut in der ganzen Schrift aus, kann gut Hebräisch, Rechnen und Algebra, und ist ein großer Schreibkünstler – kurz ein Edelstein mit allen siebzehn Vorzügen! Als er diese Kostbarkeit nach Kasrilewka gebracht hatte, kamen die Leute herbei, das Wunder anzustaunen. Wenn man ihn bloß von außen anschaut, kann man nichts sagen: ein ganz gewöhnlicher junger Mann, nicht häßlich, wenn auch die Nase etwas zu lang ist. Die Augen leuchten wie zwei brennende Kohlen, und das Mundwerk – Pech und Schwefel! Man fühlte ihm auf den Zahn, ließ sich von ihm ein Blatt Talmud, ein Stück aus der Schrift, eine Stelle aus dem Maimonides erklären – flammendes Feuer! Der Hund kennt sich in allen Dingen so gut aus, wie der Goj in den Psalmen. Wo man ihn nur antippt – überall ist er zu Hause! Reb Jusifl selbst sagte von ihm, daß er in jeder beliebigen jüdischen Gemeinde Row sein könnte . . . Und von den modernen Wissenschaften rede ich schon gar nicht. Wir haben im Städtchen einen Philosophen, einen ganz verdrehten Kerl, Sejdel Reb Schajes heißt er, und dieser ist ein Hund gegen Lejser-Jossel! Und wie er Schach spielen kann – so einen Schachspieler gibt es nicht auf der ganzen Welt.

Was soll ich euch viel erzählen – ich sage euch ja, ein geratener junger Mann!

Natürlich beneiden alle Leute unsern Reichen um so einen Schatz, obwohl man munkelt, daß der Schatz doch nicht so ganz prima ist. Es gefällt nämlich den Leuten nicht, daß er zu klug ist (alles, was ›zu‹ ist, ist von Übel) und zu wenig Stolz hat: er gibt sich mit jedem ab wie mit seinesgleichen, selbst mit dem Geringsten, mit jedem Burschen, auch mit einem Mädel und sogar mit einer verheirateten Frau ... Dann gefallen seine Manieren nicht: immer ist er zerstreut, kommt in die Schul später als alle, wirft sich den Talis um, nimmt irgendeinen ›Quell lebenden Wassers‹ oder ein anderes Buch vor und studiert und denkt gar nicht ans Beten! Man kann nicht sagen, daß man an ihm etwas Schlechtes gesehen hätte, aber man munkelt, daß er nicht übermäßig gottesfürchtig ist. Es gibt eben keinen Menschen, der alle Vorzüge und gar keine Fehler hätte!

Und als dieser Lejser-Jossel sich weigerte, sich durchsuchen zu lassen, war es ja allen klar, daß er das Geld hat. Sagt er, man soll ihn foltern, man soll ihn schneiden, stechen, braten, brennen, nur nicht durchsuchen. Da geriet sogar unser Reb Jusifl, obwohl er ein Mensch ohne Galle ist, außer sich und fing zu schreien an:

›Du so einer und so einer! Du verdienst, daß man dich, ich weiß nicht was! Unerhört! Du siehst, wie man den Juden das Blut abzapft, wie alle sich aus der Schande nichts machen und sich durchsuchen lassen, und du willst dich von der Gemeinschaft ausschließen?! So oder so: entweder gestehst du und gibst das Geld heraus, oder du zeigst deine Taschen her! Du willst einer ganzen Gemeinde, unberufen, trotzen? Man wird dich doch gleich, ich weiß nicht was!‹

Kurz und gut, die Leute fielen über ihn her, legten ihn gewaltsam hin und begannen ihn zu durchsuchen, zu betasten und zu schütteln, und man fand in seinen Taschen... Nun, ratet einmal, was man gefunden hat? Abgenagte Knochen von einem Viertelhuhn und ein Dutzend ganz frische Kerne von eben erst gegessenen Pflaumen*) Ihr versteht doch, wie schön es sich machte, als man bei unserm Edelstein diese Dinge fand? ... Ihr versteht, wie er dastand und was für Gesichter sein Schwiegervater und der Row, nebbich, machten? Unser Row Reb Jusifl wandte sich verschämt weg und konnte niemand in die Augen schauen. Und als die Leute später aus dem Bejßmedresch nach Hause gingen, um sich zu stärken, hörten sie gar nicht auf, über den Schatz zu sprechen, den man in seinen Taschen gefunden hatte. Und alle schüttelten sich vor Lachen! Reb Jusifl ging ganz allein, den Kopf auf die Brust gesenkt, seufzte und ächzte und schämte sich, als ob man alle diese Sachen in seinen Taschen gefunden hätte ...«

Der Mann war mit seiner Geschichte anscheinend fertig. Denn er fing wieder zu rauchen an.

»Nun, und das Geld?« fragten ihn alle wie aus einem Munde.

»Was für Geld?« Er stellt sich einfältig und bläst den Rauch vor sich hin.

»Was heißt, was für Geld? Die achtzehnhundert Rubel...«

»Ach so«, sagt er gedehnt, »die achtzehnhundert Rubel?«

»Hat man sie gefunden?«

»Die waren weg.«

* Am Jojmkipper darf der Jude während 24 Stunden nichts genießen.

SCHOLEM ASCH

Ein geschiedenes Paar

Der Himmel ist überall gleich, sagen die Leute. Aber seht ihr, den Ilzer Himmel hat der Herr eigens für dieses Städtchen gemacht und so zugeschnitten, daß er sich vom gojischen Friedhof bis zum Berg, der auf der anderen Seite des Städtchens ragt, hinzieht. Er ist so zugeschnitten, daß seine Mitte genau über der Schul zu liegen kommt. Wenn man nachmessen wollte, würde man sehen, daß sein Mittelpunkt gerade über dem Windfähnchen der Schul steht. Er ist wohl mit Absicht so zugeschnitten, damit er alles zudeckt und alles beschützt, selbst den gojischen Friedhof. Denn es handelt sich ja um die Ilzer Gojim, und ihr müßt wissen, daß ein Ilzer Goj mit einem Zaddik zu vergleichen ist; er hält vom Sabbat mehr als vom Sonntag, und das muß er auch, denn alle Läden sind am Sabbat geschlossen und am Sonntag offen ... Selbst der Ilzer Polizeidiener ist mehr Jude als Goj! Er richtet sich mehr nach dem jüdischen Kalender als nach dem christlichen ... Auch seine Uniform, seine Mütze und seine Achselklappen zeigen eine echt jüdische Eleganz! Und noch mehr als das: selbst an der Turmspitze der Ilzer Kirche kann man etwas Jüdisches sehen: die Verzierung oben hat einen ganz besonderen Schick: ist sie doch ein Werk Nochum-Mejers, des Klempners ...

Und doch ist einmal auch in der frommen Stadt

Ilzi ein »Daitsch« aufgetaucht. Der Daitsch war Jecheskel Michels.

Jecheskel Michels saß einst im Bejßmedresch und lernte; später heiratete er eine Ilzer Bürgerstochter. Und als er schon ein Kind hatte, beging er die Dummheit und fuhr einmal nach Warschau hinüber. Aus Warschau kam er aber schon in »deutscher« Kleidung zurück. Der Schwiegervater wütete, das Weib weinte, und man zwang den Goj, ihr einen Scheidebrief zu geben.

Das Wasser, an dem Ilzi liegt, hat einen Namen; also kann man sich da scheiden lassen.

Die Frau weinte, nahm aber den Scheidebrief an.

Das Kind blieb bei der Mutter, und er fuhr wieder nach Warschau.

In den Feiertagen kommt er zu seinen Eltern auf Besuch. Im Städtchen wird sogar behauptet, daß die Eheleute doch noch nicht ganz auseinander seien, aber das ist nicht wahr. Die Frau kann nicht einmal seinen Namen hören; sie hat sich nur darum noch nicht wiederverheiratet, weil sie abwarten möchte, bis das Kind etwas größer wird.

Es war an einem Sabbatnachmittag. Ilzi tat seine Pforten auf und ließ seine Bevölkerung ins Freie ziehen. Jede Frau, jedes Mädchen, das die Stadt nur aufzuweisen hatte, putzte sich aus und ging spazieren. Ilzi zeigte darin einen ganz besonderen Schick. Schon der Gang und die Miene eines jeden weiblichen Wesens sagte: »Seht, ich habe mich ausgeputzt und gehe spazieren, um Ilzi mit meiner Schönheit zu zieren . . .«

Vor einem der Häuser steht Jecheskel Michels, ein schlanker junger Mann in steifem schwarzen Hut. Die Hutschnur ist mit der Schnur des Zwickers verknüpft. So steht er da und betrachtet lächelnd die Spaziergänger. Kinder drängen sich um ihn und begucken ihn vom Kopf bis zu den Füßen. Die ältern Leute stehen abseits. Ein Mann, dessen Kopfhaar und Bart voller Bettfedern sind und dessen Schnurrbart noch vom Kirschbranntwein feucht ist, zeigt auf ihn mit dem Finger. Mädchen und Frauen streifen ihn mit flüchtigen Blicken und gehen verschämt weiter. Einzelne wollen zeigen, daß sie keine kleinstädtischen dummen Gänse sind, und mustern ihn mit gleichgültigen Augen. Er lächelt mit der Miene eines Großstädters und blickt allen gerade ins Gesicht.

Wie vom Himmel gefallen, geht auf ihn plötzlich ein kleines, etwa fünfjähriges Mädchen mit rotem Kleidchen und weißem Schürzchen zu. Es streichelt Jecheskel Michels die Hand und zwitschert mit lieblicher Stimme:

»Tateschi! Tateschi!«

Jecheskel Michels nimmt das Kind in die Arme, drückt es an die Brust und küßt es mit Zärtlichkeit.

»Siehst, Tateschi, Tateschi«, sagt das Kind, auf sein rotes Kleidchen, das weiße Schürzchen und die neuen Schuhe zeigend: »Mutter hat es gekauft!«

Er streichelt dem Kind die Haare.

»Mutter hat mich gewaschen, gekämmt und zum Vater geschickt«, sagt das Kind, die kleinen Augen zum Vater emporhebend. Zwischen den feinen roten Lippen zeigen sich zwei weiße Zahnreihen. Die Haare fallen auf den feinen Hals herab und zittern.

Er schweigt und streichelt dem Kind die Haare.

Hinter dem Tore gegenüber steht eine junge Frau und schaut durch eine Spalte. Sie sieht, wie Jecheskel so sanft und so traurig das Kind streichelt, und wie das Gesicht der Kleinen lacht. Die Mutter hat große Freude daran; sie runzelt aber bald die schmale Stirn und seufzt leise.

»Tateschi, komm!« Das Kind zieht den Vater an der Hand fort.

Jecheskel Michels nimmt die Kleine bei der Hand und geht mit ihr spazieren.

Die Sonne sinkt immer tiefer und tiefer und verschwindet zwischen den blauen Hügeln. Ein leichter Nebel schwebt am Himmel; über dem Berge sind weiße Wolken aufgezogen, und ein Abglanz von ihnen fällt auf die Ruine, die oben auf dem Berge steht.

Jecheskel hält mit dem Kinde gleichen Schritt und streichelt leise sein lockiges Haar.

Hinter dem Tore steht die Frau. Sie schaut und lächelt, als der Vater mit dem Kinde am Tore vorbeigeht.

Die Frau huscht schnell hinter den Zaun, der an das Tor anschließt, duckt sich und guckt mit einem Auge heraus.

Als der Mann und das Kind vorübergegangen sind, tritt die Frau vor den Zaun. Ihr rotes Gesicht unter dem Scheitel lächelt leise.

»Siehst, Tateschi, da wohnt die Mameschi! Schau!« sagt das Kind, den Vater am Ärmel zupfend.

Er ist ganz still geworden und geht, das Kind fest am Händchen haltend, weiter.

Das Kind wendet sich plötzlich um und sieht die Mutter vor dem Tore stehen.

»Tateschi, Tateschi, die Mutter!« ruft es freudig, zieht den Vater am Ärmel und zeigt mit den Fingerchen auf das Tor.

Jecheskel Michels wandte sich um und erblickte seine gewesene Frau.

Einen Augenblick standen die Eheleute still und sahen einander an. Bald besannen sie sich aber beide auf etwas: sie huschte flink hinter das Tor, und er ging, das Kind am Händchen haltend, mit schnellen Schritten weiter.

»Tateschi, Tateschi, die Mutter steht da, die Mutter!«

Der Soldat

Als Ssore-Rochel, die Schneiderin, am Freitag früh aus dem Hause ging, um ihre Challes zur Bäckerin zu tragen, sah sie den Markt voller Soldaten. In der Nacht war ein ganzes Regiment wie vom Himmel gefallen, eine Menge Soldaten mit schwerem Gepäck, mit schiefsitzenden Mützen, mit Gewehren und Säbeln, und die Luft war vom starken, nicht unangenehmen Geruch von Stiefelschmiere erfüllt. Der Polizeidiener Andrzej stand da und redete mit den Soldaten. Die Schneiderin sah sofort, daß die Rede von einer Einquartierung war. Und sie machte kehrt und lief mit den Challes wieder nach Hause.

»Mendel! Sofort ins Bett!« schrie sie ihrem Mann zu.

»Was ist denn los?« fragte er erschrocken.

»Soldaten sind gekommen, es gibt Einquartierung.«

Der Schneider zog sich aus und kroch unter das schwere Federbett, in dem die Federn aller Gänse steckten, die Ssore-Rochel seit ihrer Hochzeit hatte schächten lassen. Dann band sie dem Schneider ein Tuch um den Kopf. Und er lag da und stöhnte.

Sie selbst stellte sich vor das Bett, rang die Hände und jammerte:

»Mein Mann! Mein Ernährer!«

In der Türe zeigte sich der Polizeidiener, und ihm folgte ein Soldat mit einem Köfferchen.

»Guten Morgen, Panje Schneider!« begrüßt ihn der Polizeidiener.

»Guten Morgen, gutes Jahr, Panje Andrzej! Seht nur dieses Unglück! Mein Mann, mein Ernährer ist mir plötzlich in der Nacht krank geworden. Was soll ich tun? Was soll ich tun?« jammert die Frau und ringt die Hände.

»Ach, ach, ach!« stöhnt der Schneider unter dem schweren Federbett.

»Schade«, brummt der Polizeidiener und streicht sich den Schnurrbart. »Schade! Da hat mich der Pan Landrat nach dir geschickt: du sollst ihm Maß zu einem Frack nehmen. Aber du bist krank. Also muß ich zu Kabanski gehen«, sagt der Polizeidiener und will weitergehen.

»Was hast du mich krank gemacht? Eine böse Nacht möge meine Feinde treffen!« sagt der Schneider. »Panje Andrzej, Panje Andrzej!« schreit der Schneider, aus dem Bett springend.

»Der Jude schwindelt!« sagt der Polizeidiener lachend. Und dann wendet er sich zum Soldaten: »Hier ist dein Quartier!« Und ist schon fort.

Der Soldat nimmt kaltblütig den Koffer vom Rükken, trägt ihn in eine Ecke und macht sich's bequem.

Der Schneider und seine Frau sitzen am Tisch und zanken sich. Sie schimpft auf ihn, warum er sich hat anführen lassen, und er antwortet ihr mit den entsetzlichsten Flüchen. Der Soldat tu so, als ob gar nicht die Rede von ihm wäre. Er richtet sich in seiner Ecke ein, packt seine Sachen aus, nimmt aus dem Tornister das Kommißbrot heraus und zerschneidet es mit seinem kleinen Soldatenmesser. Der Geruch des Soldaten, der Geruch von Stiefelschmiere verbreitet sich und füllt die ganze Stube . . .

»Wie er sich da breitmacht, wie er sich da breitmacht!« brummt die Frau in der Küche.

Der Soldat tut ruhig das Seinige.

»Geh, sag ihm, er soll sich nicht so breitmachen«, sagt die Frau, indem sie ein Stück Holz kleinzumachen beginnt.

»Geh, sag du es ihm«, antwortet der Schneider von seinem Platz aus.

Der Soldat sieht, wie die Jüdin sich mit dem Stück Holz abplagt, und seine Soldatennatur kann es nicht ertragen: vor lauter Langweile steht er auf, nimmt ihr den Klotz aus der Hand und beginnt ihn kleinzumachen.

Die Schneiderin gibt ihm das Holz mit unzufriedener Miene: wenn du es durchaus tun willst, so kannst es du von mir aus tun!

Der Soldat nimmt das Beil und macht das ganze Holz klein, das er im Hause finden kann. Und er sucht noch mehr Holz, und das Beil in seiner Hand ist bereit, noch mehr zu arbeiten.

Wie er mit dem Holz fertig ist, schneidet die Schneiderin ein Stück Brot ab und reicht es ihm, immer noch mit unzufriedener Miene. Der Soldat ißt das Brot. Und wie er mit dem Brot fertig ist, nimmt er, ohne zu fragen, ob man Wasser braucht oder nicht, den Schöpfeimer, holt Wasser und füllt alle Gefäße im Hause, alle Töpfe und Kannen, als ob er den Schneider für sein ganzes Leben mit Wasser versorgen wollte. Und er hält den Schöpfeimer noch immer in der Hand, bereit, noch mehr Wasser zu bringen.

Die Schneiderin steht am Herd, macht Vorbereitungen für den Sabbat und ruft dem Schneider zu:

»Weißt du, der Soldat ist gar nicht so schlecht.«

»Das habe ich gleich gewußt«, antwortet der Schneider.

»Natürlich hast du es gleich gewußt!« sagt die Schneiderin ironisch.

Die beiden bitten einander stumm um Verzeihung, und der Soldat wird allmählich als Hausgenosse angesehen . . .

Es ist Abend. Die Frau hat die Stube für den Sabbat aufgeräumt, hat die Nähmaschine, die an den Werktag erinnert, hinter den Ofen gerückt und mit einem Tischtuch zugedeckt. Auf dem breiten Schneidertisch liegt eine saubere Decke, stehen Messingleuchter, liegen Challes. Die Frau hat den Ofen am Abend gut eingeschürt, damit er die Wärme den ganzen Sabbat behält, und der Ofen glüht so, daß man es schon aus einer Entfernung von zwei Ellen spürt. Heiß ist es in der Stube, die Fensterscheiben schwitzen, Tropfen laufen an ihnen herunter, und in den Tropfen spiegeln sich die Flammen der Sabbatlichte, die auf dem Fensterbrett gegenüber stehen. Der Hauch des Sabbats ruht auf allen Dingen. Der Schneider kommt aus seinem Betzirkel heim, setzt sich zu Tisch und macht Kiddusch ...

Der Soldat sitzt in seiner Ecke vor seinem Tornister und packt seine Sachen aus: ein Paar Stiefel, eine Hose, Hemden ... Nähzeug ... Dann nimmt er sein Kommißbrot vor, holt sich einen Krug Wasser und beginnt zu essen.

Die Alten sitzen am Tisch und essen den Sabbatfisch und die Challe. Alles in der Stube ist sabbatlich, nur dort im Winkel sitzt der werktägige Soldat mit seinem werktägigen Soldatenbrot. Die Jüdin ärgert sich über das Soldatenbrot: es ist wie ein Stück Wochentag mitten im Sabbat. Sie schneidet eine dünne Scheibe Challe ab und reicht sie ihm: Soll auch der Soldat von der Challe kosten!

Der Soldat nimmt das Stück Challe gleichgültig aus ihrer Hand und verzehrt es mit derselben gleichgültigen Miene.

Nachdem man gegessen und gebenscht hat, räumt die Jüdin vom Tische ab. Dann kommt Besuch: der Nachbar Joel, der Schuster mit seinem Weib, und noch irgendeine Frau. Und man sitzt am Tisch, das kleine Lämpchen brennt so sabbatlich hell, die Lichte flackern im Ausgehen, und der Dunst zieht durch die Stube. Der Schuster beginnt irgendeine Geschichte zu erzählen, alle hören ihm zu. Ssore-Rochel holt aus der Schürze Sonnenblumenkerne heraus und schüttet sie auf den Tisch vor die Gäste. Bald ist der Fußboden voller Schalen. Der Soldat sitzt in seiner Ecke. Wie er die Sonnenblumenkerne sieht, steht er auf, geht zum Tisch, streckt die Hand aus und nimmt sich mit gleichgültiger Gebärde eine Handvoll Kerne, wie einer eine Prise nimmt, wenn eine offene Schnupftabakdose auf dem Tische steht. Und nun beginnt er mit den Gästen um die Wette zu knacken und wirft noch mehr Schalen auf den Boden als sie alle. Der Schneider sieht jetzt im Soldaten noch mehr einen Hausgenossen. Er geht auf ihn zu und klopft ihn auf den Rücken.

»Nun, wird es Krieg geben?« fragte er ihn auf russisch.

»Gewiß wird es Krieg geben«, antwortet der Soldat mit vollem Mund.

SCHOLEM ALEJCHEM

Quäle nie ein Tier

»Wenn du ein braver Junge bist, hilfst du uns Meerrettich reiben, bis wir mit dem Fisch für das heilige Fest fertig werden.«

So spricht zu mir Mutter am Tage vor Schwues, um die Mittagsstunde. Sie und die Köchin schuppten Fische für das »milchige« Festessen, frische, noch lebende Fische! Als man sie in die große mit Wasser gefüllte irdene Schüssel legte, zappelten sie noch.

Mehr als alle zappelt eine kleine Karausche, nebbich, mit dickem Bauch, rundem Mund und roten Augen. Die Karausche hat anscheinend große Lust, wieder in den Fluß zu kommen: sie wirft sich hin und her, versucht aus der Schüssel herauszuspringen, reißt ihr rundes Maul auf, schlägt mit dem Schwanze um sich und spritzt mir Wasser ins Gesicht. Als wollte sie sagen: »Junge, rette mich! Junge, rette mich! . . .«

Ich wische mir das Gesicht ab, mache mich an den Meerrettich für das Festessen und denke mir: »Arme Karausche! Ich kann dir nicht helfen . . . Gleich nimmt man dich in Arbeit: man wird dich schuppen, man wird dir den Bauch aufschlitzen, deine Eingeweide herausnehmen, dich in Stücke schneiden, in den Topf tun, salzen und pfeffern, aufs Feuer stellen, kochen und braten, braten, braten . . .«

»Schade um sie«, sage ich zu der Mutter. »Es ist Tierquälerei.«

»Was ist Tierquälerei?«

»Das mit dem Fischchen.«

»Wer hat dir das gesagt?«

»Der Rebbe.«

»Der Rebbe?«

Sie schaut die Köchin an, die ihr die Fische zu schuppen hilft, und beide beginnen zu lachen.

»Du bist dumm, und dein Rebbe noch dümmer. Ha, ha, ha! Reib nur den Meerrettich, reib!«

Daß ich dumm bin, weiß ich schon längst. Das sagt mir Mutter immer. Auch Vater ist dumm, auch die Brüder und Schwestern sind dumm. Aber daß der Rebbe noch dümmer ist als ich, das ist mir ganz neu.

Ich habe einen Freund Pinjel; sein Vater ist Schächter. Als ich einmal bei ihm zu Besuch war, sah ich, wie ein kleines Mädchen einen großen Hahn mit zusammengebundenen Beinen hinbrachte. Der Vater meines Freundes, der Schächter, schlief gerade, und das Mädchen wartete vor der Tür. Der Hahn, ein kräftiger Bursche, wollte sich, nebbich, aus den Händen des Mädchens befreien; er stieß sie mit den Beinen in den Bauch, pickte sie mit dem Schnabel in die Hand, schrie und machte furchtbaren Lärm. Das Mädel aber war auch nicht dumm; sie klemmte seinen Kopf unter ihren Arm ein, stieß ihn, sooft er sich wehrte, mit dem Ellenbogen und sagte:

»Sei ruhig!«

Und er folgte ihr, und blieb ruhig.

Endlich stand der Schächter auf. Zuerst wusch er sich die Hände, dann holte er sein Messer und ließ sich den Hahn geben. Als man ihm die Beine losband, war er außer sich vor Freude: er bildete sich wohl ein, daß man ihn jetzt laufen läßt und daß er zu seinen Hennen und zu seinem Wassernapf zurückkehren kann. Aber der Schächter nahm ihn zwischen die Beine, bog ihm mit der einen Hand den Kopf zurück, rupfte mit der andern einige Federn an der Kehle aus, sprach den Segenswunsch und fuhr ihm – schwapps! – mit dem Messer über den Hals. Dann ließ er einige Tropfen Blut in einen Kasten mit Asche fließen und schleuderte den Hahn mit solcher Kraft von sich, daß ich glaubte, er müßte in Stücke zerfallen.

»Pinje, dein Vater ist ein Goj«, sagte ich zu meinem Freund.

»Warum ist er ein Goj?«

»Er hat kein Mitleid mit Tieren.«

»Ich wußte gar nicht, daß du so klug bist!« sagte mir mein Freund und zeigte mir eine Feige.

Unsere Köchin Frume ist auf einem Auge blind, und man nennt sie »Frume die Einäugige«. Sie ist ganz herzlos. Einmal peitschte sie die Katze mit Brennesseln aus, weil es ihr schien, die Katze hätte eine Hühnerleber vom Brett gestohlen. Als sie aber nachher die Hühner und die Lebern nachzählte, stellte es sich heraus, daß sie sich geirrt hatte. Sie hatte geglaubt, daß man sieben Hühner geschlachtet hatte und daß sieben Lebern sein müßten; man hatte aber nur sechs Hühner geschlachtet. Und sechs Hühner haben ja bloß sechs Lebern. Ein Wunder Gottes! Ganz umsonst hatte sie die Katze verdächtigt.

Meint ihr vielleicht, daß Frume es sich zum Herzen nahm und die Katze um Verzeihung bat? Keine Spur! Sie vergaß es, und die Katze vergaß es auch. Eine Stunde später saß die Katze ganz ruhig auf der Ofenbank und wusch sich, als ob nichts vorgefallen wäre. Nicht umsonst sagt man ein »Katzenhirn«.

Ich vergaß es aber nicht. Nein, ich nicht! Und ich sagte zu der Köchin: »Ganz umsonst hast du die Katze geschlagen und die Sünde auf dich geladen. Gott wird dich für die Tierquälerei bestrafen.«

»Du gehst augenblicklich aus der Küche! Sonst kriegst du mit dem Wischtuch über das Gesicht!«

So sprach »Frume die Einäugige« und fügte hinzu:

»Schöpfer der Welt! Wo kommen nur so dumme Kinder her?«

Das war wegen eines Hundes, den man mit kochendem Wasser verbrüht hatte. Dieselbe »Frume die Einäugige« hatte es getan. Ach, wie tat es dem Hunde weh! Anfangs winselte er so laut, daß das ganze Städtchen zusammenlief. Die Leute standen um ihn und lachten und lachten! Alle andern Hunde antworteten ihm, ein jeder von seinem Misthaufen und ein jeder auf seine Manier, als ob man sie nach ihrer Meinung fragte ... Und später, als der verbrühte Hund genug gewinselt hatte, begann er zu heulen: er leckte sich das Fell und schluchzte still in sich hinein.

Das packte mich am Herzen. Ich ging auf ihn zu und wollte ihn streicheln:

»Armer Sirka!«

Als der Hund sah, daß ich die Hand aufhebe, stand er auf, wie wenn man ihn noch einmal verbrüht hätte, zog den Schwanz ein und lief davon.

»Halt, Sirka«, suche ich ihn mit sanfter Stimme zu überreden. »Was entläufst du, du Dummer? Werde ich dir denn etwas tun?«

Ein Hund bleibt aber immer ein Hund. Er weiß nichts vom Mitleid mit Tieren.

Als Vater sah, daß ich mit dem Hund etwas zu tun habe, heizte er mir ordentlich ein:

»Marsch in den Chejder, du Hundeschinder!«

Nun bin *ich* der Hundeschinder.

Und das war wegen zwei Vögelchen, zwei kleinen, gewöhnlichen Spatzen, die zwei Bauernjungen – der eine war größer, der andere kleiner – erschlagen hatten. Als die beiden kleinen Vögel auf die Erde herunterfielen, lebten sie noch: sie saßen mit gesträubten Federn da und zitterten an allen Gliedern.

»Rühr dich, du Mops!« sagte der größere Junge zum kleineren. Und sie nahmen die beiden kleinen Vögel in die Hand und begannen sie mit den Köpfchen gegen den Baum zu schlagen, so wie wir die Hejchanes am Betpult abschlagen, bis beide Vöglein tot waren.

»Was tut ihr?« Ich konnte mich nicht beherrschen und lief auf die Jungen zu.

»Was ist denn?« erwiderten sie ganz ruhig. »Das sind ja nur Spatzen, ganz gewöhnliche Spatzen.«

»Und wenn es nur Spatzen sind? Ist denn der Spatz kein lebendes Wesen, mit dem man Mitleid haben muß?«

Beide Jungen sahen einander merkwürdig an. Und dann fielen sie, wie wenn sie es vorher verabredet hätten, über mich her.

Als ich nach Hause kam, verriet mein Kaftan die ganze Geschichte. Vater gab mir einige Ohrfeigen und schimpfte:

»Abgerissener Narr!«

Mein Gott, den »abgerissenen Narren« verzeihe ich ihm. Aber womit habe ich die Ohrfeigen verdient?! . . .

Womit habe ich die Ohrfeigen verdient? Sagt denn nicht auch der Rebbe, daß alle Geschöpfe vor dem Schöpfer gleich sind? Sogar einer Fliege an der Wand, sagt er, darf man nichts tun, weil sie ein lebendes Wesen ist, und selbst die Spinne, die schon zu den bösen Geistern gehört, darf man nicht töten. Und der Rebbe sagt: »Wenn die Spinne den Tod verdiente, würde Gott sie selbst töten.«

Kann man aber fragen: »Gut, wenn dem so ist, warum schlachtet man dann alle Tage Ochsen, Kälber, Schafe und Geflügel?«

Und nicht nur Tiere und Vögel bringt der Mensch um; tötet er nicht manchmal auch seine Mitmenschen?

Hat man nicht beim Pogrom ganz kleine Kinder vom Bodenfenster auf die Straße hinuntergeworfen?

Hat man nicht auch unseres Nachbars kleines Mädchen getötet? Perele hieß sie ... Und wie man sie getötet hat! ...

Ach, wie lieb hatte ich das Kind! Und wie es an mir hing! »Onkel Bebebe« nannte mich die Kleine – so sprach sie meinen Namen Welwele aus. Und sie zupfte mich mit ihren kleinen, feinen, süßen Fingerchen an der Nase ... Und wegen Perele nannten mich auch alle andern Leute »Onkel Bebebe«.

»Da kommt Onkel Bebebe, er wird dich auf die Arme nehmen!«

Perele war ein krankes Kind. Das heißt, sonst fehlte ihr nichts, aber sie konnte nicht laufen. Weder laufen noch stehen; nur sitzen konnte sie. Darum pflegte man sie auf den Armen ins Freie zu tragen und in die Sonne zu setzen. Sie liebte die Sonne. Ich trug sie oft herum, und sie umschlang meinen Kopf mit ihren süßen, kleinen Händchen, schmiegte sich an mich mit ihrem ganzen Körperchen und legte mir ihr kleines Köpfchen auf die Schulter: »Onkel Bebebe lieb!«

Unsere Nachbarin Krejne sagt, daß sie den »Onkel Bebebe« auch heute noch nicht vergessen kann und daß sie immer an die kleine Perele denken muß, sooft sie mich sieht ...

Mutter macht ihr Vorwürfe, daß sie immer noch weint. Man darf nicht weinen, sagt Mutter, es ist eine Sünde, sagt sie. Man muß vergessen. »Vergessen« ...

So spricht Mutter zu ihr. Und mich jagt sie aus dem Zimmer: wenn ich nicht immer vor ihr herumstehe, wird auch die Nachbarin nicht immer an das Unglück denken, das sie vergessen soll ...

Hahaha! Kann man es denn vergessen? Wenn ich an das kleine Mädchen denke, kommen auch mir Tränen in die Augen, ganz von selbst kommen sie ...

»Seht nur, da weint er schon wieder, der kluge Junge!« sagt »Frume die Einäugige« zur Mutter. Und Mutter wirft auf mich einen schnellen Blick und beginnt zu lachen:

»Beißt dir der Meerrettich die Augen? An alles muß Mutter denken! Was das für scharfer Meerrettich ist! Ich vergaß dir zu sagen, daß du die Augen zuhalten sollst. Hier hast du meine Schürze ... Wisch dir die Augen ab, du dummer Junge, und schneuze dir auch gleich die Nase ... Die Nase, die Nase!«

JIZCHOK LEJB PEREZ

Die Schwestern

Die Armut ist eine Landstreicherin.

Sie bleibt niemals so lange auf einem Platz sitzen, bis er warm wird; sie verbringt niemals den Tag dort, wo sie genächtigt hat.

Und alt ist sie wie die Welt!

Seit undenklichen Zeiten wandert sie über die Erde in durchlöcherten Stiefeln, die ihr jemand aus Mitleid geschenkt hat und die ihr so schlecht passen, daß sie an beiden Füßen apfelgroße Hühneraugen hat. Sie könnte die zuverlässigste Weltgeschichte und die genaueste Erdbeschreibung herausgeben; ihre Werke würden aber nicht so schön werden, wie die Bücher der Menschen, die auf die Welt von der Höhe ihrer Schlösser, Paläste und Klöster herabsahen, und die heute in Eisenbahnzügen und Automobilen herumreisen... Außerdem versteht die Armut gar nicht zu schreiben! Eine Feder würde in ihre Hände mit den Gichtknoten statt Finger ebensogut hineinpassen, wie die geschenkten Stiefel ihren Füßen passen. Auch hat sie keine Zeit dazu. Nicht einmal zum Erzählen hat sie Zeit. Den ganzen Tag ist sie entweder bei der Arbeit, oder sie sucht Arbeit oder durchwühlt einen Misthaufen nach Schätzen oder liegt hungrig und ermattet irgendwo unter einem Zaun und träumt von Messias' Zeiten, wo an den Bäumen Semmeln wachsen werden! Nachts schläft sie entweder wie eine Leiche oder wälzt sich vor

Hunger oder vor Bauchweh auf ihrem Lager hin und her oder starrt blöde in den Himmel hinauf und fragt sich, warum es nicht donnert; oder sie setzt gar Kinder in die Welt; – dabei rechnet sie auf die Gnade des Schöpfers oder auf die der reichen und wohltätigen Leute oder gar auf die Barmherzigkeit der Gemeinde ... Die Rechnung wird wohl nicht ganz stimmen, denn eine Menge der von ihr in die Welt gesetzten Kinder verschwindet plötzlich ohne jede Spur! Und die, die zurückbleiben, sind über die ganze Welt verstreut und versprengt. Brüder und Schwestern kennen einander nicht und gehen ohne ein Lächeln wie Fremde aneinander vorbei. Höchstens wenn sie sich in zwei benachbarten Spitalbetten treffen: dann stöhnen sie miteinander oder sprechen zusammen den Widduj ...

Zwei ihrer Kinder kenne ich. Es sind zwei Schwestern; sie wohnen seit einigen Jahren in Warschau, treffen sich recht oft und gehen aneinander wie Wildfremde vorbei!

Die eine wohnt in der Mokotow-Vorstadt in einer Kellerstube, wo sie jede Nacht mit drei Familien von zusammen neun Seelen um ein wenig Luft zum Atmen kämpft. Die andere kämpft jede Nacht mit vier Familien von zehn Seelen in einer Dachstube, am andern Ende von Warschau, in der Schwarzen Gasse. Die erste ist blond, die zweite schwarz; das macht aber nichts: sie sind doch Schwestern, Töchter der Armut, und beide haben feine, fast durchsichtige Nasenflügel, eingefallene Wangen und tief eingesunkene Augen. Beide sind Weißnäherinnen. Die Blonde arbeitet für zwanzig Kopeken täglich, mit denen sie Wohnung, Kleidung und Kost bezahlen muß, von neun Uhr früh bis neun Uhr abends in einem Wäschegeschäft in der Schwarzen Gasse und kämpft mit sechzehn andern Mädchen um einen Platz am Fenster, wo es etwas mehr Luft zum Atmen gibt. Auch die Schwarze hat eine schwache Lunge; sie plagt sich mit achtzehn andern Mädchen in einer nicht sehr großen Nähstube in der Mokotow-Vorstadt für zwanzig Kopeken täglich, mit denen sie Wohnung, Kleidung und Kost zu bestreiten hat. In der Hochsaison wird auch noch die halbe Nacht gearbeitet. Von den Überschüssen schafften sich beide Schwestern Kattunkleider und Strohhüte an; für neue Schuhe reichte es nicht; beide Schwestern kamen auf dieselbe Idee, die Strümpfe, wo sie durch die Löcher in den Schuhen sichtbar sind, mit Tinte zu schwärzen ... Sie kennen sich nicht, aber sie helfen einander wie echte Schwestern. Die Blonde geht jeden Tag von der Mokotow-Vorstadt in die Schwarze Gasse, um den ganzen Tag für ihre schwarze Schwester zu arbeiten; und die Schwarze geht jeden Morgen von der Schwarzen Gasse in die Mokotow-Vorstadt und tut in derselben Zeit dieselbe Arbeit für ihre blonde Schwester.

Beide müssen den Sächsischen Garten passieren. Die Schwarze kommt durch die Krolewska und geht durch die Niecala, und die Blonde kommt durch die Niecala und geht durch die Krolewska.

In der Mitte des Gartens treffen sie sich und gehen wie Fremde aneinander vorbei.

In einer Julinacht erwachten beide vor großer Hitze, beide waren in Schweiß gebadet, beiden stockte der Atem. Beide sprangen im gleichen Augenblick aus ihren Betten: die Blonde in der Kellerstube in der Mokotow-Vorstadt, die Schwarze – unter dem eisernen Dach in der Schwarzen Gasse. Beide wuschen sich, schlüpften in die Kattunkleider, schwärzten noch einmal die Strümpfe, setzten sich die Strohhüte auf und steckten sie – die Blonde an ihr goldenes, die Schwarze an ihr pechschwarzes Haar – fest. Dann warfen beide einen Blick in ihre runden Taschenspiegel und spürten plötzlich Sehnsucht nach grünem Laub, nach Blumen, nach warmem Leben; auch nach etwas anderm sehnten sie sich; – die Blonde nach einem schwarzen Schnurrbart und schwarzen Augen, die Schwarze – nach einem blonden Schnurrbart und blauen Augen. Beide seufzten, beide warfen noch einen Blick in ihre Taschenspiegel und liefen, da es noch zu früh war, an die Arbeit zu gehen, nach dem Sächsischen Garten ... Die Blonde kam in den Garten durch das Tor auf der Krolewska, die Schwarze durch das auf der Niecala. Und wie sie in den Garten traten, wurden beide traurig.

»Links«, denkt sich die Blonde, »bei dem Mineralwasser-Pavillon spielt Musik; man läßt mich aber nicht hinein! Es riecht so schön nach frischgebranntem Kaffee, aber umsonst kriegt man nichts!«

»Links«, denkt sich die Schwarze, »schimmert der Teich mit den weißen Schwänen. Es ist eine Freude zu sehen, wie sie ans Ufer kommen und wie man sie mit Weißbrot füttert. Ich habe aber selbst kein Frühstück! Und rechts gibt es Sodawasser und Fruchtsaft; wie gerne hätte ich ein Glas davon getrunken, aber umsonst kriegt man nichts ...«

»Vielleicht wird man es einmal auch umsonst bekommen«, trösten sich die beiden Schwestern. Beide dringen tiefer in den Garten ein, der Straßenlärm bleibt zurück, und unter den schattigen weitverzweigten Bäumen ist es so still, so still ...

Beide wollen sich niedersetzen, und beide wissen, daß in dem Augenblick, wo sie sich hinsetzen, sofort auch junge Männer auftauchen werden, um mit ihnen zu plaudern ... Es plaudert sich so angenehm in der frischen Luft vor den Beeten mit den bunten Blumen ... Die frische Luft berauscht ... vom Blumenduft wird man ganz matt, und die süßen Worte wecken ein seltsam banges Gefühl im Herzen; – schließlich platzt alles wie eine Seifenblase, oder man bemerkt plötzlich etwas Fürchterliches und läuft davon ... Beide fürchten aber, sich zu verplaudern und zu spät ins Geschäft zu kommen.

Beide schlagen den Weg nach rechts zu der Uhr ein; und da sie Schwestern sind, tun sie es im gleichen Augenblick. Sie wählen auch dieselbe Bank vor der Uhr und setzen sich an ihren beiden Enden nieder.

Ob sie einander ansprechen werden?

Sie fangen schon an, Blicke zu wechseln. Im gleichen Augenblick erscheinen aber zwei Jünglinge. Sie setzen sich in die Mitte der Bank und wenden sich halb um: der Blonde nach rechts zu der Schwarzen, der Schwarze nach links zu der Blonden . . .

Beide Paare kommen ins Plaudern . . .

Wenn aber der Uhrzeiger auf dreiviertel Neun zeigt, springen beide Schwestern auf und laufen davon:

Die Blonde aus der Mokotow-Vorstadt durch die Niecala in die Schwarze Gasse, und die Schwarze aus der Schwarzen Gasse durch die Krolewska in die Mokotow-Vorstadt . . .

Sie haben einander fast gar nicht gesehen . . .

Vielleicht werden sie sich später einmal, zum Beispiel in einem Spital, wiedersehen.

SCHOLEM ASCH

Am fremden Strom

Ein Sabbatnachmittag. Das Städtchen liegt still wie im Schlafe. Auf den Bänken vor den Haustüren sitzen Schneidergesellen mit weißen sabbatlichen Hemdkragen und werfen Blicke den Dienstmädchen zu, die in sabbatlichen Kleidern langsam und züchtig auf und ab spazieren.

Reb Anschel Weinbaum, der angesehenste Bürger des Städtchens, geht mit seinem Enkelsohn Jidele über die Gasse zum Fluß spazieren. Seine weißen Haare zittern auf dem roten Schnupftuch, das Reb Anschel sich um den Hals gebunden hat, und der dünne lange Bart bewegt sich auf seiner Brust und scheint den Wind zu bitten, daß er ihn nicht wegblase.

Reb Anschel geht bedächtig, weniger seines Alters als der Sabbatruhe wegen; er hat seinen greisen Kopf auf die Seite geneigt und hört zu, was ihm der Enkel erzählt.

Der Enkel, Jidele, ein schlanker junger Mann, trägt einen sabbatlichen Gehrock, gewichste Stiefel und einen gestärkten Hemdkragen, wie ihn nur die wohlhabenden Bürger haben. Der junge Mann gibt sich Mühe, seine vorwärtsstürmenden Schritte der ruhigen Gangart des Großvaters anzupassen. Der ruhige Ton und die langsamen Handbewegungen verleihen seiner Erzählung Nachdruck und Ernst.

Ab und zu nickt ihnen ein Vorbeigehender zu,

wünscht »Gut Schabbes« und unterbricht so die Erzählung.

So gehen sie die Straße zu Ende und kommen zum Fluß, der am Städtchen vorbeifließt.

Ein weiter, ausgetretener Platz fällt zum Wasser hinab; Balken, Mehlsäcke und Petroleumfässer liegen auf ihm umher. Ein Wagen ohne Pferde steht dicht am Wasser; unten, auf dem Wasser, liegt ein großer Kahn, und vom Kahn führt ein Steg zum Wagen: dies zeigt, daß die Arbeit gestern abend durch den Sabbatbeginn unterbrochen wurde.

Juden gehen nach dem Essen auf dem Ufer gemächlich auf und ab und betrachten das Wasser mit den Blicken ruhiger wohlhabender Bürger. Auf einem Kahn stehen Bauern und schöpfen vom Flußgrunde Sand. Sabbatlich gekleidete Frauen mit goldenen Ohrringen gehen vorbei; eine von ihnen erzählt etwas mit weinerlicher Stimme; aus der Ferne hört es sich wie das Weinen der Braut vor der Trauung an. Hart am Wasser balgen sich Chejderjungen, sie schlagen einander die Mützen vom Kopfe und werfen sie ins Wasser.

Reb Anschel und sein Enkel setzen sich beide auf einen Balken am Ufer.

Ringsum herrscht die Ruhe des Sabbats. Das Wasser fühlt sich so sicher zwischen seinen beiden Ufern: es wiegt sich gemächlich und streichelt den grasbewachsenen Strand. Still ist es auf dem Wasser; die Kähne und Boote rühren sich nicht vom Fleck, und das Wasser wiegt sich langsam und träge. Eine Welle folgt lautlos der andern, als ob sie wüßten, daß man am Sabbat keinen Lärm machen darf, und der ganze Strom gleicht einem bedächtigen sabbatlichen jüdischen Bürger: Nachdem er die ganze Woche gearbeitet hat, erlaubt er sich am Sabbat nach dem Essen etwas zu scherzen; er streichelt das Ufer und hält dann, dem Sabbat zu Ehren, sein Mittagsschläfchen ab.

Und der junge Mann fährt in seiner Erzählung fort:

»... Vor achtzehn Jahren war es, Großvater. Juden von verschiedenen Parteien, auch Ärzte und Anwälte, fuhren nach Erez-Jißroel, und unter ihnen war auch Reb Schmuel Mohilewer. Und als sie landeten, knieten sie nieder, drückten ihre Gesichter in den Staub und küßten die Erde. Und sie huben zu weinen an und hielten unter freiem Himmel das Nachmittagsgebet, und dann kauften sie die erste Elle Boden und gründeten die erste Kolonie ...«

»So, so ...« wundert sich der Alte, und er schüttelt den Kopf und schaut ins Wasser.

... Zion, unser Zion, von dem im Chimmesch die Rede ist, dort liegt es, in weiter Ferne ... Das Land, in dem die Juden gewohnt haben, die Kinder Israels, wie es im Chimmesch steht ... Da geht eine Straße mit Kies beschüttet, von Tannen eingefaßt, sie führt nach Bethlehem. Da ist ein Grab, Mutter Rahels Grab, das »Kejwer Rochel«, von dem im Chimmesch steht, daß es unser Vater Jakob gebaut hat; seine Hände haben die Steine zusammengefügt, unseres Vaters Jakob Hände haben es gebaut ... Und da ist die Zwiefache Höhle, die Vater Abraham von den Kindern Heth gekauft hat, wie es im Chimmesch beschrieben ist. Für vierhundert Taler hat er sie gekauft. Dort liegen unsere Väter Abraham, Isaak und Jakob begraben. Und mit ihnen unsere heiligen Mütter ... Ach, wenn man seine alten Knochen dorthin schleppen könnte! ...

»Zion, unser Zion, von dem im Chimmesch geschrieben ist ...« seufzt der Alte und schaut aufs Wasser.

Da fließt der Strom in weite Ferne, es ist unser Strom.

... Kindheit. Ein Sommertag. Der Rebbe läßt die Kinder früher als sonst aus dem Chejder ... Man geht am späten Nachmittag zum Wasser hinunter. Da steht ein Boot. Er springt hinein. Die andern stoßen das Boot ab ... Nun ist er schon ein junger Mann, ißt Köst beim Schwiegervater ... Er geht am Ufer spazieren. Es ist Herbst. Alles ist so traurig, die Blätter fallen von den Bäumen. Am Ufer ist es feucht ... Das Wasser rennt zornig vorbei, es brummt wütend vor sich hin. Er geht hart am Wasser und denkt an die Zukunft, ans Geschäft ... Das Wasser schlägt ans Ufer ... Und dort steigt eine Welle auf und rollt in die Ferne ...

»Hart war die Erde«, erzählt der Enkel. »Achtzehnhundert Jahre lag sie brach, achtzehnhundert Jahre wartet unsere Mutter auf ihre Kinder, die im Goles schmachteten ... Andere Völker wollten sie nehmen, wollten ihre Erde bearbeiten, aber sie wollte ihre Frucht und ihr Blut den Fremden nicht geben ... Sie wollte brach liegen, bis ihre Kinder zu ihr zurückkehren würden ... Und die Kinder kehrten zurück. Und sie begossen die Erde mit ihrem Herzensblut, und heute haben wir schon zwanzig Dörfer in Zion. Unsere Brüder bearbeiten unser Land ...«

Und der Alte sitzt und lauscht.

... Zion, von dem im Chimmesch die Rede ist. Da steht ein Mann mit einem Pfluge und bearbeitet die Erde ... Und dort in Jerusalem steht der Tempel, unser Tempel steht noch da: eine Mauer ist erhalten, die westliche Mauer, die Klagemauer ... Und Bäume ... Und da ist Bethel, der Ort, wo unser Vater Jakob übernachtet hat und wo ihm der Herr erschienen war, wie es im Chimmesch steht ... Da standen Juden und brachten ihre Opfer dar ... Sie kamen hierher gepilgert ... So viele Juden aus weiter Ferne kamen hier zusammen und brachten allerlei Dinge mit, und eine Staubwolke erhob sich über den Gassen Jerusalems ... Und da steht eine Mauer, und noch eine Mauer. Ich sehe sie mit eigenen Augen: da stehen Juden und weinen und beten zum Heiligen, gepriesen sei Er ...

... Ach Gott, wenn ich wenigstens etwas Erez-Ißroel-Erde mit ins Grab bekomme ...

Und der Alte sitzt auf dem Balken und schaut auf das Wasser. Da fließt das Wasser, und da steht die hölzerne Brücke ... Und da geht die Straße vorbei, die nach Lonkeschin zum Gut des alten Grafen führt, bei dem er jedes Jahr die Schafwolle kauft. Von dieser Straße aus kann man das ganze Städtchen überblikken: es liegt auf dem Hügel und schaut ins Wasser hinab ...

Und er hört, wie der Enkel mit leiser Stimme weiter erzählt:

»Siehst du, Großvater, unsere heilige Erde blüht wieder auf, unsere Brüder bearbeiten sie mit ihrem Schweiß und ihrem Blut ...«

Und der Alte schaut aufs Ufer; eine Welle rollt über den Kies.

Das ist das Wasser des Städtchens ... Seit Ewigkeiten fließt es so dahin ... Dort vor dem Hause des Rows ist damals Lejbisch ertrunken, Lejbischs Körper hat sich im Wasser aufgelöst, da ist sein Grab, Lejbisch wurde zu einem Teil des Wassers, zu einer Welle ... Und es scheint ihm, daß jede Welle, die über den Strand rollt, Lejbisch ist ... Lejbisch und seine Spielgenossen schwimmen dort in der Ferne ... In weiter Ferne ... Manchmal glaubt er im Rauschen des Wassers Lejbischs klagende Stimme zu hören ... Da kommt eine Welle heran, sie läuft über den Strand – Lejbisch grüßt und schwimmt wieder zurück ... In weite Ferne ... Dort zieht er hin ...

Der Alte wirft einen Blick auf den Enkel: ein Feuer leuchtet in seinen Augen, sein Herz pocht, seine Stimme zittert ...

Und er erzählt still wie ein junger Held, der soeben aus dem Kriege heimgekommen ist:

»Auf den Feldern Zions stehen schon unsere Brüder und schallen unsere Lieder ...«

»Wie schauen dort die Felder aus? Ebenso wie die hiesigen?« fragt der Alte. »Und gibt es dort dasselbe Getreide? . . .«

»Ja, genau wie hier«, antwortet der Enkel. «Unsere Felder sind es«, sagt er mit Feuer, »dort bestellen unsere Brüder die Felder, die Ähren, die dort wachsen, die Gräser, die Bäume, alles haben unsere Brüder gepflanzt, es ist ihre Arbeit, ihr Getreide . . .«

»Ich glaube, es gibt dort auch einen Fluß . . . Wie heißt er?«

»Wir haben ja unsern Jordan, unsern lieben Jordan, der das ganze Land durchzieht . . . An seinen Ufern haben unsere Brüder die Erde gepflügt und auf sein Wasser geschaut, das in die Ferne dahinfließt . . .«

»Es fließt wohl ebenso wie unser Wasser hier . . .«

»*Unser* Wasser?« sagt der Enkel. »Fremd ist uns dieses Wasser, den Fremden gehört es und nicht uns, jüdisches Blut ist hier vergossen worden. Wir haben unsere Heimat in Erez-Jißroel, und wir sehnen uns dorthin . . .«

»Weit ist Erez-Jißroel«, murmelt der Alte. Er schüttelt den Kopf und blickt in die Ferne.

In der Ferne, am Ende des Städtchens, unten am Wasser liegt der Friedhof. Die Mauer ist in die Erde eingesunken. Man sieht nur einige Grabsteine und einige Bäume oben auf dem Hügel. Zwischen ihnen das Dach des »Zeltes«, unter dem der heilige Rabbi begraben ist. Und da ist auch noch ein zweites Zelt, das zwischen den Grabsteinen emporragt und stumm auf das Wasser hinunterschaut: es ist seines Vaters Grab; und daneben ist ein Fleck Erde abgezäunt, wo er selbst dereinst ruhen wird. Neben seines Vaters Grab ist der Platz für ihn bereitet . . .

Der Alte richtet seinen Blick in weite Ferne . . . In weite Ferne fließt das Wasser dahin.

Hier an diesem Ufer wird er liegen, in dieser Erde, in alle Ewigkeit . . . Sein Grabstein wird stumm auf das Wasser hinabschauen, und der Strom wird ewig in die Ferne ziehen ...

»Mein Kind«, sagt der Alte, sich von seinem Platz erhebend. »Du bist jung, du kannst alles mit deinen eigenen Augen sehen ... Aber ich bin schon zu alt, mein Kind, mir winkt das Grab ...

Es ist vorbei ... Ich werde mich wohl mit der Wanderung nach dem Tode begnügen müssen ...«

»Alte, tote Seelen, ihr werdet alle in der Wüste umkommen, ihr Knechte des Goles – das junge Geschlecht wird aber nach Erez-Jißroel kommen«, murmelt der Junge vor sich hin.

Der Alte nickt mit dem Kopf, als ob er ihm beistimmte: »Ja, mein Kind, ja ...«

SCHOLEM ASCH

Wieder zu Hause

I.

Swulun-Mejer kann sich noch an den Schrank der Großmutter erinnern, der zu Hause zwischen den Betten der Eltern stand. Hier pflegte er sich zu verstecken, wenn sein Vater ihn schlagen wollte. Erschrocken schaute er auf die mit Spinngewebe behangene Decke hinaus und auf das kleine viereckige Fenster mit den zerbrochenen Scheiben, das mit einem alten Tuch verhangen war; er erinnert sich noch, wie die Troddeln des Tuches im Winter an den Fensterrahmen anfroren. Unten war das Tuch mit einem Nudelbrett beschwert, damit der Wind es nicht wegblase.

Mutter war niemals zu Hause; sie war Wäscherin und ging früh am Morgen auf die Arbeit, wenn Swulun-Mejer noch schlief; abends kam sie immer sehr müde heim, setzte sich auf das Bett und atmete schwer. Swulun-Mejer setzte sich manchmal neben sie, streichelte sie, zupfte sie an der Schürze und sah sie stumm an. Die Mutter warf ihm manchmal einen liebevollen Blick zu und streichelte ihm die Wange. Und manchmal, wenn sie schlechter Laune war, stieß sie ihn weg und legte sich schlafen.

Das Essen kochte die Großmutter, und mit ihr gab es immer Krieg. Sie beklagte sich über ihn beim Vater, daß er sich weigere, Wasser zu holen, Holz zu zerkleinern und Besorgungen zu machen.

Bis zu seinem achten Lebensjahre lebte Swulun-

Mejer bei seinem Vater und nahm die Schläge des Vaters und das Geschimpfe der Großmutter für das Brot und die Kartoffeln, die er sich manchmal wie ein hungriger Hund stahl, in Demut hin.

Wenn die Sonne nach dem langen, traurigen, langweiligen Winter ihre Strahlen wieder in das kleine Fenster warf, fühlte auch Swulun-Mejer, daß der Sommer kam. Er schlich sich leise aus dem Hause und ging auf die Gasse. Hier traf er mit Welwel Bock und Lejbel Pschorek zusammen, die den Kohlenfuhren nachzulaufen und Kohlenstücke zu stehlen pflegten. Lejbel Pschorek hatte einmal von einem Fuhrmann so einen Schlag mit der Peitsche ins Gesicht bekommen, daß ein Auge immer geschwollen war.

Die beiden Jungen freuten sich sehr über das Wiedersehen mit Swulun-Mejer. Sie kannten ihn noch vom vorigen Sommer her. Sie nahmen ihn mit und trieben sich mit ihm den halben Tag herum. Es gelang auch ihm, ein Stück Kohle zu stehlen; er tat es zu ihren Kohlen, die sie unter der Brücke an der Kraszenizer Straße aufbewahrten. Swulun-Mejer mußte diese Kohlen bewachen. Die Freunde versprachen ihm dafür einen Teil des Erlöses und liefen neuen Kohlenfuhren nach.

Dann gingen sie die Kohlen verkaufen. Sie bekamen dafür drei Gilden und gaben Swulun-Mejer zehn Kopeken als seinen Anteil, und Swulun-Mejer war glücklich.

Als er nach Hause kam, fiel die Großmutter über ihn her:

»Taugenichts, die Kränk' sollst du haben! Wo bist du den ganzen Tag gewesen?«

»Gib mir Essen«, sagte er.

»Die Kränk' werde ich dir geben«, erwiderte die Großmutter.

Swulun-Mejer ging zum Speiseschrank und machte sich an das Brot. Die Alte wollte es ihm entreißen, er stieß sie aber zurück. Sie fiel hin und fing zu schreien an.

»Soll euch der Teufel holen, ich hab' euch satt!« schrie Swulun-Mejer und lief aus dem Hause.

Draußen ist es so lustig, die Sonne scheint, er hat zehn Kopeken in der Tasche, und ihm ist so wohl zumute.

Aber der Abend bricht an, und es wird kühl.

»Wo soll ich nächtigen?« denkt er sich. »Nach Hause gehe ich auf keinen Fall.«

Bald trifft er Lejbel und Welwel. Er erzählt ihnen von seinem Kummer.

»Brauchst dir keine Sorgen zu machen, wirst mit mir im Bejßmedresch nächtigen«, sagt Welwel. »Der ganze Kasten mit den Schemes ist mein.«

Swulun-Mejer hat aber keine Lust, im Bejßmedresch zu nächtigen. Er fürchtet, daß der Vater ihn dort finden könnte.

Lejbel führte ihn in den Stall Reb Issocher-Bers, des Fleischers. Es war schon spät am Abend. Sie krochen durch den trockenen Graben unter dem Zaune durch, kletterten dann über den zweiten Zaun, der vor dem Stalle stand, und gelangten schließlich durch das Bodenfenster in den Stall.

»Halt dich an der Stange fest und laß dich hinunter«, rief ihm Lejbel zu. Swulun-Mejer hatte aber nicht die Übung, fiel hinunter und schlug sich wund.

Er schrie aber nicht und blieb ruhig liegen.

»Hast du dich stark angeschlagen, Swulun-Mejer?« fragte ihn Lejbel.

»Ich glaube, ich habe eine Beule«, antwortete Swulun-Mejer leise.

»Wart, ich will sie dir eindrücken«, sagt Lejbel und begann mit der Hand Swulun-Mejers Stirne zu bearbeiten.

»Genug, es tut weh«, sagte Swulun-Mejer.

»Da hast du ein Bündel Heu, lege dich drüben hin

und ziehe die Beine ein, damit dich der Ochs nicht erdrückt«, warnte ihn der Freund.

Swulun-Mejer lag auf dem Heu, und es war ihm viel wärmer als daheim in der Kellerstube. Er fragte sich, warum er nicht schon früher auf diesen Einfall gekommen wäre.

Am nächsten Morgen weckte ihn ein Eimer kalten Wassers, den Issocher-Ber, der Fleischer, auf ihn goß, als er ihn in seinem Stalle fand.

Swulun-Mejer erwachte, sah sich um und wußte im ersten Augenblick gar nicht, wo er sich befand. Bald kam er aber zu sich, sprang auf und lief davon.

Auf diese Weise befreite sich Swulun-Mejer aus der väterlichen Gewalt und wurde Gassenjunge.

Er wußte sehr gut, daß niemand von den Seinigen sich nach ihm sehnte und daß er nun ganz allein im Leben dastand. An der Schwelle dieses neuen Lebens dachte er schon an die Zukunft. Das ewige Laufen hinter den Kohlenfuhren ist kein Geschäft, sagte er sich; er muß sich etwas anderes ausdenken.

Da kam er auf den Gedanken, zur Bahnstation zu gehen und Gepäckträger zu werden.

Die Peitschenschläge, die er von den Droschkenkutschern, und die Schläge mit dem flachen Säbel, die er vom Gendarmen bekam, machten auf ihn keinen Eindruck: er war ja von Kind auf an Schläge gewöhnt.

So kam Swulun-Mejer zum Bahnhof. Die Kutscher suchten ihn mit den Peitschen zu vertreiben, er stand aber da und wollte nicht weichen. Wenn ein Zug kam, riß er irgendeinem Passagier das Gepäck aus den Händen und lief voraus.

Nach einiger Zeit gewöhnten sich die alten Gepäckträger an ihn, und Swulun-Mejer bekämpfte bereits die neuen Konkurrenten, die nach ihm zum Bahnhof kamen.

Swulun-Mejer war recht zufrieden. Er verdiente

nicht sehr viel – einen Gilden am Tage, doch es reichte gerade fürs Brot, und er brauchte vor niemand Angst zu haben.

Als er sich aber die Kutscher näher ansah, wie sie in ihren langen Stiefeln auf dem Bock saßen und auf die Pferde einschlugen, bekam er große Lust, Kutscher zu werden.

»Ein Kutscher«, sagte er sich, »ist doch etwas ganz anderes. Ich fahre, nehme vor der Stadt einen Fahrgast auf, und verdiene einen Vierziger oder gar zwei Gilden, ohne daß der Herr etwas davon erfährt ... Es ist ein ganz anderes Leben.«

Wie wird man aber Kutscher?

Swulun-Mejer machte sich nun an Note Schachliner heran. Sobald Note zum Bahnhof kommt, ist Swulun-Mejer schon da: er hilft die Pferde ausspannen, holt einen Eimer Wasser, ein Bündel Heu, schüttet Hafer vor die Pferde und liegt auf dem Wagen bis zum nächsten Zug.

Die andern Kutscher errieten seine Absicht und versuchten, ihn mit ihren Peitschen zu verjagen. Es half aber alles nichts, Swulun-Mejer nahm die Schläge willig hin.

Note erlaubte ihm dafür, die Pferde zum Fluß zu führen, sie zu baden und manchmal auch allein zum Bahnhof hinunterzufahren ...

Swulun-Mejer hat aber andere Ziele.

Inzwischen rückt der Winter heran, der Himmel ist bewölkt, es bläst fortwährend ein kalter Wind, und Swulun-Mejer friert in seinen leichten zerrissenen Kleidern. Die Erde ist gefroren, und er kann mit seinen bloßen Füßen nicht mehr auf ihr stehen. Seine Fußsohlen sind zwar während des Sommers so hart und unempfindlich geworden, daß selbst ein Nagel oder spitzer Stein sie nicht verletzen kann; aber es ist immerhin Menschenfleisch, und die Erde ist doch so kalt.

Steht er auf der Gasse, tritt von dem einen Fuß auf den andern und zittert vor Kälte.

Nach Hause will er aber um nichts in der Welt.

Doch als der erste Schnee fiel, sah er keinen andern Ausweg und ging nach Hause.

Sein Vater hatte sich schon an seine Abwesenheit gewöhnt. Da Swulun-Mejer sich schon selbst sein Brot verdienen konnte, schickte er ihn wieder auf die Gasse. Als aber die Mutter abends nach Hause kam und ihn weinend vor der Türe liegen sah, nahm sie ihn in die Stube, bereitete ihm ein Nachtlager vor dem Ofen und gab ihm zu essen. Die ganze Nacht zankte sie sich wegen ihm mit ihrem Mann.

Swulun-Mejer konnte die Abhängigkeit nicht mehr vertragen. Es paßte ihm nicht, daß die Eltern sich seinetwegen zankten. – Nein! sagte er sich.

Am nächsten Morgen watete Swulun-Mejer durch den Schnee zum Bahnhof und wandte sich an Note.

»Reb Note«, fing er an, »nehmt mich auf ohne Gehalt, gebt mir nur Essen und Nachtquartier.«

»Ich weiß nicht, ob du es wert bist«, antwortete Note.

Swulun-Mejer sah ihn an.

»Ich weiß wirklich nicht«, sagte Note und kratzte sich den Kopf. »Ich will es versuchen. Fahr mit.«

Swulun-Mejer antwortete ihm gar nicht. Er sah ihn nur an, sah seine Pferde an und lächelte.

Vor der Abfahrt ging er noch einmal in die Kellerstube, um Abschied zu nehmen.

Er fand aber niemand zu Hause. An einem Nagel an der Wand hingen ein Paar Stiefel.

Swulun-Mejer überlegte sich nur einen Augenblick und nahm mit Herzklopfen die Stiefel vom Nagel. Er nahm auch noch ein angeschnittenes Brot, das auf dem Tische lag, und lief hinaus.

Vor der Türe stieß er auf die Großmutter. Diese ahnte gleich, was geschehen war, und fing an zu schreien. Swulun-Mejer hatte sich aber schon aus dem Staube gemacht.

Unterwegs machte er einen Abstecher in die Küche des reichen Sundel, wo seine Mutter gerade wusch. Die Mutter jagte ihn aber mit einem Holzscheit hinaus. »Ich habe von euch zu Hause genug, da kommt ihr noch her, wenn ich arbeite!« schrie sie ihm nach.

Als er draußen war, rief er ihr zu:

»Mutter, lebe wohl, ich fahre fort.«

Die Mutter glaubte, er wolle sie nur necken, und antwortete:

»Fahr und breche dir die Arme und Beine.«

Etwas später blickte sie zum Fenster hinaus und sah das Schneegestöber. Da erinnerte sie sich an Swulun-Mejer und seufzte:

»Ach, hätte ich ihm doch ein Tuch mitgegeben. Dieser Schnee!«

Beim Verlassen der Stadt warf Swulun-Mejer einen Blick auf das letzte Häuschen und sah es an, wie wenn er hätte sagen wollen: »Lebe wohl.«

Gegen Abend kam er in das Städtchen, wo Note wohnte. Notes Weib gab ihm zu essen, und er ging in den Stall schlafen.

Swulun-Mejer lag im Stalle auf dem Heu und konnte nicht einschlafen. Auf einem neuen Lager schläft es sich immer schlecht. Etwas beklemmte ihm das Herz, doch er wußte selbst nicht, was.

Durch eine Türspalte fiel der blasse Schein einer Laterne herein. Swulun-Mejer stand plötzlich auf, ging auf das Pferd zu und streichelte ihm den Hals. Das Pferd hob den Kopf, fuhr zusammen und wieherte.

Mit dem Gedanken, daß der Stall nun lange Zeit sein Heim und die Pferde seine Brüder sein sollten, legte er sich wieder hin, drückte das Bündel Heu ans Herz und schlief ein.

II.

Swulun-Mejer ist bei Note eine wichtige Person. Er bekommt zu essen und zu trinken, zu Pejssach einen Sommeranzug und leichte Schuhe und zu Ssukes einen Winteranzug und Stiefel mit hohen Schäften.

Swulun-Mejer ist zufrieden. Die größte Freude machen ihm die Nebenverdienste an den Fahrten, die er ohne Wissen seines Herrn macht.

Im Städtchen fühlt er sich schon ganz heimisch. Jeden Sabbat kommt er mit andern Burschen und mit Dienstmädchen zusammen. Man tanzt und ist lustig.

Wer weiß, ob Swulun-Mejer sich überhaupt noch einmal an sein Elternhaus erinnert hätte, wenn nicht folgendes passiert wäre:

Einmal kommt er in die Nachbarschaft zum Jahrmarkt. Er geht auf dem Pferdemarkt herum, sucht einen Schimmel für seinen Alten, und sein Blick fällt zufällig auf einen Juden, der mit einem Bauern wegen etwas unterhandelt.

Er kommt näher und erkennt seinen Vater.

So alt ist er geworden, der Bart ist fast ganz weiß.

»Guten Morgen, Vater, wie geht es dir?«

Der Vater sieht ihn an.

»Swulun-Mejer, wo steckst du? Was machst du? Wie kommst du her? Warum schreibst du nie deinen Eltern?«

»Und was macht ihr? Was gibt's bei euch? Komm mit in die Schenke, da wollen wir reden.«

Sie gehen in die Schenke und setzen sich an einen Tisch.

»Bier!« schreit der Vater. »Schnaps!« schreit Swulun-Mejer.

»Was gibt's bei dir? Was machst du? Was macht die Mutter? Mir geht es, Gott sei Dank, gut. Du siehst doch, ich bin bei Note. Habe schon ein paar Gilden zurückgelegt.«

»Nun, schreib doch einmal einen Brief nach Hause. Berisch schreibt aus Amerika, daß er zwanzig Dollar im Monat verdient; er schickt uns manchmal ein paar Rubel. Boruch ist beim Militär. Er schreibt, daß er da zugrunde geht.«

»Und die Mutter, wie geht es ihr?«

»Ach, die Mutter wäscht jetzt nicht mehr. Erstens hat sie kein Kraft mehr dazu. Und dann will ich es nicht mehr haben. Was sie bisher verdient hat, das schickt uns jetzt Berisch aus Amerika.«

»Weißt du was, Swulun-Mejer«, sagt ihm der Vater mit einem tiefen Seufzer. »Komm heim zu Pejssach. Für dich ist Dwojre, des Onkels Tochter, herangewachsen, eine Rose, sag ich dir! Warum auch nicht? Soll die Mutter auch einmal Freude haben . . .«

»Weißt du, ich will nicht ans Heiraten denken, ich brauche keine Braut. Aber wenn du willst, komme ich zu Pejssach und fertig!«

Der Vater und der Sohn freuten sich sehr über das Wiedersehen. Als es zum Bezahlen der Zeche kam, gab es Streit.

»Was fällt dir ein?« schreit der Vater. »Du Rotznase, ich bin ja der Vater, und du willst zahlen?«

»Nein, Vater, nein!« schreit Swulun-Mejer. »Und wenn es mich auch das Leben kostet . . .»

Und Swulun-Mejer kaufte ein Tuch für die Mutter und eine Schürze für die Großmutter. Er gab die Geschenke dem Vater mit, und sie nahmen gerührt Abschied.

Swulun-Mejer wollte zu Hause als anständiger Mensch auftreten, damit die Leute sehen, wie weit er es gebracht hat.

Den ganzen Winter dachte er darüber nach. In jedem Städtchen, in das er kam, kaufte er sich etwas für Pejssach. Hier einen Schlips, dort ein paar Kragen. Alle seine Einkäufe hob er bei sich im Stalle auf. Auf dem Bette hatte er ein Kästchen stehen, in dem er alle diese Dinge, in Papier eingewickelt, verwahrte. Nach und nach kaufte er einen Schirm, ein Paar Gummischuhe, ein seidenes Tuch, ein Paar Ohrringe.

Wenn er irgendwohin fährt, pfeift er vor sich hin, sieht sich um und denkt: »Wenn ich nach Hause komme, werde ich ganz nobel ausschauen. In einem neuen Anzug, mit neuen Schuhen, ausgeputzt wie Sundels Söhne, werde ich nach dem Essen durch die Gasse gehen. Alle Leute werden schauen. Sollen sie nur schauen.«

Da fällt ihm Dwojre, des Onkels S'charje Tochter, ein. Ein schönes Mädchen, ein feines Mädchen. Für sie muß er auch etwas mitbringen ... Ein Paar Ohrringe, ein Armband ... »Wenn ich mit ihr spazierengehe, trifft alle der Schlag ... Und dann bin ich Bräutigam ...«

Hier brechen aber seine Gedanken ab: er fürchtet, daß es der Sache schaden könnte. Er pfeift und gibt den Pferden die Peitsche.

Der Vorabend von Pejssach.

Swulun-Mejer ist nach Hause gekommen. Von Kopf bis zu den Füßen ist er neu ausstaffiert. Ein neuer Anzug, ein neuer Überzieher, ein neuer Hut und neue Schuhe. Die Taschen sind angefüllt mit Geschenken. Vor der Abreise kaufte er noch einige Pfund Fleisch und Fisch für das Fest.

Der Vater holte ihn am Bahnhof ab. Er nahm ihm sein Köfferchen aus der Hand und ging mit ihm über den Großen Markt.

Es war ein schöner, warmer Tag. Swulun-Mejer hatte aber trotzdem die Gummischuhe an den Füßen und den Regenschirm in der Hand.

Die ganze Gasse sah ihnen nach.

»Swulun-Mejer, der Kohlendieb, ist ein ganzer Graf geworden. Was in der Fremde aus einem Menschen nicht alles werden kann!« sagten die Weiber.

»Gewiß! Kann denn bei uns aus einem Kinde was Rechtes werden?« meinte eine Frau. »Diebe zieht man hier auf und sonst nichts.«

Die Mutter kam ihm im Hofe entgegen. Sie war außer sich vor Freude. Swulun-Mejer wußte nicht recht, was er tun sollte: sollte er sie küssen? Ach, dazu hatte er wenig Lust.

Auch die Großmutter kam ihm entgegen. Sie wischte sich die Augen mit der Schürze und sagte: »Mein Kind, mein goldiger Enkel!«

Man führte den Gast in die Stube. Der Keller war neu getüncht, so daß man ihn gar nicht wiedererkennen konnte. Vor dem Fenster hing ein weißer Vorhang, der Fußboden war mit Sand bestreut, und es roch festlich nach Mazzes und Roterübensuppe.

»Branntwein auf den Tisch!« kommandierte der Vater.

Swulun-Mejer schob sich die Mütze in den Nacken, holte die Geschenke aus der Tasche und verteilte sie.

Die Mutter hielt die Ohrringe in der Hand, betrachtete sie und schaute auch den Sohn an. Die Großmutter kam näher, sah sich die Ohrringe an und seufzte: »Reines Silber!«

»Was hast du für die Dinger gezahlt?« fragte der Vater und schenkte Schnaps ein.

»Deine Sorgen!« sagte Swulun-Mejer mit der Miene eines Millionärs. »Drei Rubel.«

Am ersten Feiertag nach dem Essen gingen Vater, Mutter und Swulun-Mejer zu Onkel S'charje.

Onkel S'charje saß gerade beim Kugel. Die Gäste nahmen Platz, und Swulun-Mejer warf Blicke auf Dwojre.

Dwojre, ein rotbackiges Mädel, war frisch gewaschen und gekämmt. In den Haaren glänzten noch die Wassertropfen. Sie hatte ein neues grünes Kleid an.

»Nun, erzähle, was es Neues gibt«, sagte Onkel S'charje.

»Was soll es Neues geben? Dwojre, wo ist dein Kuchen?« sagte der Vater.

Tante Ssore trug den Kuchen auf, und alle aßen.

Nach dem Essen holte Swulun-Mejer das Armband aus der Tasche und gab es, ohne ein Wort zu sagen, Dwojre.

»Danke schön«, sagte Dwojre errötend. Sie wollte zeigen, daß auch ein Kleinstadtmädel etwas von Umgangsformen versteht.

Dann gingen Swulun-Mejer und Dwojre auf die Gasse spazieren.

Onkel S'charje und der Vater sahen ihnen nach.

»Ein feiner Bursche«, sagte der Onkel.

Sie gingen, ohne ein Wort miteinander zu reden.

Plötzlich sprach jemand Swulun-Mejer an.

»Was machst du, Bruder?« sagte Lejb Pschorek und streckte ihm seine schmutzige Hand entgegen.

»Gar nichts mache ich«, antwortete Swulun-Mejer errötend und ging weiter.

»Der böse Geist fahre in deines Vaters Vater! Ein Graf ist er auf einmal geworden! Er fängt schon an, sich zu schämen!« rief ihm Lejbel nach und blinzelte mit einem Auge.

Elend

Sender war schon sechsmal verheiratet und will nun zum siebenten Mal heiraten!

An sein erstes Weib kann er sich kaum erinnern. Sein Vater, Reb Pessachjo, seligen Andenkens, gab ihm eines Tages eine Uhr; dann zog man ihm einen Pelz an und setzte ihm ein Streimel auf; und dann aß er die »Goldene Suppe«. Er kann sich nicht mehr erinnern, wie die Braut ausgesehen hat. Wenn er sie sich vorzustellen versucht, so sieht er ein Kleid mit silbernen Streifen, ein Stirntuch und ein Paar Ohrringe, doch kein Gesicht. Sie hat aber doch sicher auch ein Gesicht gehabt!

Dafür erinnert er sich, daß zwei oder höchstens drei Wochen vor seiner Hochzeit seine Barmizwe war. Damals nahm ihm sein Vater, ein Belzer Chussid, vor der ganzen Gemeinde das feierliche Versprechen ab, daß er im Hause des Schwiegervaters keine fremden Gebräuche annimmt, daß er nicht die Wege des Schwiegervaters geht und kein Kozker Chussid wird; daß er niemals die Stunde des Morgengebets verpaßt und jedes Jahr nach Belz fährt.

Der Stadt-Row, der auch ein Belzer war, kniff ihn nach seiner Barmizwe-Rede anerkennend in die Backe und sagte ihm, daß die Thora allein den Menschen vor der Hölle nicht bewahren könne; und er führte ihm den Fall des Wilnaer Gaons an, der ja ein großer

Gelehrter gewesen sei, aber im Jenseits auf einer wenig ehrenvollen Stufe stünde! Er sitze im Vorraum des Paradieses und studiere den Talmud, während ganz einfache Menschen, die kaum Hebräisch zu lesen verstehen, über ihn hinüberspringen und direkt ins Paradies kommen. Denn das Wichtigste, sagte der Row, ist Glaube und Andacht; Glaube an Gott und Glaube an den Mann, welcher . . .

An welchen Mann – das hatte er schon vergessen; doch der Schluß der Ermahnung war, daß es besser sei, Trejfes und Aas zu essen, als zum Kozker Rebben zu fahren; besser, ein Hund sein, als dem Herrn, gelobt sei sein Name, und dem Belzer Rebben zum Trotz, die Stunde des Morgengebets zu verpassen; und so weiter.

Und bald nach der Hochzeit begann für ihn die Hölle! Er wäre beinahe vor Hunger gestorben. Er war mit seinem Morgengebet schon um acht Uhr fertig, und die Leute setzten sich erst um zwei Uhr nachts essen, wenn er schon längst auf irgendeiner Bank lag und schnarchte . . .

Er fing an, sich Essen zu stehlen; manchmal trank er mit Hilfe eines Strohhalmes die Milch aus, manchmal fischte er ein Stück Fleisch aus dem Topfe heraus, oder er stahl auch Geld und kaufte sich dafür sein Essen.

Der Schwiegervater traktierte ihn mit Ohrfeigen, die Schwiegermutter bedrohte ihn mit dem Schürhaken, mit dem Besen und mit jedem Ding, das ihr gerade in die Hand fiel. Und eines Nachts faßte er einen Entschluß und lief davon . . . Man fing ihn aber wieder ein.

»Du Goj!« schrie ihn der Schwiegervater an: »Wer entläuft, wenn sein Weib in Kindsnöten liegt?!«

Er traute seinen Ohren nicht! Wie war das geschehen?

Am dritten Tage starb das Weib, nebbich, im Kindbett. Es tat ihm sehr weh. Doch bevor er noch Zeit hatte, sich ordentlich auszuweinen, riß ihm sein Schwiegervater die Mütze vom Kopf, zog ihm den Kaftan aus, nahm ihm die Uhr ab und warf ihn zur Tür hinaus, so daß ihm beinahe die Zähne herausflogen.

Er kann sich nicht mehr erinnern, wie er damals nach Hause gekommen war. Jedenfalls hatten ihm die Belzer Chassidim geholfen. Damals war er vierzehn Jahre alt, und bis sechzehn blieb er zu Hause. Während dieser zwei Jahre hatte sein Vater sein Geschäft – er war Getreidemakler – ganz vernachlässigt und führte vor allerlei Rabbinergerichten Prozesse mit seinem gewesenen Mechutten. Die Mutter, die irgendeine Stelle hatte, mußte damals die ganze Familie ernähren. Der Vater wollte dem »Kozker Schwein« alle Borsten herausreißen! Er nahm bei der Mutter immerfort Geld für die Verhandlungskosten. Und er kam immer wütend nach Hause und gab Sender jedesmal vierzehn Ohrfeigen:

»So ein Aas wie du läßt sich hinauswerfen!« Und als die Mutter sich auch noch hineinmischte, war es gar nicht mehr zum Aushalten. Und Sender dankte Gott, als er wieder unter der Chuppe stand. Bevor noch die Braut erschienen war, betete er zu Gott, daß die Sache diesmal gut ablaufen möchte. Er wußte, daß sein neuer Schwiegervater ein Belzer war: also brauchte er nicht mehr Hunger zu leiden und aus den Töpfen zu stehlen. »Herr der Welt, daß sie mir nur nicht im Kindbett stirbt! Soll sie schon lieber unfruchtbar sein!«

Er weiß, daß, wenn seine erste Frau nicht gestorben wäre, er in jedem Falle die zwei Jahre »Köst« ausgehalten hätte. Und danach hätte er bei seinem Vater Köst gegessen. Alle Wunden wären verheilt ... Und er wäre nicht nackt und bloß im Winterfrost nach Hause gekommen ...

Als er sich an diesen Frost erinnerte, begann er unter der Chuppe innerlich zu weinen. Er merkte gar nicht, wie man ihn mit Schnee bewarf und mit Nadeln stach, er hörte nicht, wie die Musikanten spielten und wie der Chasen sang und sah nicht, wie man die Braut siebenmal um ihn herumführte ... Und als man ihm die Trauungsformel vorsprach, rief er in seinem Innersten aus:

»Herr der Welt! Lieber schon eine Unfruchtbare ...«

Daß er sich das wünschte, wurde zu seinem Unglück.

Sie war sogar, wie er später erzählte, ein nettes Weibchen, ein gutes Weibchen ... Tüchtig und gut ... Und hing an ihm sehr. Sie war eine lustige Person, ließ niemals den Kopf hängen und schmollte niemals. War immer gut aufgelegt, lachte viel und war manchmal so ausgelassen bei Tische, daß der Schwiegervater sogar böse wurde.

»Doch mir«, erzählte er, »mir gefiel sie sehr gut. Es war wirklich Licht in der Stube, wenn sie am Tische saß. Ihr wißt doch selbst: ein gutes Weib ist immer fröhlich. Doch was hat man davon, wenn sie unfruchtbar ist? Vielleicht ließe ich mich von ihr auch gar nicht scheiden. Und warum? Wenn man sich an jemanden hängt, so ist es schwer, sich loszureißen. Und ich hing wirklich fest an ihr; das heißt nicht an ihr – denn eine Frau ist doch nur eine Frau – aber an ihrer Fröhlichkeit! An ihrem Lächeln, von dem es mir so warm ums Herz war. Aber erstens überschüttete mich meine Mutter mit bitteren Briefen: sie will ein Enkelkind haben! Zum Unglück war ich ihr einziges Kind, und Mutter, seligen Andenkens, konnte schon keine Kinder mehr haben! Es ging ihr also wirklich ums Leben. Jeder Brief war mit Tränen durchtränkt. Und Vater hörte vor Zorn überhaupt zu schreiben auf; er beschwerte sich aber über mich beim Rebben ... Und zuletzt war auch meine Frau ganz verändert; sie verlor ihre Fröhlichkeit, hatte oft rote Augen, und sooft sie mich ansah, seufzte sie tief auf ... Sie fürchtete wohl, daß ich mich von ihr scheiden lasse.

Wir wohnten beim Schwiegervater. Die Mitgift war noch immer bei einem Vertrauensmann hinterlegt, und der Schwiegervater fürchtete, sie uns auszahlen zu müssen. Und ich kann es ihm gar nicht verübeln; ohne Kinder reißt ja die Ehe wie ein Faden. Wir lebten also von den Zinsen. Wir aßen alle zusammen; und es war mir gar nicht möglich, mit meiner Frau ohne Zeugen zu sprechen ... Und sie sah mich nur immer an und weinte. Es ging mit ihr, nebbich, von Tag zu Tag abwärts ... Kaum eine Hälfte war von ihr übriggeblieben, und diese übriggebliebene Hälfte war, daß sich Gott erbarme: grün und gelb und eingeschrumpft ... Und doch tat sie mir sehr leid, wirklich, sehr leid ... Das Herz krampfte sich in mir zusammen ...«

Tränen treten ihm in die alten Augen.

»Doch was sollte ich tun?! Der Rebbe hat es beschlossen, und der Schwiegervater hat darauf bestanden (allerdings hat er die ganze Mitgift zurückgenommen!). Mein Vater kam herüber... Und wir wurden geschieden ...

Ich war damals gegen die dreißig: sieben- oder achtundzwanzig. Und mußte wieder zum Vater zurückkehren ...«

Die Geschäfte gingen damals schlecht, Geld hatte man nicht, und unser Sender wurde Melammed.

Ein Melammed muß aber verheiratet sein.

Sechs Jahre lang war er Melammed, und drei Frauen hat er in dieser Zeit gehabt. Die eine ließ sich von ihm scheiden, und von den beiden anderen ließ er sich scheiden. Die eine war ein ganz unglückliches Geschöpf. Man hatte ihn mit ihr angeführt: man redete ihm ein, sie sei eine Witwe, es stellte sich aber heraus, daß sie schon viermal geschieden war und er ihr fünfter Mann war. Eine Kleinigkeit! Man hatte ihm gesagt, sie habe nur ein Kind, sie brachte aber fünf Kinder mit! Es war noch ein Glück, daß ihr die Kinder meist starben, denn sie hatte von jedem Mann vier oder vielleicht sogar fünf Kinder gehabt.

»Und es war sehr schwer«, erzählte er, »sich von ihr scheiden zu lassen. Denn sie war so blöd, daß man weder mit ihr leben, noch sich von ihr scheiden lassen konnte ...

Ihr könnt mir glauben, ich saß ordentlich im Dreck! Was verlangte ich auch von einer Frau? Irdische Freuden? Ich war ja Melammed und hatte keine Zeit dazu. Doch so ein Klotz wie diese – das war mir schon zuviel. Man mußte sie immer kommandieren. Wenn man ihr sagte: Steh auf! – so stand sie auf; zieh dich an! – zog sie sich an; mache Feuer! Koche dies und das! – tat sie das. Doch von selbst tat sie gar nichts. Wenn ich ihr zu sagen vergaß, was sie tun sollte, so kam sie von selbst niemals darauf. Was glaubt ihr? Ich habe ihretwegen meinen Melammedberuf aufgeben müssen. Denn ich mußte auf den Markt gehen, Essen einkaufen, die Kinder anziehen. Und dazu waren es noch fremde Kinder! So ein Stück Holz von einem Menschen habe ich noch niemals gesehen! Sie hat wohl überhaupt keine Seele gehabt; ich mußte sie sogar daran erinnern, daß sie essen soll! Verflucht sei Veitel, der Schadchen! Er hat mir ja diese Kostbarkeit angehängt. Denn sie hatte im ganzen zweihundert Rubel von den Männern, die sich von ihr hatten scheiden lassen: Ein jeder von ihnen hatte sie wohl bis aufs Hemd ausgezogen! Und auch diesmal war das Geld bei einem Onkel hinterlegt und dieser gab uns davon kaum dreizehn Prozent Zinsen.

Ich dachte schon, es sei mein Ende. Wenn ich zu ihr sprach, antwortete sie nicht; sie verstand überhaupt nicht, was man sagte! Und dann hatte sie noch eine Eigenschaft: sie konnte ihre eigenen Kinder nicht leiden! Wenn nur eines von ihnen in ihre Nähe kam, so gab es gleich Ohrfeigen, Kniffe, Püffe – das Geschrei ging in den Himmel! . . . Einmal warf ich ihr aus Zorn einen Leuchter an den Kopf. Ich bereue es noch heute. Denn was konnte sie dafür? Es wird wohl eine Art Krankheit gewesen sein. Ich war mit ihr bei allen Rebbes, doch keiner hat ihr helfen können.«

Sender hatte sich durch Überlegungen über den natürlichen Gang der Dinge folgende Vorstellung gebildet: Ein Doktor (er sei von einem Rebben wohl unterschieden!) kann einen kranken Fuß heilen; aber wenn der Kranke gar keinen Fuß hat? So hinkt er eben bis an seiner Tage Ende. Ein Rebbe heilt eine kranke Seele; nun hatte man aber vergessen, ihr eine Seele einzublasen. Darum kann ihr kein Rebbe helfen, und sie bleibt bis in den Tod ein Tier.

»Was habe ich alles ausstehen müssen, ehe ich sie los wurde! Viele Rabbiner wollten eine Scheidung gar nicht zulassen. Denn sie hatte nicht so viel Verstand, daß sie in eine Scheidung hätte einwilligen können. Eine schöne Geschichte! Hätte sie Verstand, so lebte sie doch noch mit dem ersten Mann! Und als ich endlich einen Row fand, der die Sache machen wollte, so dauerte es von Pejssach bis Ssukes, bis man ihr beibrachte, was sie zu sagen hatte.

Und es wäre daraus auch nichts geworden, wenn nicht die Frau des Rows. So ein weises Weib ist doch wirklich eine Krone für ihren Mann! Es war ein Vergnügen! Sie stellte sich ihr einfach gegenüber und sobald meine Frau ja sagen mußte, nickte sie ihr mit ihrem klugen Kopf.«

Dafür haben sich die beiden andern Frauen selbst von ihm scheiden lassen. Der einen mißfiel sein verfilzter Bart. Sie sagte, sie könnte keine verfilzten Bärte leiden.

»Und was soll ich tun, wenn ich schon einen solchen Bart habe? Ich zeige ihr, wie ich jedes ausgefallene Haar in einen Talmudband hineinlege und erkläre ihr, daß der Bart ein heilig Ding ist; daß, wenn ein Jude bei seinem Barte schwört, es ein heiliger Eid ist. Sie sagt aber, daß sie sich vor meinem Bart ekelt, daß sie nichts essen kann und jeden Bissen wieder ausspeien muß!

›Was soll ich also mit dem Bart tun?‹ – frage ich sie.

›Schlage den Kopf an die Wand‹, schreit sie, ›oder gib mir einen Scheidebrief.‹

Ich wollte aber nicht nachgeben. Um nichts in der Welt! An ihr selbst lag mir gar nicht viel . . . Aber ich war schon überdrüssig geworden, mich immer wieder scheiden zu lassen und von neuem zu heiraten. Wer hat die Zeit und den Kopf dazu?! Es hat mich genug Mühe gekostet, die paar Schüler zu bekommen, und nun soll ich mich schon wieder scheiden lassen und die Schüler verlieren? Und zu meinem Unglück lag das Städtchen an einem Bach, der keinen Namen hatte; also mußte man wegen jeder Scheidung in eine andere Stadt fahren! Ein schönes Geschäft! Die Familienväter suchen nach einem Vorwand, um mir ihre Kinder wegzunehmen. Sie verlangt aber den Scheidebrief. Ich sage: ›Warte doch ein Jahr oder wenigstens ein Semester ab!‹ Sie will aber nichts hören und schreit: ›Gib einen Scheidebrief!‹

Schließlich antwortete ich ihr nichts mehr darauf. Ich sitze und unterrichte die Kinder, sie stellt sich aber vor die Schüler hin und schreit: ›Einen Scheidebrief! Einen Scheidebrief!‹ Und sie fängt noch an, unsere anderthalb Teller auf den Boden zu werfen.

Es war noch mein Glück, daß sie sich ekelte, mir nahe zu kommen, sonst hätte sie mir sicher den Bart ausgerissen! Sie war ein wildes Tier; eines Fleischers Tochter und Witwe eines Schneiders – also vornehmste Familie!

Mit Mühe setzte ich es bei den Vätern durch, daß ich die Kinder im Bejßmedresch unterrichten durfte. Nun kommt sie aber auch ins Bejßmedresch und schreit an der heiligen Stätte: ›Einen Scheidebrief! Einen Scheidebrief!‹ Und was soll ich dagegen tun?!

Am Sabbat kommt sie in die Betstube, läßt die Thorarollen nicht herausheben und trägt ihre Anklage vor der ganzen Gemeinde vor!

In der zweiten Woche unterrichtete ich schon bei den Kindern im Hause. Die Familienväter hatten es unter sich ausgemacht, daß jede Woche bei einem anderen unterrichtet wurde; sie hatten mit mir schon Mitleid; aus der Betstube wurde sie schon einigemal hinausgeworfen. Nun faßte sie einen neuen Entschluß und hörte auf, Essen zu kochen, Wäsche zu waschen, die Stube zu kehren und sich selbst rein zu halten ... Was glaubt ihr? Sie setzte mir so lange zu, bis ich ihr den Scheidebrief geben mußte!

Und die andere Frau, die von mir Scheidung verlangte, war wiederum eine andere Art Unglücksgeschöpf. Ich habe schon einmal solches Glück mit Weibern! Jeder Mist bleibt an mir hängen! Andere Leute haben in allen Dingen Glück, sogar mit Weibern; nur ich allein, nebbich, habe immer Pech. Was soll ich euch sagen? Die neue war ein solches Geschöpf, wie es in der ganzen Welt kein zweites gibt. Und wieder war es Veitel, der Schadchen! Die Erde soll ihn ausspeien! Einen solchen Frevler hat es in Israel überhaupt noch nicht gegeben! ... ›Was kann ich dafür?‹ sagte er. ›Wenn ich ein Frauenzimmer sehe, so muß ich sie verheiraten. Kann ich denn wissen, was bei ihr im Herzen vorgeht? Wie soll ich ahnen, daß sie solche Geschichten machen wird? Mir gefällt dein Bart!‹ und er stürzte mich wieder ins Unglück: diesmal gab er mir eine Stumme. In den ersten Tagen war ich darüber sogar froh: eine Frau ohne Sprache, auf alle Frommen gesagt! So ein Genuß, wirklich wie Manna und Honig! Man hat ein Weib und bekommt keinen einzigen Fluch zu hören. Das ist doch keine Kleinigkeit! Sie war auch von niedriger Abstammung, aus dem Handwerkerstande, und doch gefiel ich ihr nicht. Was sagt ihr dazu? Sie fing plötzlich an, Schojfer zu blasen: eine solche Stimme hatte sie, die wie ein Schojfer klang. Sie zerriß sich dabei beinahe die Kehle! Was ihr an mir mißfiel, weiß ich auch heute nicht. Doch sie trompetete, kratzte und schlug um sich, bis ich ihr einen Scheidebrief geben mußte ...

Das war aber schneller gesagt als getan. Aus lauter Bosheit bekam sie einmal einen epileptischen Anfall mitten in der Stube.

Und die nächste starb mir weg. Derselbe Schuft Veitel verkaufte mir ein Gewand aus durchfaultem Stoff: eine Schwindsüchtige! Es war gar kein übles Weib, sie spuckte aber Blut und hatte die Auszehrung ... Weiß ich was ...

Diese machte, nebbich, gar keine Ansprüche. Ein einfaches ehrliches Weib, fromm und anständig, wie ein Weib sein muß; doch die Krankheit fraß sie, nebbich, auf. Ich sage euch ja: ein Gewand aus durchfaultem Stoff! Sie wurde nicht einmal schwanger und entschlief still wie ein Huhn. Ich dachte, ich werde es nicht überleben! Hatte sie mich denn wenig gekostet? Und was habe ich von ihr gehabt? Gar nichts! Ich hab schon so ein Glück! Sie war von Anfang an zu Tode verurteilt. Und gleich in der ersten Trauerwoche kommt schon wieder Veitel, der Schadchen, ausgelöscht sei sein Name.

›Ich hab' gewußt‹, sagt er, ›daß es so kommen wird. Ich hab' mir gedacht‹, sagt er, ›du wirst das Weib nicht behalten, dafür aber eine Erbschaft machen ... Und erst jetzt wirst du richtig heiraten, wie andere Menschen. Fünfzig Taler Erbschaft‹, sagt er, ›sind doch keine Kleinigkeit! Was hast du geglaubt? Ein schönes Weib mit fünfzig Talern, ohne Kinder und ohne Fehler? Womit hast du das verdient? Mit deinen schönen Reden?‹

Im Herzen verfluchte ich ihn. Doch mit der Vernunft

mußte ich zugeben, daß er recht hatte. Und dann war ich von diesem Veitel wie behext: ich war zwar Melammed, doch er führte mich in seinen Chejder.

Die Wahrheit zu sagen, hatte ich vor lauter Kummer schon beinahe den Verstand verloren, und Veitel verdrehte mir wieder den Kopf mit einer Erbschaft, mit einer sicheren Erbschaft, diesmal von hundert Talern ... Er hätte mich auch sicher überredet, eine solche Gewalt hatte er schon über mich! Aber zum Glück starb er selbst.«

»Ich bin«, sagte Sender, »schon in den Achtzigern; und doch, wenn sich gerade eine gute Partie machen würde, so hätte ich versucht, wieder zu heiraten. Heute taugt aber alles nichts! Es gibt keine richtigen Frauen mehr und auch keine richtigen Schadchonim. Ihr jungen Leute glaubt wohl, daß es für einen alten Mann gut ist, allein zu sein, so ganz allein wie ein Meilenstein an der Straße ... Hört auf! Und ohne Kinder, ganz allein ... Das wünsche ich keinem Juden und auch keinem Feind ...«

Und sein grauer verfilzter Bart beginnt zu zittern, und auch die braun-blauen Lippen zittern, die Brille läuft an, und er winkt hoffnungslos mit der Hand, als ob er sagen wollte: »Es ist zu spät! ...«

JIZCHOK LEJB PEREZ

Des Rebbens Pfeifenrohr

Alle und nicht nur die Alten, können sich noch erinnern, wie es Sore-Riwke nicht nur an Kindern, sondern auch an Brot fehlte. Ganz einfach – an Brot!

Ihr Mann, Chajim-Boruch, war von jeher ein großer Chussid gewesen; schon von jenem Tage an, wo ihn sein Schwiegervater (er ruhe in Frieden – ein frommer Jude war er gewesen!) aus der Lubliner Gegend hergebracht hatte.

Man merkte bald, daß er ein göttliches Gefäß war, ein Segen für seinen lieben Namen! Daß er ein Mensch war, der, wenn nicht gerade Messias' Ankunft beschleunigen, so doch zumindest Wein aus der Wand zapfen konnte.

Er hatte schon so ein Gesicht gehabt!

In seinen tiefliegenden, stets gesenkten Augen zitterte immer ein Flammenschein, gleich als ob jemand in einer finstern Stube mit einem Licht hin und her ginge.

Ein blasses Gesicht hatte er; doch beim geringsten Anlaß blühte es auf wie eine Rose: so eine dünne Haut hatte er!

An seinen Schläfen pochte und zitterte es immer.

Einen gewöhnlichen Jusefower Gürtel konnte er sich an die zehn Mal um den Leib wickeln; vielleicht noch mehr!

Es versteht sich von selbst, daß von gewöhnlichem

Lernen bei ihm nicht die Rede war: so ein Geschöpf geht in die Tiefe: »Sohar« lernte er und »Ejz Chajim« – alles was ihr wollt.

Mit dem Rebben, leben soll er, saß er stundenlang zusammen. Sie sprachen zueinander nicht mit Worten, sondern mit bloßen Winken und Blicken. Geh einer und rede mit einem solchen wegen Nahrungssorgen!

Warum nannte ihn aber das ganze Bejßmedresch: »Chajim-Boruch Sore-Riwke's« oder kürzer: »Sore-Riwke's Mann«? Warum hängte man ihn mit allen seinen »Toren der Weisheit« an den Topf Erbsen und das bißchen Hefe an, womit Sore-Riwke handelte? Das ist eben nicht zu verstehen!

Sore-Riwke selbst hatte großen Kummer davon.

Es war ja wirklich eine Ehre, daß man ihn nach ihr nannte, – das fühlte sie. Sie wußte aber auch, daß dies bißchen Freude auf dieser Welt auch das einzige war, was sie zu erwarten hatte.

Sie pflegte recht oft, einigemal in der Woche mit ihrem Erbsentopf ins Bejßmedresch zu kommen.

»Chajim-Boruch!« schreien die Jeschiwe-Bochers: »Deine Speiserin kommt!«

Chajim-Boruch hat wohl schon ihre Schritte auf der Treppe gehört; er hat sein Gesicht längst in den »Sohar« vergraben; über dem Pulte zittert nur die fettige Spitze seines Käppchens, an dem immer Federn haften. Doch Sore-Riwke wagt es nicht einmal, auf diesen Zipfel zu schauen; sie schaut überhaupt nicht nach seiner Seite, sie will nicht mit ihren Augen den göttlichen Geist entweihen, der über ihm ruht, wenn er lernt. Sie will ihre Augen nicht schon auf dieser Welt mästen: Alles, denkt sie sich, will ich lieber dort haben! Dort, auf jener Welt! Und es wird ihr bei diesem Gedanken ganz warm ums Herz.

Wenn sie das Bejßmedresch verläßt, hält sie sich aufrechter, sie ist gleichsam gewachsen, und ihr Blick ist heller und freier. Man kann glauben, daß sie schon eine Frau von einigen und zwanzig Jahren ist: die Stirne ist glatt, ohne eine einzige Runzel, das Gesicht anmutig und rosig, gleich als ob sie erst von unter der Chuppe käme!

Und gerade wenn sie daran denkt, wird ihr so traurig zumute.

Es wird ihr, so trauert sie, nichts mehr für jene Welt übrigbleiben. Sie wird dort ankommen wie eine gerupfte Gans, ganz ohne Verdienste am Leibe ... Was tut sie eigentlich? Sie schleppt sich mit ihrem Erbsentopf durch die Straßen und trägt jeden Donnerstag ein wenig Hefe an einige Hausfrauen aus. Was hat er von ihr?

Solange noch ihr Vater, er ruhe in Frieden, lebte und seine Geschäfte gut gingen, hatte man ein Obdach und was zu essen und zu trinken – sogar im Überfluß. Und heute? Auf alle Feinde Zions gesagt!

Die Mitgift ist irgendwo verlorengegangen, das Häuschen ist verkauft!

Am Morgen gibt es Fischgrütze und Kartoffeln mit Wasser.

Abends – ein Süppchen und einen Beigel vom vorigen Tage.

So sieht sein Leben auf dieser Welt aus!

Seit sieben Jahren hat sie ihm nicht einmal einen Kaftan gemacht!

Von Pejssach zu Pejssach bekommt er von ihr einen Hut, ein Paar Stiefel und sonst nichts.

Zum Sabbat gibt sie ihm ein sauberes Hemd. Auch ein Hemd! Spinngewebe ist es und kein Hemd!

Wegen dieser Hemden muß sie schon eine Brille tragen: sie bestehen ja nur aus Flicken ...

»Herr der Welt«, denkt sie sich, »wenn man auf jener Welt einen einzigen Buchstaben von seiner Thora nimmt und auf eine Waagschale legt und auf die andere Waagschale alle meine Suppen und Fischgrützen und meine Augen noch dazu ... was wird überwiegen?«

Sie weiß zwar, daß, was auf dieser Welt verknüpft ist, auch auf jener Welt verbunden bleiben wird. Daß man Mann und Weib nicht so schnell voneinander trennt. Und würde er es denn auch zulassen? So ein Edelstein, wie er ist! Sieht sie denn nicht, wie er darauf besteht, daß auch sie etwas vom Essen koste? Es ist lächerlich: er wird es ihr doch nicht mit Worten sagen; aber er sagt es mit den Augen! Und wenn sie so tut, als verstünde sie ihn nicht, so brummt er wie während der Schmojneessre. Nein, er wird es nicht zulassen, daß man sie von ihm nimmt! Er wird es nicht haben wollen, daß während er selbst auf dem Vaterstuhl zwischen den Gerechten und Stammvätern sitzt, sie sich irgendwo in der Unterwelt, in wüsten Wäldern herumtreibt ...

Was hilft es ihr aber? Erstens müßte sie sich einfach schämen, den Stammüttern in die Augen zu sehen. Sie würde vor Scham verbrennen!

Zweitens – hat sie ja keine Kinder und »Jahre ziehen, Jahre fliehen« ...

Sieben Jahre leben sie schon zusammen; noch drei unglückselige Jahre, und dann ist die Scheidung gewiß!

Wird sie denn widersprechen?

Eine andere wird sein Fußschemel im Paradiese sein und sie wird mit Gott weiß wem, mit irgendeinem Schneider in der Hölle schmachten ...

Und verdient sie denn auch etwas Besseres?

Sie träumte schon mehr als einmal von einem Schneider oder einem Schuster und fuhr dann mit einem lauten Schrei aus dem Schlafe.

Er wachte erschrocken auf.

Nachts, wenn es finster ist, redet er ja manchmal mit ihr. Er fragt sie: »Was ist?«

Und sie antwortet: »Gar nichts!«

Sie weint und betet zu Gott, daß er seinen Segen in ihre Erbsen und ihre Hefe kommen lasse.

Und Chajim-Boruch war doch wirklich ein Edelstein!

»Die närrische Frau!« – denkt er sich: »Was für Sorgen sie hat! Und doch muß ich etwas dagegen tun! Vielleicht wird sie dann eher etwas in den Mund nehmen, sich etwas gönnen!«

Er suchte lange in den Büchern. Doch oft kommt es so, daß man das, was man gerade sucht, nicht finden kann. Solche Dinge kommen meistens von selbst und unerwartet!

Manchmal kam es ihm vor, daß er auf dem richtigen Wege sei, doch jedesmal verwirrte ihn der Satan, so daß er von neuem zu suchen anfangen mußte.

Und er beschloß, darüber mit Ihm, leben soll er, zu sprechen.

Das ging aber sehr schwer.

Einmal hörte der Rebbe gar nicht zu: so sehr war er in seine Gedanken vertieft; das zweite Mal schüttelte er den Kopf, nicht hin und nicht her. Und das dritte Mal sagte er ihm:

»Hm! Es wäre wirklich ganz gut!« Da kam aber jemand zum Rebben, und das Gespräch wurde abgebrochen.

Ein anderes Mal fuhr er extra deswegen zum Rebben und fragte ihn: »Nu?«

»Nu! Nu!« antwortet der Rebbe. Und das war alles.

Einmal, an einem Freitag, sitzt Chajim-Boruch beim Rebben und seufzt.

»Das ist keine Manier!« schilt ihn der Rebbe. »Meine Chassidim seufzen nicht! Warum sollen sie auch seufzen?«

»Die Hefe!« erwidert Chajim-Boruch.

»In allen Wohnungen Israels sind schon die Challes gebacken«, sagt der Rebbe. »Am Freitag nach zwölf spricht man nicht mehr wegen Hefe!«

Am Sabbatabend drückt sich Chajim-Boruch schon deutlicher aus:

»Rebbe«, sagt er, »vielleicht würdet ihr euch der Sache doch etwas annehmen?«

»Und du?« erwidert der Rebbe, »bist du krank, es selbst zu tun? Ist der Himmel für dein Gebet, Gott behüte, verschlossen?«

Als Chajim-Boruch das »Gott behüte« hörte, fiel ihm ein Stein vom Herzen. Und doch vergingen noch ein paar Monate – und nichts änderte sich.

Zu Roscheschune kam er wieder.

Am Feiertagsausgang klopfte ihn der Rebbe plötzlich vor der ganzen Gemeinde auf die Schulter und fragte:

»Chajim-Boruch, was fehlt dir?«

Er wurde verlegen und antwortete: »Gar nichts!«

»Es ist nicht wahr!« sagte der Rebbe. «Dir fehlt etwas!«

»Was?« fragte Chajim-Boruch zitternd. Auf der Zunge lagen ihm schon die Worte: »Der Segen in den Erbsen und in der Hefe . . .«

Der Rebbe ließ ihn aber nicht zu Worte kommen und zählte ihm folgende Worte wie Perlen ab!

»Dir – Chajim-Boruch – fehlt – eine – lange Pfeife!«

Die Leute wurden starr.

»Du rauchst«, sagte der Rebbe, »wie ein Fuhrmann aus einer kurzen Pfeife.«

Chajim-Boruch fiel die Pfeife aus dem Munde und er stotterte: »Ich will es Sore-Riwke sagen . . .«

»Sag es ihr nur, sag!« sprach der Rebbe. »Soll sie dir eine lange Pfeife kaufen . . . Nimm meine Feiertagspfeife als Maß mit: genauso lang soll die deinige sein.«

Und er gab ihm sein Pfeifenrohr.

Das war alles!

Noch bevor Chajim-Boruch nach Hause gekommen war, wußte man schon im Städtchen, daß er des Rebbens Feiertagspfeife mit sich führte . . .

«Warum? Wozu?« fragte man sich in allen Gassen und in allen Häusern.

»Wozu?« zappelten alle jüdischen Seelen. »Wozu?« Und sie gaben sich selbst Antwort auf diese Frage: »Wahrscheinlich, damit er Kinder bekomme!«

Chajim-Boruch leidet doch nur an dem, woran alle gelehrten Leute leiden; wahrscheinlich wird der Rauch aus des Rebbens Feiertagspfeife dagegen helfen. Und dann noch etwas: Sore-Riwke leidet doch an den Augen! Mit ihren zweiundzwanzig Jahren trägt sie schon eine Brille. Der Rebbe hat sicherlich an sie gedacht. Es ist doch keine Kleinigkeit: Chajim-Boruchs Weib!

Und überhaupt: Wozu hilft so ein Pfeifenrohr nicht? Und dazu noch von einer Feiertagspfeife?!!

Bevor noch Chajim-Boruch vom Wagen gestiegen war, baten ihn schon hunderte Menschen, er möchte ihnen das Pfeifenrohr leihen: für einen Monat, eine Woche, einen Tag, eine Stunde, eine Minute, einen Augenblick ...

Man versprach ihm dafür goldene Berge!

Doch er antwortete allen:

»Was weiß ich? Fragt Sore-Riwke ...«

Es war eine Weissagung, was über seine Lippen kam.

Sore-Riwke macht ein gutes Geschäft ...

Achtzehn große Zehner für einen Zug aus der Pfeife. Achtzehn Zehner und keinen Heller weniger!

Und die Pfeife hilft!

Die Leute zahlen. Und Sore-Riwke hat schon ein eigenes Häuschen, einen schönen Laden, viele Hefe und noch manche andere Ware im Laden.

Sie selbst ist voller geworden, gesünder und rundlicher. Sie hat dem Mann neue Wäsche nähen lassen und die Brille abgelegt ...

Vor einigen Wochen kam man sogar vom Gutsherrn das Pfeifenrohr zu leihen. Drei silberne Rubel legte man ihr dafür hin. Wie denn auch anders?

Ob sie Kinder hat, wollt ihr wissen?

Gewiß! Drei oder vier ... Auch er ist ein ganzer Mensch geworden ...

Im Bejßmedresch gibt es einen ewigen Streit.

Die einen sagen, daß Sore-Riwke dem Rebben das Pfeifenrohr niemals zurückgeben will und wird.

Und andere sagen, sie hätte es ihm schon längst zurückgegeben; ihr jetziges Pfeifenrohr sei gar nicht mehr des Rebbens Pfeifenrohr.

Doch Chajim-Boruch selbst schweigt.

Was tut's? Wenn es nur hilft!

JIZCHOK LEJB PEREZ

Haknossas Kallo*

Reb Ojser Hoffenstand ist, unberufen, ein reicher Mann, vielleicht sogar Millionär. Auf dieser Welt hat er schon was zu sagen; und auf jener Welt – erst recht!

Er ist gerade beim Mittagessen.

Der Tisch ist reich gedeckt. Die Mahlzeit beginnt mit Hering, Sardellen und Sardinen ...

Silber – wie Holz! Silber funkelt auf dem Tisch und in der offenen Kredenz. An den Wänden hängen an die zehn silberne Platten, die in der Kredenz keinen Platz mehr fanden. Oben auf dem Schrank steht eine große silberne Chanukke-Lampe mit getriebenen Blumenröhren; rechts und links von ihr halten zwei riesengroße Sabbatleuchter Wache.

Reb Ojser selbst ist ein kleines, hageres Männchen und verschwindet ganz im großen, mit rotem Samt überzogenen Großvaterstuhl. Seine grünsamtene Mütze von einer eigentümlichen spitzen, hohen und steifen Form reicht kaum über die Stuhllehne; die Form ist seine eigene Erfindung! Mit dieser Mütze wird er in der chussidischen Überlieferung von Mund zu Mund ewig weiterleben.

Er wird im Paradiese bereits beim Studium der Mischna angelangt sein (beginnen wird er ja mit dem

* Wörtlich: »Verheiratung der Braut«; die Pflicht, einem armen Mädchen die Heirat zu ermöglichen, indem man ihr Mitgift und Aussteuer stiftet.

Buchstabieren) und seine Enkel werden (so hofft er) noch immer die Ojser-Mütze tragen.

Er ißt schweigend mit ernstem Gesicht, gerunzelter Stirne, ohne jemand der Tischgenossen anzublicken.

Der lange Tisch ist gut besetzt. Rechts sitzt eine Reihe Weiber: sein Weib, zwei Töchter, eine Schwiegertochter und drei Enkeltöchter. Links – die Männer: zwei Söhne, ein Schwiegersohn und drei kleine Enkel.

Sein Weib trägt ein gesticktes Haarband unter einer tiefen Haube mit breiten, feuerroten Bändern. Die Töchter tragen Scheitel, die Schwiegertochter ist bereits bei einer Perücke aus gekreppten Haaren angelangt.

Die Mädchen dürfen sich ihr Haar nicht verunstalten. Ihre Haare flattern frei über den schmalen Stirnen, bis die Zeit kommt, daß man sie ihnen abrasiert. Wer weiß ...

Noch vor einigen Jahren saß am oberen Tischende Reb Ojsers Mutter: eine Frau mit einem Stirntuch, einer Haube, langen Ohrringen und einem Brusttuch. Nun ist sie schon auf der wahren Welt.

Auch die Männer tragen sich verschieden. Reb Ojser selbst hat seinen chussidischen »Zylinderhut« auf; der Sohn – ein spitzes und die Schwiegersöhne flache und kantige Käppchen. Die Enkel tragen bereits Mützen, die Reb Ojser manchmal mit einem unzufriedenen Blicke streift: der Hutmacher hat die Form verunstaltet und die Mützen nicht hoch genug gemacht!

Vor acht Tagen saß am gleichen Tisch noch ein Melammed mit einem gesteppten Kaftan; nun hat er einen Rabbinerposten in einer kleinen Stadt bekommen. Also muß Reb Ojser erst zum Rebben fahren, um sich nach einem neuen Melammed umzusehen. Den ersten besten läßt er doch nicht zu sich ins Haus!

»Die neuen Zeiten ...« denkt er seufzend.

Er sieht, wie die Zeit jeden Augenblick einen neuen

Stein von der Mauer herunterreißt, die er so kunstvoll als Schutzwehr gegen die große ketzerische Welt errichtet hat, zu der er nach seinem Vermögen eigentlich gehört. Die neue Zeit sickert wie Wasser in seine Arche hinein, in der er sich vor der »deutschen Sintflut« hat retten wollen, so daß keiner von seiner Familie sich auch nur einen Fuß benetze! Doch es geht nicht!

Eine Enkeltochter, die erst eben etwas lesen und schreiben gelernt hat, wurde neulich beim Lesen eines Romans ertappt. Eine Schwiegertochter hat sie beim Großvater angezeigt. Es versteht sich, daß in einem Roman nichts Gutes steht!

In einen Enkelsohn war plötzlich der Teufel gefahren: er wollte unbedingt in eine städtische Schule eintreten. Nichts half: weder Zureden noch Bitten, weder Ohnmachtsanfälle noch Schläge. Schließlich mußte man ihm eine goldene Uhr schenken, um ihn von seinem Wunsche abzubringen.

Reb Ojser zieht die Brauen noch stärker zusammen. Er sieht mit seinen alten Augen, die schon so viel geweint und so viel Psalmen gelesen, so viel Geld gezählt und so viel vom Leben gesehen haben, daß die Zeit kein Erbarmen kennt und all das Alte, Verschimmelte, Heilige nach und nach auslöscht.

Die Tür geht auf.

Es erscheint ein alter, gebückter Jude mit weißem, zerzaustem Bart, dessen Haare sich mit den ausgefransten Fäden des abgetragenen Kaftans vermengen. Ein bleiches Gesicht schaut unter der zerrissenen Mütze hervor.

Es ist der Dalles selbst.

»Friede sei mit dir, Mendel!« begrüßt ihn der Millionär.

»Auch mit dir sei Friede!« antwortete Mendel-Dalles.

Er kommt zum Tisch. Der Hausherr umwickelt sich die Rechte mit einer Serviette und reicht sie dem Gast.

Dasselbe tun die Schwiegersöhne und die Enkel. Nur einer von den Enkeln verzieht dabei den Mund.

Hätte man ihm zu der goldenen Uhr auch noch ein Anhängsel gekauft, so hätte er den Mund vielleicht nicht verzogen.

Mendel bemerkt es aber nicht. Er lächelt:

»Du hast etwas zu viel Weiber an deinem Tische sitzen, Ojser!«

»Es sind ja lauter eigene!« antwortet Ojser sehr ernst und seufzt.

In der Tiefe seiner Seele hat er eigentlich Zweifel, ob auch die Schwiegertochter zu den eigenen gehört.

»Weißt du was, Ojser?« sagt Mendel weiter. »Ich will einen Schluck Branntwein nehmen.«

»Gut!«

»Kinder, macht mir Platz!«

Und Mendel-Dalles zwängt sich zwischen zwei Enkelsöhnen an den Tisch heran und nimmt einen Schluck Branntwein.

»Und etwas dazu!« wendet er sich an die Hausfrau und blickt sie mit seinen feuchten Augen an.

Reb Ojser wirft einen zornigen Blick der ganzen Reihe Weiber zu: wissen sie denn nicht selbst, daß man zum Branntwein etwas beißen muß?!

Die Hausfrau versteht wohl den Blick, hat aber keine Lust, aufzustehen.

»Nehmt ein Stück Hühnerbrust!«

»Fällt mir nicht ein!« antwortet Mendel. »Dazu werde ich mir erst die Hände waschen, wie es sich gehört! Vorläufig will ich ein Stück Honigkuchen; ich habe Anrecht auf Honigkuchen!«

»Sag einmal, Sore«, wendet er sich an die Hausfrau, »hast du inzwischen nicht wieder eine Tochter verheiratet?«

Eines der Mädchen verzieht das Gesicht und bringt von der Kredenz ein Stück Honigkuchen.

Mendel-Dalles trinkt zum Wohl und ißt dazu Honigkuchen.

»Jetzt werde ich mich waschen.«

Er sieht sich um, entdeckt das Waschgeschirr und wäscht sich die Hände.

Eine Dienstmagd trägt eine dampfende Schüssel herein.

Reb Ojser wirft seinem Weib einen bösen Blick zu.

»Trag die Schüssel vorläufig zurück!« sagt die Frau zur Dienstmagd. »Es ist ja ein Gast gekommen.«

Die Dienstmagd sieht den Gast etwas spöttisch an und geht fort.

Nach dem Essen und Benschen verjagt Mendel mit dem beißenden Rauch seiner Pfeife alle Weiber aus dem Zimmer. Er lächelt zufrieden, sieht sich um und findet endlich das, was er sucht: ein Sofa. Der Kopf ist ihm etwas schwer; auch hat er schon lange keinen so schweren Magen gehabt. Er erhebt sich mühsam vom Stuhl, geht wankend zum Sofa und streckt sich darauf aus.

Reb Ojser fragt:

»Willst du etwas schlafen?«

»Ja, und später will ich mit dir reden.« Er gähnt und sagt: »Ich bleibe bei dir, so Gott will, einige Tage.«

»Gut. Jetzt schlafe«, sagt Reb Ojser, das Zimmer verlassend. Die übrigen Familienmitglieder folgen ihm.

Reb Ojser kommt nach einigen Stunden wieder ins Eßzimmer. Mendel liegt bereits mit offenen Augen da.

»Nun, wie geht's Mendel?« fragt er ihn und setzt sich ihm zu Häupten auf einen Stuhl.

»So–so!« antwortet Mendel. »Kann ich nicht ein Glas Tee haben?«

Reb Ojser klingelt und bestellt bei seiner Frau, die sich in der Türe zeigt, den Samowar.

»Was bist du eigentlich hergekommen?« fragt Reb Ojser.

»Du willst wissen, was ich hergekommen bin?« wiederholt Mendel die Frage. »Ich verheirate ein Kind!«

»Deinen Schmerl?«

»Nein, ich habe noch eine ältere Tochter.«

»So?«

»Gewiß . . .«

»Und nun?«

»Nun brauche ich natürlich . . . die Mitgift . . .«

»Von mir kannst du gleich fünfundzwanzig Rubel haben!«

Mendel setzt sich auf.

»Sollst dich schämen!«

»Wieviel willst du denn?«

»Wieviel ich will? Ich will fünfhundert Rubel.«

»Fünfhundert Rubel?« wundert sich der Millionär.

»So habe ich es versprochen.«

»Nun? Und wenn du es schon versprochen hast?«

»Narr! Das hatte ich mir ja auch gedacht, als ich es versprach. Nun geschieht aber ein Unglück. Hör nur, was einem passieren kann. Meine Tochter wurde . . . etwas unwohl . . . Es war überhaupt nicht der Rede wert . . . Kennst du aber den Motje-Schejgez? Als wir beide neulich bei einer Streitigkeit Schiedsrichter waren, gerieten wir selbst in Streit . . . Also setzt er sich hin und schreibt einen Brief an den Mechutten . . .«

»Was sagst du?« fragt Reb Ojser und verzieht das Gesicht.

»Das, was du hörst!«

»So ein Sünder in Israel!«

»Ich fahre ja auch deswegen zum Rebben . . . Er

wird schon seine Strafe haben ... Doch was geschehen, ist geschehen ... Und weißt du, was er, ausgelöscht sei sein Name, geschrieben hat? Daß sie die Fallsucht hat, hat er geschrieben! Mir kannst du ja glauben: sie hat bisher nur einen Anfall gehabt; höchstens zwei, mehr nicht, mein Ehrenwort!«

Mendel macht eine Pause und zieht an seiner kalten Pfeife.

»Hier hast du eine Zigarre!« sagt der Hausherr.

Mendel nimmt die Zigarre, steckt sie an und fährt fort:

»Und jetzt, verstehst du, sagte der Mechutten, daß ich das ganze Geld einzahlen soll.«

»Diese Frechheit!« schimpft der Millionär.

»Gewiß! Der Hund will natürlich die Verlobung auflösen, ohne mir Abstandsgeld zu geben!«

»Gar nicht so dumm!« scherzt Reb Ojser.

»Ich höre auf ihn wie auf die Katz'! Doch ich muß ihm sein unsauberes Maul verstopfen. Also brauche ich die ganzen fünfhundert Rubel.«

»Und warum muß ich alles hergeben?«

»Außerdem«, fährt Mendel fort, »brauche ich etwas für die Hochzeit, wie es schon einmal der Brauch ist ... Hochzeitskleider habe ich schon.«

»Und alles muß ich geben?« fragt Reb Ojser, etwas unzufrieden. »Warum gehst du nicht auch zu Berl, zu Chajim?«

Mendel-Dalles gerät in Zorn:

»Ich bitte dich, was willst du von mir? Habe ich denn die Kraft, in euren steinernen Gassen herumzulaufen und eure steinernen Treppen zu steigen? Ich soll in meinen alten Tagen vor fremden Türen warten?«

Er steht auf und spricht wutschäumend weiter:

»Menschen wohnen in Gassen, die lang sind wie der Goles ... Es gibt mehr Treppen als Häuser ... Ich habe Asthma und soll herumlaufen? Lauf du herum! Oder gib mir das Geld, ohne herumzulaufen. Wo du es hernimmst, ist mir gleich ... Als ich Geld hatte, gab ich davon!«

Reb Ojser schweigt, und Mendel setzt sich wieder aufs Sofa.

»Und wo bleibt der Tee?« fragt er ungeduldig.

Reb Ojser klingelt wieder, und aus dem nächsten Zimmer antwortet seine Frau, daß der Tee bald fertig wird.

Mendel gähnt wieder.

»Willst du denn wirklich, daß ich das ganze Geld hergebe?« sagt Reb Ojser. »Du mußt doch jüdisches Erbarmen mit mir haben!«

»Gott behüte!« erwidert Mendel. »Nimm das Geld, wo du willst! Ich kann aber nicht sammeln gehen. Ich kann einfach nicht!«

»Was kann ich dafür?«

»Hör einmal, Ojser! Ich brauche fünfhundert Rubel für die Mitgift und fünfzig Rubel für die Hochzeit; einige Hochzeitskleider habe ich schon, wie gesagt. Und was den Rest angeht, so werde ich ihm schon was pfeifen, dem alten Terach! ... Im ganzen also fünfhundertfünfzig Rubel ... Davon darf aber kein Dreier fehlen!«

Reb Ojser nickt mit dem Kopf. Er ist beinahe einverstanden. Aber ...

Mendel läßt ihn nicht zu Worte kommen.

»Und von dieser Summe habe ich das!«

Er holt aus dem Busen einen zerfetzten leinenen Beutel und wirft ihn Reb Ojser auf den Schoß.

»Zähle einmal nach!« sagt er zu ihm.

Reb Ojser nimmt den Beutel, holt einen Pack zerknüllter Banknoten heraus und zählt. Es sind hundertvierundsechzig Rubel.

»Ich habe mein Häuschen verkauft«, erklärt ihm Mendel, »daher habe ich das Geld!«

Ojser legt das Geld wieder in den Beutel und will ihn Mendel zurückgeben.

»Nein«, sagt Mendel, »ich habe geschwollene Füße... Herumgehen will ich nicht... Behalte das Geld bei dir... Ich habe also bei dir fünfhundertfünfzig Rubel! Ich lasse dir Zeit. Ich bleibe ja einige Tage hier, also hast du genug Zeit! Ich will bei dir etwas ausruhen und mich satt essen. Wenn ich verreise, wirst du mir eine Quittung geben, daß ich bei dir fünfhundert Rubel hinterlegt habe. Fünfzig Rubel für die Hochzeit und fünf Rubel für die Reise nach Ger wirst du mir bar geben. Du kannst das Geld nehmen, bei wem du willst. Das geht mich nichts an.«

»Gut«, brummt Reb Ojser.

»In Ger werde ich bleiben«, fährt Mendel fort... »Und wenn ich später einmal Lust habe, komme ich zu dir für einige Wochen.«

Reb Ojser brummt wieder.

»Schlafen werde ich«, sagt Mendel, »wenn ich komme, hier auf diesem Sofa... Ein ausgezeichnetes Sofa!«

JIZCHOK LEJB PEREZ

Venus und Sulamith

Zwei Jeschiwe-Bochers, Chajim und Selig, saßen in der Klaus am Ofen. Chajim las aus einem Heftchen etwas vor, und Selig flickte mit gewöhnlichem Nähzeug einen Schuh und hörte zu.

»Und Chane war schön wie Venus ... Selig, sag mir bitte, was versteht man unter Venus?« fragte Chajim.

»Venus ist eine mythologische Gottheit«, antwortete Selig, an seinem Schuh weiternähend.

»Und was ist Mythologie?«

»Auch das weißt du nicht, Chajim? Erinnerst du dich noch an den sonderbaren Kerl mit langer Schürze und roter Mütze, der in der vorigen Woche hier war und zum billigen Preise Lakritzenplätzchen und andere Süßigkeiten verkaufte?«

»Gewiß!«

»Dieser Mann war ein Grieche. Und es gibt ein ganzes Volk, das aus solchen Griechen besteht.«

»Und alle verkaufen Lakritzenplätzchen?«

»Narr, sie haben ein eigenes Land, das Griechenland heißt. Die Griechen sind ein altes Volk ... Sie werden auch in der Bibel erwähnt: ihr Land wird das ›Land Jovon‹ genannt, und sie selbst – ›Jovonim‹.«

»Kommt vielleicht davon auch der Name Iwan?«

»Gott behüte! Jovonim sind Griechen ... Einst waren sie ein mächtiges und gebildetes Volk ... Du hast doch sicher etwas von Aristoteles oder Sokrates gehört: sie werden auch von unsern Weisen, von Rambam und andern zitiert ... Aristoteles zum Beispiel glaubte, daß die Welt immer bestanden habe und ewig sei ... Sie alle waren Griechen. Obwohl die Griechen sehr gelehrt waren und sich in allen schönen Künsten auszeichneten, waren sie doch ganz gewöhnliche Götzendiener.«

»Oho!«

»Nun siehst du es. Und die Geschichten von ihren Götzen nennt man Mythologie.«

»Aha! Nun, und wer war Venus?«

»In der Mythologie ist Venus die Göttin der Schönheit.«

»Was heißt eine Göttin?«

»Weißt du, sie hatten für jedes Fach, für jedes Handwerk einen eigenen Gott. Wie man bei uns sagt, daß jedes Volk der Erde im Himmel einen eigenen Fürsten hat ... Bildhauerkunst, Poesie, Schönheit, Gesundheit, Kraft hatten eigene Götter ...«

»Aber was ist eine Göttin? Ein kluger Gott?«

»Nein, ein Gott ist ein ›er‹, und eine Göttin ist eine ›sie‹.«

»Was? Ein Weibsbild? Sie haben also Weibsbilder in ihren Himmel einbezogen?«

»Ach, Chajim, warum nur Männer und keine Weiber?«

»Das ist wahr. Ich glaubte aber, Selig, daß Götter weder männlich noch weiblich sein sollten ...«

»Du mußt wissen, Chajim, daß die griechischen Götter in allen Dingen den Menschen glichen. Der einzige Unterschied ist, daß sie ewig lebten. Dafür hatten sie aber ebenso wie die Menschen Kinder, Weiber und Kebsweiber, aber sterben konnten sie nicht. Der oberste Gott, Jupiter, der den Donner in seiner Hand hatte und vor dem alle andern Götter zitterten, war ein Pantoffelheld; seine Frau Juno behandelte ihn ebenso wie eine Rebbezin einen gewöhnlichen Melammed. Ich habe dir schon einmal von der Frau des Philosophen Sokrates, der Hexe Xanthippe erzählt; diese war aber ein Hund gegen die Juno! Stelle dir nur vor, was Jupiter für Qualen auszustehen hatte; er wünschte sich zehnmal am Tag den Tod, aber sterben konnte er nicht!«

»Und Venus?«

»Venus war die Göttin der Schönheit. Ich will dir ihre Geschichte vorlesen.«

Selig legte den Schuh weg, zog aus dem Busen ein schmutziges Blatt und begann vorzulesen:

»Venus, Aphrodite, Aphrogeneia, Anadyomene ...«

»Was bedeutet das? Ich verstehe kein Wort«, unterbrach ihn Chajim erstaunt.

»Narr! Das sind die Namen, unter denen Venus in Griechenland und später in Rom bekannt war.«

»Sie hatten also mehr Namen als Jethro, der Schwiegervater Mosis. Was taugen mir die Namen! Lies weiter.«

Und Selig fuhr fort:

»Unter diesen Namen wurde Venus in den verschiedenen Städten als Göttin der Liebe verehrt.«

»Der Liebe und nicht der Schönheit?«

»Das ist doch ganz gleich! Sie war nicht von einer Mutter geboren, sondern in Gestalt einer reizend schönen Frau aus dem Meere gestiegen ...«

»Was heißt ›reizend‹?«

»Das heißt, daß sie jedermann reizte und das Blut zum Sieden brachte und so weiter.«

»Aha!«

»Man stellte sie nackt oder halbnackt dar ...«

»Pfui!«

»Ihr Mann war Vulkan ...«

»Was ist das für ein Kerl?«

»Auch ein Gott, der Gott des Feuers ... Unserm Tubal-Kain ähnlich. Er war der Erfinder der Schmiedekunst. Verstehst du es?«

»Ein wenig.«

»Aber von ihm hatte sie keine Kinder ... Götter wissen nichts von Scheidung und Trauung. Dafür hatte sie Kinder von andern Göttern und Menschen.«

»Was heißt es? Also lauter Bastarde?«

»Sei nicht so dumm, Chajim! Wenn die Götter keine Chuppe, keine Scheidung und keine Trauung kennen, so gibt es bei ihnen auch keinen Ehebruch und keine Bastarde ...«

»Gewiß: wenn man sich vor dem Essen nicht wäscht, so braucht man nach dem Essen auch kein Gebet zu sprechen. Du sagst aber, daß sie auch von Menschen Kinder hatte?«

»Was ist denn dabei? Denke doch an die ›Kinder Gottes‹ in der Bibel, die mit den Töchtern der Menschen Kinder zeugten ...«

»Gut. Lies weiter.«

»Von Mars hatte sie zwei Kinder ...«

»Wer ist Mars?«

»Mars ist der ›Mann des Krieges‹, der Kriegsgott .., zwei Kinder von Bacchus, dem Gott des Weins und der andern Getränke ...«

»Der wird wohl ein ordentlicher Säufer gewesen sein.«

»Zwei Kinder von Merkur ...«

»Wer ist das?«

»Merkur ist der Gott der Diebe, Kaufleute und Boten!«

»Das war doch eine höchst gemeine Partie!«

»Einem gewissen Anchises, einem gewöhnlichen Wesen aus Fleisch und Blut, erschien sie einmal in Gestalt einer Schäferin, irgendwo an einem Flußufer. Die Folge dieser Begegnung war ein Knabe. Einmal passierte ihr folgende Geschichte: von einer Räuberbande verfolgt, versteckte sie sich in eine Höhle und rief Herkules herbei ...«

»Wer ist das?«

»Das ist ein starker Gott, wenn auch kein ganzer, sondern nur ein Halbgott. Er hatte an einem einzigen Tage sechsunddreißig Pferdeställe gereinigt . . .«

»Weiter, weiter, Selig! Es wird mir schon übel davon, so wahr ich lebe!«

»Herkules kam in die Höhle, ließ die Räuber einen nach dem andern herein, und sie machten ihnen allen den Garaus!«

»Pfui, ekelhaft!«

»Venus nahm furchtbare Rache an jenen, die der Liebe spotteten. Die Einwohner einer Stadt verwandelte sie in Ochsen.«

»Genug!« schrie Chajim auf und spie aus. »Der Magen dreht sich mir um! Und diese Venus soll eine Göttin sein! Ha-ha! Tausend Männer hat sie gehabt, sie hat gemordet, Ehebruch und Hurerei getrieben, pfui!« Chajim spie noch einmal aus. Selig erhob sich zornig von seinem Platz.

»Du weißt selbst nicht, was du redest und worauf du spuckst«, sagte Selig gekränkt. »Du nimmst ein herrliches edles Gewand, wendest es auf die linke Seite um und machst ein Narrenkleid daraus! . . . Venus ist nur ein Sinnbild, ein Ideal, wie zum Beispiel im Hohenlied die Sulamith . . .«

»Ja, genau dasselbe! Schämen sollst du dich, Selig! Ein guter Vergleich! Sulamith aus dem Hohenliede ist ein frisches, gesundes Geschöpf, stark wie ein Stück Eisen! Ihre Brüder hießen sie ihren Weingarten bewachen, sie bewachte ihn aber nicht. Ihr Gesicht ist von der Sonne verbrannt, aber sie ist keine Zigeunerin. Ihr Hals ist weiß wie Marmor. Sie duftet süßer als alle Felder, Wälder und Gärten. Sie schlägt nicht die Augen vor Scham nieder und bläst sich nicht wie ein Truthahn auf. Sie schaut jedem gerade in die Augen. Sie braucht sich nicht zu schämen. Sie hat gute, warme, herzliche Augen, sie sind wie ein Paar freundliche Tauben! Und ihre Lippen sind wie zwei dünne, rote

Fäden. Sie spitzt nicht den Mund und schneidet keine Grimassen. Und wenn sie spricht, so fließt Honig von ihren Lippen! . . . Wenn du sie ansiehst, kommt dir kein einziger böser Gedanke in den Sinn. Im Gegenteil: alle Gedanken fliegen dir aus dem Kopfe. Wenn sie dich auch nur mit einem Auge anblickt, schlägst du die deinigen wie ein Dieb nieder. Dein Herz zittert und zappelt wie ein geschlachteter Hahn. Sie ist einfach, rein und keusch wie frischgefallener Schnee. Ein neuer Sommer bricht an, ein neues Leben erwacht auf dem Felde und im Garten, die Turteltaube girrt, die Blumen sprossen, der Feigenbaum blüht, der Weingarten schimmert. Alles erwacht zum neuen Leben, und ihr Herz ist von einem neuen Gefühl erfüllt! Ganz plötzlich ist dieses neue Gefühl mit seiner ganzen unwiderstehlichen Kraft gekommen. Mächtiger als der Tod ist ihre Liebe, tiefer als die Hölle ihre Eifersucht. Und ihre Liebe ist ewig, kein Strom kann sie fortschwemmen, kein Meer kann sie auslöschen . . . Sie liebt aber nur den einen jungen, hübschen Hirten. Sie weiß nicht, daß der Hirte eine Krone auf seinem Haupte trägt, daß er der mächtigste König der Welt ist! Sie ist einfach, offen und aufrichtig, sie versteht keinen Roman zu spinnen, es tut ihr weh, daß er nicht ihr Bruder vom gleichen Vater und von der gleichen Mutter ist, den sie frank und frei in allen Gassen küssen könnte! Das ist Sulamith! Das ist, wie du siehst, das Ideal der wahren jüdischen Tochter, die im Gegensatz zu deiner ausgelassenen Venus einen Vater und eine Mutter hat.«

»Du vergißt aber das eine«, unterbrach ihn Selig. »Du vergißt, daß die ganze Mythologie als eine Sammlung von Gleichnissen aufzufassen ist, hinter denen philosophische und religiöse Gedanken stecken.«

»Ganz im Gegenteil! Wie kann man erhabene Gedanken in gemeine Gleichnisse kleiden? Wie kann man Edelsteine in einen schmutzigen Lumpen binden?

Und ist denn das Hohelied nicht auch ein Gleichnis? Ist nicht unter dem König Solomo der Schöpfer der Welt selbst zu verstehen? Ist die reine, aber von der Sonne verbrannte Geliebte nicht die Gemeinde Israels?! Geheimnisse hin, Geheimnisse her – Sulamith ist eben Sulamith, und Venus, sie sei von ihr tausendmal unterschieden, ist überhaupt nicht der Rede wert! Hörst du, Selig? Ausgelöscht sei ihr Name! Streiche in deinem Buche ihren Namen und schreibe – wie heißt noch das Mädel, von dem die Rede ist? Ich glaube, Chane?«

»Ja, Chane.«

»Also schreibe, daß sie so schön war wie ... Oder nein, schreibe es nicht! Hörst du! Du sollst dich nicht unterstehen! Vergleiche deine Chane, deren Füßchen so klein sind wie Stecknadelköpfe, mit wem du willst: mit Mirjam, wie sie mit der Pauke tanzt, oder mit Abigail, mit Rahab, mit Dalila, von mir aus auch mit der Königin Esther; aber nur nicht mit Sulamith, denn keine ist ihr gleich!«

JIZCHOK LEJB PEREZ

Eheglück

Chajim ist Träger.

Wenn er, unter der Last seines Warenkastens zusammengekrümmt, durch die Gasse geht, sieht man ihn fast nicht. Es sieht aus, als ob der Kasten auf zwei eigenen Füßen ginge . . . Sein schweres Atmen ist aber schon aus der Ferne zu hören!

Endlich liefert er die Last ab und bekommt seine paar Groschen. Er richtet sich auf, holt tief Atem, bindet die aufgebundenen Rockschöße los, wischt den Schweiß vom Gesicht, geht zum Brunnen, stürzt einige Schluck Wasser herunter und läuft in einen Hof.

Er bleibt vor einer Mauer stehen, hebt den riesengroßen Kopf, so daß die Spitze des Bartes, die Nase und der Mützenschirm in einer Ebene liegen.

Er ruft:

»Chane!«

Unter dem Dach geht ein kleines Fenster auf, und ein kleiner Frauenkopf in weißer Haube antwortet:

»Chajim?!«

Mann und Frau schauen einander recht zufrieden an. Die Nachbarn sagen: sie schnäbeln. Chajim wirft ihr seinen Tagesverdienst, in Papier eingewickelt, hinauf. Chane fängt das Geld in der Luft auf. Es ist nicht das erste Mal, daß sie es tut.

»Wie geschickt du bist!« sagt Chajim und hat noch gar keine Lust, fortzugehen.

»Geh, geh, Chajim!« sagt sie ihm lächelnd. »Ich muß doch beim kranken Kind bleiben ... Ich habe die Wiege an den Herd gerückt ... Mit der Hand schöpfe ich den Schaum ab, und mit dem Fuß wiege ich das Kind.«

»Wie geht es ihm, nebbich?«

»Besser!«

»Gelobt sei Gott! Und Henne?«

»Ist bei der Näherin.«

»Und Jossel?«

»Im Chejder.«

Chajim läßt den Bart wieder sinken und geht fort. Chane schaut ihm nach, bis er verschwunden ist.

Am Donnerstag und am Freitag dauert es länger.

»Wieviel hast du im Papier?« fragt Chane.

»Zweiundzwanzig Groschen.«

»Ich fürchte, daß es zu wenig ist!«

»Was brauchst du denn, Chane?«

»Für einen Sechser Salbe für das Kind, für einige Groschen Lichter; Challe habe ich schon ... Fleisch auch, einundeinhalb Pfund ... Es fehlt noch etwas Branntwein für den Kiddusch und einige Stück Holz!«

»Das Holz werde ich schon beschaffen, es gibt wohl welches auf dem Markte.«

»Dann brauche ich noch ...«

Sie zählt auf, was sie noch alles für den Sabbat braucht. Schließlich einigen sie sich, daß man den Kiddusch auch über Challe machen kann und daß noch viele andere Sachen entbehrlich sind.

Die Hauptsache ist, daß es für die Lichter und für die Salbe reicht.

Wenn aber Gott hilft, wenn die Kinder gesund und die Messingleuchter nicht versetzt sind, wenn es auch noch einen »Kiggel« gibt, – dann hat das Ehepaar einen gar fröhlichen Sabbat!

Denn Chane versteht einen ganz wunderbaren Kiggel zu machen!

Immer fehlt ihr etwas dazu: bald Mehl, bald Eier, bald Fett, und doch gerät der Kiggel fett, süß und herzerquickend. Er zergeht in allen Gliedern.

»Ein Engel hat ihn gekocht«, sagt Chane freudestrahlend.

»Ja, ein Engel, gewiß war es ein Engel!« sagt Chajim lachend. »Du meinst, daß du selbst ein kleiner Engel bist, weil du es mit mir und mit den Kindern aushalten kannst ... Wieviel hast du von ihnen auszustehen! Auch ich werde manchmal böse ... Aber höre ich je einen Fluch von dir, wie andere Männer von ihren Weibern? Hast du denn viel Freude von mir? Du und die Kinder laufen nackt und barfuß herum ... Wozu tauge ich? Weder zu Kiddusch, noch zu Hawdole, ich kann nicht einmal ordentlich Smires singen ...«

»Und du bist doch ein guter Vater und ein guter Mann!« versichert Chane. »So ein Jahr wünsche ich mir und dem ganzen Volke Israel ... Möge nur Gott geben, daß wir Seite an Seite alt werden!«

Mann und Frau schauen einander in die Augen so freundlich, so warm, so herzlich, als kämen sie erst eben von der Chuppe.

Bei Tische geht es noch lustiger zu ...

Nach dem Nachmittagsschläfchen geht Chajim in die kleine Schul, Thora hören.

Ein Melammed erläutert dort einfachen Leuten den Alschich. Es ist heiß, alle Gesichter sind noch verschlafen. Der eine schlummert noch, der andere gähnt laut. Doch plötzlich, wenn die Rede auf die interessanten Dinge kommt: auf das Jenseits, auf die Hölle, wo die Bösen mit eisernen Ruten gepeitscht werden, und auf das lichte Paradies, wo die Gerechten, mit goldenen Kronen auf den Köpfen, Thora lernen – dann leben alle auf. Alle Münder stehen offen, alle Gesichter werden rot ... Man hört atemlos zu, wie es in jener Welt zugehen wird!

Chajim steht gewöhnlich am Ofen. Er hat Tränen in den Augen, Hände und Füße zittern ihm. Er ist ganz in jener Welt!

Er leidet mit den Bösewichtern, badet in heißem Pech, wird hinausgeschleudert und sammelt Späne in wüsten Wäldern ... Alles lebt er durch, er ist ganz in kaltem Schweiß gebadet ... Dafür erlebt er später die gleiche Seligkeit wie alle Gerechten: er sieht das lichte Paradies, die Engel, den Leviathan, den Schor-Habor und alle guten Dinge so greifbar vor Augen, daß, wenn der Melammed endet, das Buch küßt und zuklappt, er wie aus einem Traume erwacht, wie aus jener Welt zurückkehrt. Er holt tief Atem, den er die ganze Zeit angehalten hat, und sagt: »Schöpfer der Welt! Wenigstens ein Stückchen, ein Brötchen, ein winziges Endchen ewiger Seligkeit ... für mich, für mein Weib und für alle meine Kinderchen!« Nun wird er traurig und fragt sich: »Aber wie komme ich dazu? Womit kann ich es verdienen? ...«

Einmal geht er nach dem Lernen auf den Melammed zu. »Rebbe«, sagt er mit zitternder Stimme, »gebt mir einen Rat, wie ich die Gnade des ewigen Seelenheils erwerben kann.«

»Lerne Thora, mein Kind!« antwortet der Melammed.

»Ich kann ja nicht!«

»Lerne Mischnajes ... Ejn-Jaakew oder wenigstens die Sprüche der Väter ... «

»Ich kann nicht!«

»So lies Tillem!«

»Ich habe keine Zeit dazu!«

»So bete mit Andacht!«

»Ich verstehe nicht, was ich bete!«

Der Melamed sieht ihn mitleidig an.

»Was bist du?« fragte er.

»Träger.«

»Nun, bediene gelehrte Männer.«

»Was heißt das?«

»Bringe, zum Beispiel, jeden Abend einige Kannen Wasser ins Bejßmedresch, damit die Lernenden etwas zu trinken haben ...«

Chajim ist erfreut.

»Rebbe«, fragt er weiter, »und mein Weib?«

»Wenn der Mann auf einem Stuhle im Paradiese sitzt, so ist das Weib sein Fußschemel.«

Wie Chajim nach Hause kommt, um Hawdole zu machen, sitzt Chane da und betet: »Gott Abrahams«. Er sieht sie an, und ein Zittern geht ihm durchs Herz.

»Nein, Chane«, sagt er, auf sie hinstürzend, «ich will nicht, daß du mein Fußschemel sein sollst ... Ich werde mich zu dir beugen, ich werde dich emporheben und neben mich setzen. Wir werden beide auf dem gleichen Stuhle sitzen wie jetzt ... Es ist uns so gut, wenn wir zusammen sind ... Hörst du, Chane, du wirst auf einem Stuhle mit mir sitzen ... Der Schöpfer der Welt wird es schon erlauben müssen!«

Der Kojhen

Zum ersten Mal sah ich ihn bei einer »Pidjon haben«-Feier. Er stand zwischen den beiden Gardinen eines Fensters und sah auf die Straße hinaus. Ich sah ihn nur von rückwärts: eine kleine, hagere Gestalt mit gekrümmtem, rundem Rücken und schmalen, abfallenden Schultern. Jedenfalls nahm sich die armselige und traurige Erscheinung im abgerissenen Kaftan im vornehmen Salon unter all den lustigen, reichgekleideten Gästen recht fremdartig aus.

Ich stand neben der jungen Dame des Hauses und sprach mit ihr. Die großen Brillanten in ihren Ohren funkelten, auch ihre großen strahlenden Augen sprühten Funken, und die frischen, roten Lippen leuchteten. Nur die leichte Blässe ihres Gesichts zeugte noch von den Schmerzen, die sie in den letzten Wochen auszustehen hatte. Die schöne Frau fragte mich, warum ich mich so selten sehen lasse.

»Meine Arbeit läßt mir keine Zeit, Gnädigste, ich bin so furchtbar beschäftigt . . .«

»Ist das mit der Kruszinska wahr? Will sie wirklich wegen des dummen Leutnants, der sich ihretwegen erschossen hat, die Bühne verlassen?«

Ich hatte nicht Zeit, ihr zu antworten: der Mann zwischen den Gardinen wandte sich in diesem Augenblick um. Ich fuhr zusammen. Er hatte ein wachsgelbes Gesicht, eingefallene Wangen und schmale, blaue Lippen. Es stand für mich außer jedem Zweifel, daß er seit langem nichts gegessen hatte.

Die Dame des Hauses plauderte indessen weiter: »Es tut mir so furchtbar leid, daß ich gestern nicht im Philharmonischen Konzert sein konnte. Die Spanische Symphonie von Lalo! Beethovens Kreutzersonate, gespielt von Hubermann! Und das G-dur-Arioso aus der ›Louise‹, gesungen von der Förster-Lauterer! Nicht wahr, ich bin doch eine unglückliche Frau, die ein Mann wie Sie bedauern sollte?«

Ich hörte ihr fast gar nicht zu. Der Mann am Fenster zog meine ganze Aufmerksamkeit auf sich. Seine Brust war so schmal und eingefallen, und sein ganzer Körper war wie der eines Kindes. Ab und zu ging ein Zittern durch alle seine Glieder; man sah ihm eine seltsame Spannung und Ungeduld an. Je näher die Zeremonie des »Pidjon ha-Ben« heranrückte, um so ungeduldiger wurde er. Er sah aus wie einer, der unter dem Bewußtsein einer schweren Schuld zusammenbricht, oder wie einer, der im Begriff ist, ein Verbrechen zu begehen.

Livrierte Lohndiener liefen hin und her und trugen auf silbernen Tabletten Wein, Obst und Konfekt herum. Am Fenster links stand auf dem Fußboden ein großer, tiefgrüner Oleanderbaum in einem hölzernen Kübel. Und neben dem Baume stand der arme Mann mit dem wachsgelben Gesicht. Er stand regungslos da und blickte zu Boden. Es fiel mir ein, daß er seine Augen noch kein einziges Mal vom Boden erhoben hatte. In diesem Augenblick wurde meine Aufmerksamkeit abgelenkt.

Auf einem großen, silbernen Tablett trug man den Neugeborenen herein. Das Kind lag inmitten goldener und silberner Schmucksachen, Perlenschnüre und anderer Kostbarkeiten.

Der Mann trat vom Fenster weg und ging auf das Kind zu. Kein Tropfen Blut war in seinem Gesicht zu sehen. Er schien ganz bestürzt und wußte wohl gar nicht, wo er sich befand. Nun hob er die Augen und sah sich um. Ein blödes Lächeln spielte auf seinen Lippen.

Vielleicht machte die ungewohnte Ansammlung von Menschen solchen Eindruck auf ihn, vielleicht fühlte er sich befangen als der einzige Hungrige unter soviel Satten?

Nun begann er den hebräischen Vers zu stammeln: »Was ziehst du vor? Deinen Sohn zu geben ...«

Einer der neben ihm Stehenden unterbrach ihn: »Reb Jid! Zuerst muß der Vater sagen: ›Das ist mein erstgeborener Sohn ...‹ usw. Und dann erst sagt der Kojhen: ›Was ziehst du vor ...‹ «

Der Mann wurde verlegen und errötete; das dauerte aber nur einen Augenblick. Sein Gesicht wurde gleich wieder blaß, noch viel blässer als vorhin.

Es fehlt ihm offenbar die Übung, dachte ich mir. Das Wunder passiert ihm wohl nicht jeden Tag. Und vielleicht versieht er dieses Amt zum erstenmal in seinem Leben ...

Inzwischen fing der Vater an: »Das ist mein erstgeborener Sohn, und der Heilige, gepriesen sei er ...«

Der Kojhen ließ den Kopf noch tiefer hängen. Die Worte: »Der Heilige, gepriesen sei er« hatten auf ihn wohl einen besonders starken Eindruck gemacht.

Sehr schnell, so daß man ihn beinahe nicht verstehen konnte, leierte er nun seinen Text herunter: »Was ziehst du vor? Deinen Sohn zu geben, den Erstgeborenen, oder ihn auszulösen, wie du verpflichtet bist nach der Thora ...«

Der Mann bekam fünf Silberrubel und noch fünf kleinere Silbermünzen. Der Vater verrichtete die vorgeschriebenen Segenssprüche. Schwere Schweißtropfen traten dem Kojhen in die Stirne.

Der Kojhen schwang nun die Silbermünzen einigemal über dem Köpfchen des Kindes und murmelte sehr schnell die Worte: Dieses ist statt Diesem, Dieser wird mit Diesem ausgelöst ...« Die weiteren Worte hörte man nicht.

Er legte die Hand dem Neugeborenen auf den Kopf und sprach den Segen: »Der Herr segne dich wie Ephraim und Manasse ...« Seine Hand zitterte dabei furchtbar. Dann leerte er den Becher Wein auf einen Zug und ging zur Türe.

Die Eltern des Kindes baten ihn, sich mit den andern Gästen zu Tisch zu setzen und zu essen. Er aber schüttelte den Kopf und ging.

Der Mann beschäftigte lebhaft meine Phantasie, ich wußte selbst nicht, weshalb. »Er ist ein ganz armer Mensch«, erzählte mir der Hausherr, »er ist seit kurzem aus seinem Städtchen hergezogen und wohnt in der Nachbarschaft. Er ist ein Mann der Thora: Tag und Nacht sitzt er in dem kleinen Bejßmedresch hier im Hofe und lernt. Ich wollte schon einen andern Kojhen einladen – meinen Bekannten Markus Kaplan. Aber gestern abend kam der Mann zu mir und bat mich, das Amt ihm zu überlassen. Ich wußte ja gar nicht, daß er Kojhen ist. Und wenn man die Wahl zwischen einem reichen und einem armen Kojhen hat, so wählt man doch den armen ...«

Den ganzen Abend mußte ich an diesen Menschen denken.

Nach einigen Wochen sah ich ihn wieder. Ich ging zufällig an jenem kleinen Bejßmedresch im Hofe vorbei und sah ihn durch das Fenster in Talis und Tfillin stehen. Etwas zog mich zu ihm hin, und ich trat ein. Der Mann interessierte mich ungemein. Es war an einem Montag. Im Bejßmedresch waren kaum vierzehn oder fünfzehn Männer versammelt.

Vom Hofe dringen die Schreie und Rufe der Händler herein. Jeden Augenblick höre ich: »Ein Kalender für eine Kopeke!« – »Ein Beigel für einen Groschen!« – »Weiber, zwölf Knöpfe für einen Dreier!« Ein Sonnenstrahl gleitet über die Pfütze in der Mitte des Hofes; die Wand gegenüber ist zur Hälfte von einem schrägen, schweren Schatten bedeckt, die andere Hälfte ist blendend hell. Beim Rinnstein steht ein Huhn, mit einem Bein an die Mauer festgebunden; es steckt den Schnabel in die schmutzige Pfütze, trinkt, wirft den Kopf zurück, schließt die Augen und schluckt. Und dann steckt es den Schnabel noch einmal in die Pfütze und trinkt wieder.

Und plötzlich höre ich: »Es erscheine Reb Efroïm, der Sohn des Reb Eliohu, der Kojhen ...« Man ist schon bei der Thoravorlesung. Der Kojhen hört aber nicht, daß man ihn aufgerufen hat. Er hat wohl vergessen, daß er Kojhen ist und daß man ihn meint. Jemand zupft ihn am Ärmel, er erwacht gleichsam, geht auf das Podium und spricht schnell den Segensspruch.

Sein Gesicht ist wie versteinert, kein Muskel rührt sich darin. Auch seine Augen sind starr. Er ist unheimlich blaß, nur an einer Wange brennt ein kleiner roter Fleck.

Und wieder kommt mir der Gedanke in den Sinn: dieser Mann ist im Begriff, ein Verbrechen zu begehen. Jedenfalls ist er tief unglücklich – das ist mir klar.

Plötzlich höre ich die Stimme des Chasens: »Ist kein Levite hier?« Und gleich darauf wird der Kojhen zum zweitenmal aufgerufen: »An Stelle eines Leviten.«

Der Kojhen sprach den Segensspruch zum zweitenmal, noch schneller und noch leiser als vorhin. Große Schweißtropfen standen ihm in der Stirne.

Ich muß mit ihm unbedingt sprechen, sagte ich mir.

Nach dem Gottesdienst ging ich auf ihn zu. Ich weiß nicht mehr, was ich ihm gesagt habe, aber der Mann erschrak furchtbar. Plötzlich ließ er mich stehen, ging zum Tisch, nahm irgendein Buch vor und begann laut zu lernen.

Sein Bild schwebte mir dann den ganzen Tag vor den Augen.

Zum drittenmal sah ich ihn bei einer sehr merkwürdigen Szene.

Er stand mit dem einen Fuß auf der Schwelle des Hinterhauses und mit dem andern im Hof. Mehrere Frauen redeten auf ihn ein:

»Hier im Hause ist ein Kind gestorben, Reb Efroïm, Ihr müßt weg, Ihr dürft nicht herein!«

Reb Efroïm scheint aber nichts zu hören. Er glotzt die Frauen verständnislos an und weiß wohl gar nicht, was sie von ihm wollen.

»Das Wasser hat man schon ausgegossen. Hier im Hause ist ein Kind gestorben. Reb Efroïm, Ihr seid doch Kojhen!«

»Kojhen? ... Ja ... Ja ... Das Wasser hat man schon ausgegossen ...«

Und er steht noch immer da und rührt sich nicht vom Fleck.

»Ihr dürft nicht herein, Reb Efroïm! Ihr müßt augenblicklich weg, ein Kind ist doch hier gestorben.«

»Gestorben?«

Die Stimme, mit der er es sagte, vergesse ich niemals.

»Ihr dürft nicht ins Haus«, redete die erste Frau weiter.

»Ich will gleich zum Row gehen ... Gleich gehe ich zum Row ...«

»Ihr braucht gar nicht zum Row, Ihr sollt nur hinausgehen, hinaus, hinaus!«

»Ich gehe schon zum Row ... Zum Row gehe ich ...«

Und plötzlich wendet er sich um und rennt davon. Mich interessierte, was er vom Row wollte, und ich ging ihm nach. Er lief so schnell, daß ich ihn kaum einholen konnte.

Die Stube ist voller Menschen. Der Row steht in der Mitte, und vor ihm mein Kojhen.

Der Row ist ein schlanker Greis mit langem, silberweißem Bart. Etwas ungemein Mildes liegt in seinen vornehmen Zügen.

Und der Mann steht vor ihm und spricht mit heiserer Stimme:

»Rabbi, ich habe gesündigt! Ich habe betrogen, gelogen, geraubt! Ich will meine Sünde beichten und bekennen! . . .«

»Was ist denn, mein Kind?«

»Ich kann es nicht länger tragen. Es ist mir zu schwer. Anfangs glaubte ich, es sei nichts, ich würde Buße tun. Aber jetzt . . . jetzt hat sich auch schon der Tod eingemischt. Ein Kind ist gestorben. Mit dem Tode spielt man nicht . . .«

Plötzlich verstummte er.

»Rede! Es steht geschrieben: ›Ich werde reden und aufatmen‹.«

Und er begann zu reden.

»Rabbi, wenn Ihr nur verstehen könntet, wie es geschah! Manchmal tut der Mensch etwas, und ist dabei gar nicht der Täter . . . Der andere, der in uns steckt, ist der Täter . . . Und ich habe ein Weib und fünf kleine Kinder . . . Den ganzen Tag sitze ich im Bejßmedresch und lerne. Auch bei Nacht lerne ich. Und das Weib und die Kinder hungern. Schöpfer der Welt! Wenn ich es nur verstehen könnte! Seit drei Tagen hatten wir kein Stück Brot im Hause. Die Krämerin wollte nichts mehr borgen. Wir schuldeten ihr schon neun Gilden. Und zwei Kinder liegen krank. Typhus ist eine böse Krankheit . . .«

Der Row sah ihm in das gelbe Gesicht mit den blauen Lippen. Die Augen des Greises wurden etwas feucht.

»Und dann kam die Versuchung . . .« sprach der Mann weiter. »Fünf Rubel . . . Ich hörte, daß in der Nachbarschaft ein Pidjon ha-Ben gefeiert wird . . . Ich wußte wohl, daß ich eine große Sünde begehe, aber es kamen auch Augenblicke, wo ich es nicht wußte . . .

Und die beiden Kinder sind krank und brauchen eine Arznei, und mein Weib wartet auf Brot ... Mit allen Kräften kämpfte ich dagegen, aber schließlich kämpfte ich nicht mehr ... Im Gegenteil, es schien mir sogar, daß ich ein gottgefälliges Werk tue, an meinem Weib und an meinen Kindern ... Und am Abend ging ich zum Nachbarn und bot mich ihm an ... Ich glaubte, ich tue ein gottgefälliges Werk ... Schöpfer der Welt! Die ganze Nacht konnte ich nicht einschlafen, und im Hirne klopfte es mir wie mit einem Hammer. Ein Schlag nach dem andern: Du bist ja gar kein Kojhen! Ein Schlag nach dem andern: Du bist ja einfacher ›Israelite‹! Und von damals an hörte das Hämmern nicht mehr auf. Ich wollte schon einigemal zu Euch kommen, aber ich konnte es nicht. Und eine Lüge zog eine andere mit sich: nun mußte ich auch vor der Thora als Kojhen dastehen ... Jetzt hat sich aber auch schon der Tod eingemischt ... Der Tod ist doch schrecklich ...«

Ich warf einen Blick auf den Row. Der Row hörte nicht mehr zu. Er war plötzlich ein anderer geworden. Alles Edle und Milde war aus seinem Gesicht verschwunden.

Plötzlich beginnt er auf und ab zu gehen. Auf und ab durch die Stube. Alle schweigen. Eine Lichtsäule fällt schräg zum Fenster herein und ruht halb auf dem Gesicht des gewesenen Kojhens und halb auf dem Boden.

Der Row geht immer auf und ab und redet zu sich selbst:

»Eine schwere Sünde ... Du hast verschuldet, daß ein Jude ein göttliches Gebot, ein ›bejahendes‹ Gebot übertreten hat ... Denn er hat die Erstgeburt gar nicht ausgelöst ... Eine schwere Sünde ... Eine schwere Sünde ...«

Der Row bleibt plötzlich vor dem Fenster stehen, schaut auf die Gasse hinaus und schweigt. So steht er eine Weile nachdenklich da.

Der Pendel der Wanduhr schwingt gleichmäßig hin und her. Vor dem roten Schrank summt eine Fliege.

Und der Row steht noch immer am Fenster und spricht zu sich selbst:

»Es steht aber geschrieben: ›Ein Mann darf in seinem Unglück nicht haftbar gemacht werden‹. Und Hunger ist ein Unglück. Und in den Sprüchen steht es: ›Ein Mensch tut übel um ein Stück Brot‹ ...« In der Stube ist eine Totenstille.

Plötzlich wendet sich der Row nach ihm um.

»Du mußt fasten ... Jeden Montag und Donnerstag fasten.«

Der Mann beruhigt sich aber noch nicht. Fasten ist für ihn nichts Neues. Er hat in seinem Leben genug gefastet, nicht nur an Montagen und Donnerstagen, auch an anderen Tagen.

»Und du mußt dich auspeitschen lassen ... Vierzig Schläge weniger einen Schlag ...«

Der Mann ist auch damit noch nicht zufrieden. Er hat sich in seinem Herzen schon tausendmal mehr gegeißelt.

»Und du sollst in freiwillige Verbannung gehen ...«

Der Mann atmete auf. Der Row hatte ihn wohl erst jetzt zufriedengestellt.

»Und wirst dein Weib heute noch herschicken. Die Gemeinde wird für sie sorgen.«

Der Mann ging.

Ich sah ihn nie wieder.

SCHOLEM ASCH

Die hübsche Kleine

»Was ist? Was wollt ihr von mir? Sollt *ihr* sie heiraten? Ich, ich, ich!« schrie der Junge laut und erregt.

»Aber schau«, versuchte ihn die Mutter zu besänftigen.

»Was willst du von ihm? Er hat doch recht«, sagte der ältere Bruder Gdalje zu der Mutter. »Er will sich selbst zugrunde richten, laß ihn in Ruhe.«

Berl lief wütend aus dem Hause und schlug die Türe hinter sich zu.

»Was wirst du tun, wenn er von uns ganz fortzieht und seinen Verdienst nicht mehr heimbringt? Kann man mit ihm überhaupt reden? Er ist ja der Verdiener«, sagte die Mutter zum älteren Bruder, als Berl fort war.

Der Junge, der soeben aus dem Hause gelaufen war, trieb sich noch eine Weile im Gäßchen herum und überlegte sich, wohin er gehen sollte ... Das Gespräch mit der Mutter und dem Bruder hatte ihn sehr erregt. Er sah nichts, was um ihn vorging, stieß die Leute auf der Straße an und fragte sich fortwährend: »Was wollen sie von mir? Was wollen sie?«

Als es etwas dunkler geworden war, wandte er sich zur Ecke des Nebengäßchens, blieb vor einer Veranda stehen und biß sich die Lippen.

Im Fenster über der Veranda erschien ein Mädchenkopf. Zwei kokette schwarze Augen winkten ihm aus einem blassen Gesicht zu, und ein feines Stimmchen rief herunter:

»Was stehst du draußen, Berl?«

Berl war noch immer verstimmt und aufgeregt, obwohl auf seinem dicken roten Gesicht ein Lächeln spielte und seine großen schwarzen Augen ihr zulächelten. Er grinste stolz, kam näher und fragte:

»Ist Vater daheim?«

»Nein, er ist ausgegangen. Komm herein.«

Berl trat auf die Veranda. Sie kam ihm an der Türe entgegen. Sie hatte sich ein leichtes Tuch umgeworfen, denn der Frühlingstag war kühl. Jetzt konnte er ihre dünnen, unnatürlich roten Lippen sehen, und als sie sprach, zeigte sie ihre weißen aber nicht ganz lückenlosen Zähne.

»Du scheinst mir heute so aufgeregt«, sagte sie lächelnd, mit einem energischen Blick ihrer großen Augen; das schmächtige Mädchen mit den unentwikkelten kindlichen Gliedern hatte wohl ihre ganze Kraft zusammengenommen, um diesen energischen Blick zustande zu bringen, so daß ihr keine Kraft mehr blieb, um Berls kräftigen Händedruck zu erwidern; ihr Händedruck, der ihre tiefe, starke Liebe zu ihm hätte ausdrücken sollen, geriet daher schwach und weich.

»Hab mich zu Hause verzankt«, antwortete der Junge noch immer verstimmt. Dann setzte er sich neben sie auf die Veranda.

Eine Minute schwiegen sie beide und taten so, als ob sie irgendwohin aufmerksam hinblickten.

Nach einer Weile fragte das Mädchen:

»Wegen mir? . . .«

Als sie das sagte, senkte sie ihr blasses Köpfchen auf die Brust, und ihr für ihre Körpergröße allzustark entwickelter Busen wogte. Sie biß sich mit ihren lückenhaften Zähnen in die Lippen.

»Es wird ihnen nichts nützen, sollen sie schreien,

sollen sie reden, soviel sie wollen! Wenn sie mir noch ein Wort sagen, ziehe ich von ihnen ganz fort!« sagte Berl laut.

»So wahr ich lebe, sie fürchten ihren ›Adel‹ zu beschmutzen«, sagte plötzlich die Mutter, in der Verandatüre erscheinend. Sie hatte wohl hinter der Türe Berls Worte gehört. Nun wandte sie sich zum Mädchen und sagte streng: »Roch'che, du gehst sofort ins Zimmer! Die Leute fürchten ihren ›Adel‹ zu beschmutzen . . .«

»Was schreit Ihr? Was schreit Ihr?« sagte der Bursche zu der Mutter. »Was ist denn los?«

»Ich brauche mich für mein Kind nicht zu schämen. Wenn ihnen die Partie nicht paßt, so verzichte ich. Ich will sie ihnen nicht aufzwingen!« schrie die Frau.

»Geht doch ins Zimmer! Geht doch ins Zimmer! Schreit nicht so auf der Gasse!« sagte Berl erregt.

Sie gingen ins Haus. Im Zimmer war es halbdunkel, und die Frau fing in der Dunkelheit erst recht zu schreien an:

»Leben sollst du mir – haben wir dich denn herbestellt? Wozu? Sie glauben wohl, daß wir dich mit Gewalt festhalten, daß wir uns einen jungen Mann aus der Rosenzweigschen Familie eingefangen haben und ihn zwingen wollen, unsere Tochter zu heiraten. Roch'che kann noch warten, es wird ihr nichts schaden. Sie braucht sich nicht zu beeilen.«

»Vielleicht ist es schon genug?!« sagte der Junge zu der Frau in einem Ton, der erkennen ließ, daß er hier im Hause nicht ganz fremd war.

»Wirklich, Berl, wenn die Deinigen nicht einverstanden sind, geben wir es auf!« sagte die Frau und wandte sich zu der weinenden Roch'che:

»Was brauchst du zu weinen? Du hast doch wirklich keinen Grund zu weinen.«

Der Junge sah das Mädchen an. Sie hielt sich beide Hände vor das Gesicht, und auf ihrem glatt gescheitelten, von zwei Zöpfen umkränzten Köpfchen ruhte ein gewisser mädchenhafter Liebreiz, der ihn rührte; ihre ganze schmächtige Figur, die in der Dunkelheit durchaus kindlich erschien, entzückte ihn und flößte ihm zugleich Mitleid ein. Der Junge stampfte mit den Füßen, biß sich die Finger und sprach mit weicher Stimme, die mehr von Mitleid als von Liebe zeugte: »Hör auf, Roch'che, hör auf!« Und er schüttelte sie so kräftig, daß das Mädchen beinahe umfiel.

Sie nahm die Hände vom Gesicht und sah ihn mit ihren großen, weit aufgerissenen, feuchten Augen ebenso energisch wie vorhin an. Da ihr aber jetzt Tränen in den Augen standen, war der Blick mehr mitleiderregend als kokett, obwohl sie gerade das letztere beabsichtigte. Der Blick der feuchten Augen reizte den Jungen noch mehr, und er fing zu schreien an:

»Ich werde mir noch etwas antun! Ich will heiraten, ich will es ...«

»Was gibt's? Was ist los?« erklang plötzlich eine Stimme. Ein Lichtschein fiel durch die geöffnete Türe ins Zimmer. Ein Streichholz flammte auf, und Berl sah ein Paar erloschene Augen in einem blassen, von einem schwarzen Bart umrahmten Gesicht, das im plötzlichen Lichte wie tot aussah. Berl wußte, wer es war: es war ihr Vater.

Niemand antwortete auf seine Frage.

Der Vater zündete die Lampe an und behielt sie in der Hand.

»Was ist los?« fragte er wieder.

»Weißt du nicht, was los ist? Die Rosenzweigs« – die Frau zeigte auf Berl – »bilden sich etwas ein ...«

»Wer drängt sich ihnen auf? Wer braucht sie?« fing der Vater aufgeregt an. Er konnte aber nicht im gleichen Ton fortfahren, denn er bekam einen Hustenanfall, und seine Stimme klang hohl, heiser und unverständlich.

»Beruhige dich, beruhige dich«, sagte die Frau, ihm die Lampe aus der Hand nehmend und sie auf den Tisch stellend. Das Mädchen hörte zu weinen auf, lief hinaus und brachte ein Glas Wasser. Während man das Wasser dem Vater einflößte, rang der Bursche die Hände und jammerte: »Was soll ich tun? Was soll ich tun?«

Als Lejser, der Spediteur, sich endlich beruhigt hatte, richtete er sich auf, stand eine Weile still, wie wenn er abwarten wollte, bis alle seine Glieder bereit wären, ihren Dienst anzutreten, spannte alle Adern am Halse an, nahm ebenso wie vorhin die Tochter alle seine Kräfte zusammen, um einen energischen Blick zustande zu bringen, und wandte sich an den Jungen mit heiserer Stimme (der man es anhörte, daß sie aus einer kranken Lunge kam, was ihr noch mehr Nachdruck verlieh): »Ich will nicht, daß du mit Roch'che zusammenkommst, ehe der Verlobungspakt geschrieben ist! Sie ist ein Mädchen, und du bist ein junger Mann. Du mußt es selbst einsehen. Roch'che, du gehst sofort hinaus!« Und er zeigte auf die Türe zum Nebenzimmer.

»Gute Nacht«, sagte der Junge und ging langsam fort. Seine Aufregung war noch gewachsen. Der Schatten seiner breiten Schultern glitt über die Wand, füllte das halbe Zimmer und verschlang den Vater und die Tochter.

Am selben Abend, als die Mutter ihm sein Essen vorsetzte, ergriff Berl den Teller mit der Suppe und warf ihn mit solcher Kraft zu Boden, daß die Kartoffeln bis zur Decke hinaufsprangen.

Berls Mutter und Bruder sahen die Verbindung mit Roch'che nicht nur vom Standpunkte der Ebenbürtigkeit an. Allerdings war die Partie für die Rosenzweigs, die zu den vornehmsten Familien im Städtchen zählten, wenig passend: Von Lejser, dem Spediteur, sagten die Leute, daß er in seiner Jugend kein großer Zaddik gewesen war ... Er hatte sich »deutsch« gekleidet, war zu oft mit dem Grafen, dem das Städtchen gehörte, in Warschau gewesen und war überhaupt nicht solide genug für Reb Jizchok Rosenzweig, den frommen, wohlhabenden Bürger, dem alle Leute zuerst »Gut Morgen« sagten, wenn sie ihm mit Talis und Tfillin auf dem Wege zum Bejßmedresch begegneten. Aber der alte Reb Jizchok war schon tot. Er hatte die Witwe mit sechs Söhnen hinterlassen, von denen keiner ein Handwerk gelernt hatte: es hatte ihm nicht gepaßt, aus seinen Söhnen Handwerker zu machen. Und als das Geschäft, das schon bei Reb Jizchoks Lebzeiten schlecht ging, so wenig einbrachte, daß es sie nicht mehr ernähren konnte, fiel die Familie ganz auseinander. Jeder der sechs Söhne mußte nun selbst für sich sorgen, und sie verstreuten sich nach allen Himmelsrichtungen: der eine zog nach Amerika, der andere nach Lodz. Berl lernte das Schuhmacherhandwerk. Das Haus gehörte noch ihnen. Berl schaffte sich einige Maschinen an und wurde selbständiger Handwerker. Er war geschickt und arbeitsam und verdiente so viel, daß er auch die Mutter unterstützen konnte. Darum hatten die Angehörigen vor ihm Respekt und fürchteten, auf ihn allzu laut zu schreien.

An einem Sabbat traf er mit der Tochter des Spediteurs ganz zufällig im Stadtpark zusammen. Er verliebte sich in sie und kam oft zu ihren Eltern ins Haus.

Lejser, der Spediteur, der bei den Rosenzweigs, als der Vater noch lebte und es der Familie besser ging, viel verkehrte und Berl noch als Kind gekannt hatte, hätte es gerne gesehen, wenn die Partie zustande käme. Der Junge verdiente recht viel und gehörte zu einer der angesehensten Familien des Städtchens ... Als aber seine Mutter davon erfuhr, ließ sie ihren ältesten Sohn Gdalje kommen und machte Berl einen großen Krach.

Wie gesagt, war es ihr weniger um die Ebenbürtigkeit zu tun. Die Frau hatte nach dem Tode ihres Mannes schon manche Erniedrigung auszustehen gehabt und sich an alles gewöhnt. Ihre älteren Söhne hatten in solche Familien hineingeheiratet, daß ihr Vater, wie sie sagte, sich im Grabe umdrehen würde, wenn er erführe, wer die Schwiegereltern seiner Söhne seien. Reb Jizchok lag aber ruhig im Grabe, und seine Söhne taten, was sie wollten. Also hätte die Mutter auch zu Berls Verheiratung nichts gesagt. Hier handelte es sich aber darum, daß der aus einer gesunden Familie stammende, breitschultrige, kräftige Bursche ein Mädchen heiraten wollte, das er sich in den Ärmel hätte stecken können: das Mädchen war als echtes Kind ihres Vaters klein und schmächtig und hatte schwache, dünne Glieder. Und wenn sich ihre Eltern auch die größte Mühe gaben, sie herauszufüttern, so erreichten sie damit nur, daß auf ihren dünnen Beinchen ein fetter Rumpf saß, der gar nicht zu dem dünnen Hals und der dünnen Taille paßte; wie üppig ihr Busen auch entwickelt war, machte sie doch den Eindruck eines kleinen, unentwickelten Kindes, das man in ein viel zu weites Kleid gesteckt hat ...

Der Bursche sah das alles nicht. Ihm gefiel ihr blasses Gesichtchen mit den unnatürlich roten Wangen, auf dem ein gewisser mädchenhafter Liebreiz lag; das kurze, feine Näschen und das kleine Mündchen mit den roten Lippen, die sie manchmal mit ihren weißen, nicht ganz lückenlosen Zähnen biß, damit sie noch röter seien. Vor allen Dingen hatten es ihm ihre Augen angetan. Sie hatte braune Augen unter sehr dünnen Brauen, die sie ein wenig nachfärbte; ihre ganze Energie verwandte sie auf den Blick, damit er durchdringend und eindrucksvoll sei. Sie wollte gerade damit Eindruck machen, was sie am wenigsten besaß: mit Kraft und Energie. Wenn sie mit jemand sprach, riß sie die Augen weit auf, ließ ihren Busen sich heben und senken und nahm einen unnatürlich lebhaften Gesichtsausdruck an. So stand sie mit einem koketten Lächeln auf den dünnen Lippen graziös da, glotzte mit den Augen und kokettierte mit dem üppigen Busen und den dünnen Beinchen. Ihr Blick konnte aber den energischen Ausdruck nicht lange behalten. Die Anspannung ermüdete sie. Die Augen wurden schläfrig, die Lippen blaß, die Glieder gingen im Fett, das sie auf ihren dünnen Beinchen trug, unter, und schließlich stand sie wieder als das echte Kind ihres armen Vaters da ...

Berl kannte sie schon lange. Als Kinder wohnten sie in der Nachbarschaft und spielten oft zusammen. Als sie älter wurden, trafen sie sich wieder und verliebten sich ineinander. Wie gesagt, waren es ihre körperlichen Reize, die auf den Jungen solchen Eindruck gemacht hatten. Wenn sie mit ihm sprach, hob und senkte sie ihre Brust, und der Junge spürte den Duft eines Parfüms ... Sie sah ihn mit verliebten Augen an, gebrauchte viel polnische Worte und gewählte Ausdrükke und hängte an jedes zweite Wort das polnische »Nicht wahr?« an. Sie sprach mit ihm über den neuen Tanzlehrer, der sich im Städtchen niedergelassen hatte:

»Sie tanzen doch, nicht wahr?«

Das war so vornehm!

Diese Worte machten auf Berl großen Eindruck; das Gespräch wurde zwar jüdisch fortgesetzt, aber die paar polnischen Worte blieben ihm unvergeßlich.

An einem Sommerabend ging er mit Roch'che im Stadtpark spazieren und kaufte ihr beim Gärtner eine Rose. Sie roch an der Blume und sprach von Rosen, und auch das war vornehm, so fein, so gebildet ...

Der Vater, Lejser der Spediteur, wußte ganz gut, was er tat, als er Berl untersagte, mit seiner Tochter zusammenzukommen: das reizte den Jungen noch mehr. Jetzt erschien sie ihm noch schöner als bisher, und er verging vor Sehnsucht. Jeden Abend stand er vor der Veranda und biß sich vor Aufregung die Lippen. Er schämte sich vor den Vorbeigehenden. Alle sahen ihn an, und die halbe Gasse wußte von seiner Liebe. Er ging daher in einen Hausgang auf der andern Straßenseite und sah hinüber. Roch'che fühlte, daß er dort stand, und steckte ihr Köpfchen aus dem Fenster. Berl sah ihre Augen: das stille anmutige Lächeln, das auf ihren dünnen Lippen leuchtete, und die rosigen Wangen – das alles strahlte für ihn, und auf allem lag ein so feiner Liebreiz, daß es ihm ganz warm ums Herz wurde, und seine dicken Lippen sich zu einem freudigen Lächeln verzogen und seine kräftigen Zähne sehen ließen ... Und wenn das Köpfchen wieder verschwand, fiel aus dem Fenster über der Veranda etwas herunter. Berl sprang schnell hin und hob es auf. Es war ein Brieflein, in dem einige trockene Rosenblätter lagen und das von Mond und Sternen, von ewiger, himmlischer Liebe und von Engeln handelte. Das alles war so vornehm, so fein, so gebildet, daß der Junge den Brief mit ins Bett nahm und ihn die ganze Nacht mit seinen dicken Lippen, die eigentlich gar nicht dazu paßten, küßte ...

Es half alles nichts. Einige Wochen später wurde die Verlobung gefeiert und am Sabbat »Nachme« auch die Hochzeit.

Als Berl mit seiner jungen Frau allein geblieben war, und sie sich zu entkleiden begann, wurde es ihm etwas sonderbar zumute: eine Hülle fiel nach der andern, und schließlich stand sie vor ihm als ein Kind mit so merkwürdig dünnen Beinchen da, daß er fürchtete, die Beinchen würden unter dem aufgedunsenen, fetten Körperchen zusammenbrechen. Er fühlte eine seltsame Angst ... Aber ihre Augen lächelten, und ihre Lippen waren rot, – und das Licht erlosch, und im Zimmer wurde es dunkel ...

Von diesem Tage an empfand Berl immer eine seltsame Angst. Wenn er sie in der Küche wirtschaften sah, fürchtete er immer, daß die dünnen Beinchen, die er damals gesehen hatte, einknicken könnten. Und wenn sie die Treppe hinauflief, wunderte er sich jedesmal, daß die Beinchen sie tragen konnten, und hatte wieder Angst ... Und wenn er daran dachte, biß er sich die Lippen.

Auch die Wohnung, die sie ihm nach der Hochzeit eingerichtet hatte, nahm den gleichen Charakter an: Tisch und Stühle hatten dünne, gedrehte Beine, und alle Möbel waren so vornehm, daß Berl sich hinzusetzen fürchtete. Die ganze Wohnung war wie für ein Kind berechnet: alles war so aufgestellt, daß es Berl immer schien, jeder Gegenstand müßte gleich herunterfallen und zerbrechen. Vor dem Spiegel standen allerlei Teller und Nippsachen aus Porzellan, und sooft er vor den Spiegel trat, warf er etwas herunter ...

»Auf Hühnerfüßchen steht hier alles!« schimpfte er einmal.

Die junge Frau erbleichte, und ihre Augen leuchteten, aber Berl schien es plötzlich, daß die Augen im bleichen Gesichtchen, das nach der Hochzeit noch bleicher und schmäler geworden war, keinen Halt mehr hätten und gleich herausfallen müßten. Und wieder befiel ihn die unheimliche Angst. Er biß sich in die Lippen und überschüttete sich mit Vorwürfen:

»Ich bin ein Schwein, ein Schuft! Ich tue es nie wieder!« Sie ließ sich kraftlos auf das Kanapee sinken, holte tief Atem, und Angstschweiß trat ihr auf die blasse Stirne.

Das machte auf den Burschen solchen Eindruck, und er fühlte solches Mitleid mit ihr, daß er auf den Boden sank und sich mit den Händen ins Gesicht schlug:

»Roch'che, Roch'che, ich bitte dich, hör auf!« Und er ergriff ihre Hände, so daß sie beinahe auf ihn herunterfiel.

Sie wußte eigentlich nicht, was sie aufhören sollte: sie hatte sich ja schon beinahe beruhigt und wollte schon längst aufhören; der Angstschweiß war ihr ohne ihr Wissen und gegen ihren Willen auf die Stirne getreten.

Als die junge Frau in die Wochen kam, wurde ihr Aussehen ganz unnatürlich: sie schien mehr breit als hoch, und Berl wunderte sich, daß sie überhaupt noch lebte. Er erlaubte ihr weder zu stehen, noch zu gehen, noch sich irgendwie zu rühren. Wenn sie vom Kanapee, auf dem sie tagelang lag, aufstehen wollte, erhob er ein solches Geschrei, als ob Gott weiß was für ein Unglück geschehen wäre:

»Roch'che, leg dich! Denke doch an Gott! Leg dich!«

Und Roch'che legte sich wieder hin. Die Mutter wachte über sie ganze Tage, lief zum Row, um für sie die Erlaubnis zu erwirken, auf Butter gebratenes Fleisch zu essen, kaufte beim gojischen Weinhändler Wein und traktierte sie immerfort mit frischer Fleischbrühe. Alle wachten über sie: der Vater, die Mutter und der Mann. Jeder einzelne kam jeden Augenblick mit etwas anderm und flehte Roch'che an: »Versuch es nur!«–»Nur einen Schluck!«–»Mag es dir wohl bekommen!« Wo man nur etwas Eingemachtes oder alten Wein auftreiben konnte, alles schleppte man für Roch'che herbei.

»Lieg ruhig, rühr dich nicht! Gebe Gott, daß es gut abläuft!«

Und Roch'che lag auf dem Kanapee und rührte sich nicht. Von Tag zu Tag wurde sie dicker, und Berl konnte nicht begreifen, wie ihre dünnen Beinchen das alles trugen.

Aber der Liebreiz verschwand nicht von ihrem Gesicht, und ihre Augen nahmen zuweilen den bewußten energischen Ausdruck an; solch einen Blick schenkte sie Berl, wenn er mit vorgebundener Schürze aus der Werkstatt kam, auf sie zuging und sie so leise, als ob er fürchtete, daß seine Stimme ihr irgendwie schaden könnte, fragte: »Was machst du, Roch'che?«

Seine Augen leuchteten, seine Lippen lächelten und ließen die Zähne sehen, und sie lächelte ihm wieder zu, und der bekannte Liebreiz huschte wieder über ihr blasses Gesicht.

Er streichelte ihr den Rücken und sagte ihr, sie solle ruhig liegen bleiben: er fürchtete, daß der »Blick« und der »Liebreiz« sie zuviel Kraft kosteten.

Eines Abends kam er auf den Fußspitzen aus der Werkstatt und trat vor das Kanapee. Sie schlief und atmete schwer und tief. Im Zimmer war es schon dunkel, ihr Gesicht war furchtbar blaß, ihre Augen lagen tief unter der gewölbten Stirne, auf der große Schweißtropfen standen, die Lippen waren sonderbar gekrümmt und die Nasenlöcher aufgebläht: – mein Gott! – Berl fühlte solches Mitleid mit der jungen Frau, das Gesicht mit den gekrümmten Lippen rührte ihn so sehr, daß er sich wie ein Mörder vorkam, der sein Opfer betrachtet. Und als sein Blick auf ihren geschwollenen Leib fiel, verzog er das Gesicht und nannte sich »Schuft« . . .

Für Roch'che schlug die schwere Stunde.

Der Arzt kam im weißen Schurz mit aufgekrempelten Ärmeln aus dem Zimmer, wo Roch'che lag, und Berl lief ihm ganz bleich, mit weit aufgerissenen Augen entgegen. Seine Mundwinkel waren gesenkt, wie wenn er weinen wollte, und er blickte dem Arzt flehend in die Augen.

»Herr Doktor, Herr Doktor!« rief er und faßte den Arzt am Ärmel.

Der Arzt, ein junger Mann mit spitzem Bärtchen, nahm sich die Brille von der Nase, sah Berl scharf an und sagte ernst und nervös:

»Es ist ein ganz unmöglicher Fall. Das Kind ist doppelt so groß als sie. Ich begreife gar nicht, wie es sich hat entwickeln können. Ein Leben steht auf dem

Spiele!« Und er schrie Berl an: »Wie kann man nur so ein unentwickeltes Kind heiraten?«

»Aber es lebt ja noch, Herr Doktor?« schrie Berl. »Es lebt noch in ihr?«

»Es lebt noch! Ja, es lebt noch!« antwortete der Arzt aufgeregt. »Aber ich weiß nicht, was weiter geschieht. Es kann der Mutter das Leben kosten.«

»Was? Wie?« stöhnte Lejser, der Spediteur, aus dem Zimmer Roch'ches kommend. Er war bleich wie der Tod, hielt eine Hand ans Herz gedrückt und atmete schwer. «Wie steht es, Herr Doktor?«

»Schwiegervater, es lebt noch!« sagte Berl mit einer Stimme, die wie Weinen und Lachen zugleich klang. Er zitterte wie ein kleines Kind, streckte die Arme dem Arzt flehend entgegen, lächelte und schluchzte:

»Ach, Herr Doktor, es lebt ja noch! Schwiegervater, es lebt noch in ihr!«

Der Spediteur stand noch immer mit der blassen, erschrockenen Frage auf den Lippen und sah den Arzt mit einem Blick an, der an den bewußten Blick seiner Tochter erinnerte, zugleich aber auch höchste Angst ausdrückte.

»Wie kann man nur so ein Kind mit so einem Kerl verheiraten?« sagte der Arzt, auf den Jungen zeigend. »Wie kann man so ein unentwickeltes Mädchen heiraten? Sie durfte überhaupt nicht heiraten!« schrie der Arzt in höchster Aufregung. »Sie durfte es nicht! Es wird sie das Leben kosten!«

»Was?« rief der blasse Mann so laut, daß man hätte glauben können, die Stimme käme aus einer gesunden Lunge. Sie paßte so wenig zu seinem blassen Gesicht.

»Nein, nein, nein!« schrie der Spediteur, wie wenn es sich um den Abschluß eines schlechten Geschäftes handelte. Seine Augen funkelten, und seine Hände zitterten immer mehr. »Nein, nein, nein!« schrie das schmächtige Männchen mit unmenschlicher Stimme.

»Man wird also das Kind zerstückeln müssen, es gibt kein anderes Mittel. Es ist ja ein ganz unmöglicher Fall. Wie heiratet man nur so ein Kind?« schrie der Arzt laut und zornig.

»Ach es lebt ja noch!« murmelte Berl vor sich hin und schluchzte wie ein kleines Kind. «Es lebt ja noch!« Und er schlug sich mit dem Kopf an die Wand, biß sich die Finger und weinte wie ein kleiner Junge. »Es lebt ja noch! Schwiegervater, es lebt noch! Herr Doktor, Herr Doktor!«

»Mein einzig Kind, meine einzige Tochter!« schrie der Spediteur mit lauter Stimme, während ihm kalter Schweiß auf die Stirne trat. »Herr Doktor«, sagte er ganz leise, holte tief Atem und konnte dann einige Augenblicke nicht mehr weitersprechen.

»Das Kind ist gesund und lebt«, sagte der Arzt wie vor sich hin und seufzte.

»Es lebt noch! Es lebt noch!« schluchzte Berl.

»Gott, sie ist ohnmächtig geworden!« rief die Mutter, den Kopf ins Zimmer steckend. »Herr Doktor!«

»Meine Tochter! Meine Tochter!« Der Spediteur packte den Arzt so fest am Arm, daß dieser sich wunderte, wie so ein schwaches Männchen zu solcher Kraft komme.

Beide gingen zu der Gebärenden.

Der Junge warf sich auf den Boden, raufte sich das Haar und schrie mit unmenschlicher Stimme:

»Mutter, es lebt ja noch!« Die Mutter ging mit irgendeinem Topf in der Hand aus dem Krankenzimmer in die Küche, und er packte sie wie kleines Kind an der Schürze. »Mutter, Mutter, es ist ja mein Kind! Mutter, ich vergehe vor Angst! Es lebt ja noch, Mutter!«

»Ach, Berl, was hast du getan!« jammerte die Mutter und verschwand in der Küche.

Berl erhob sich vom Boden, lief weinend aus dem Hause, rannte ins Bejßmedresch, nahm die Psalmen zur Hand, stellte sich vor das Vorbeterpult und begann seinen Oberkörper nach rechts und nach links zu wiegen. Er las aber die Psalmen nicht, sondern weinte und schluchzte nur:

»Ach Schöpfer der Welt, Himmlischer Vater, es lebt ja noch! Es lebt ja noch!«

Die Leute, die gerade im Bejßmedresch waren, sahen ihn an, schüttelten die Köpfe und sagten einander: »Ja, wenn es schlecht steht, dann kommen sie ins Bejßmedresch! Das sind die Richtigen, was?«

Er blieb aber nicht lange da und lief bald, noch immer weinend, nach Hause. Vor der Türe stieß er auf einen Haufen Weiber. Er fragte sie: »Lebt es noch?« und lief, ohne erst die Antwort abzuwarten, in die Wohnung. Im Vorzimmer war alles still, und »dort«, hinter der verschlossenen Türe, klang das Klirren von Gefäßen und ein Wimmern. Er drückte das Ohr an die Türe und hörte, wie etwas aus einem Gefäß in ein anderes gegossen wurde ... Das leise, schwache Wimmern machte ihm solche Angst, daß er in einer Zimmerecke zu Boden sank, das Gesicht in die Hände vergrub und ohne Worte schluchzte. So kauerte er lange Zeit. Er hörte, wie die Türe aufgemacht wurde, wie jemand durch das Zimmer in die Küche lief und wieder mit irgendeinem Geschirr aus der Küche zurückkam. Er wollte nichts sehen, nichts hören und schluchzte ohne Worte vor sich hin, bis die Mutter auf ihn zuging und seine Schulter berührte.

»Du kannst aufstehen, es ist schon vorbei ...«

Er fragte nicht mehr, ob es noch lebte ... Er wußte es schon ... Nach einer Weile fragte er die Mutter, ohne ihr in die Augen zu blicken:

»Was war es, ein Junge?«

»Was kümmert dich das? Es ist nicht mehr da!« antwortete die Mutter und seufzte.

Berl fragte nichts mehr, nicht einmal nach dem Zustand seiner Frau. Er bedeckte das Gesicht wieder mit den Händen, schluchzte aber nicht mehr.

Nach einer Weile ging er, ohne jemand ein Wort gesagt zu haben, aus dem Hause. Er ging im Gäßchen auf und ab und murmelte etwas vor sich hin. Als er wieder ins Haus kam, stieß er mit seinen Schwiegereltern zusammen, die auf den Fußspitzen herumgingen, um die Kranke nicht zu stören. Er sah sie aber gar nicht an, ging zum Fenster und starrte in die dunkle Nacht hinaus.

»Berl, willst du nicht zu ihr? Roch'che hat nach dir gefragt, sie ist, nebbich, noch so schwach«, sagte die Schwiegermutter mit weinerlicher Stimme. »Wer weiß, ob sie es überstehen können wird.«

»Sie wird es schon überstehen!«

»Willst du denn nicht zu ihr hinein?« fragte die Mutter.

»Ich werde schon hineingehen«, sagte Berl unwirsch, ohne sie anzuschauen.

Der Spediteur winkte seiner Frau zu, daß sie Berl in Ruhe lassen sollte, und sie ließ ihn in Ruhe.

Später, als die Kranke eingeschlafen war, verließen die Schwiegereltern für eine Weile das Zimmer, und Berl ging zu ihr hinein. Auf den Fußspitzen, zornig erregt, mit einem unangenehmen Gefühl betrat er ihr Zimmer.

Das Krankenzimmer war schwach erleuchtet. Eine Kerze brannte auf dem Tischchen vor dem Bett und beleuchtete das bleiche Gesicht, das aufgelöste Haar und die geschlossenen Augen. Die Augenlider sahen wie bei einer Toten aus ... Die dünnen blassen Lippen standen halb offen, eine Grimasse verzerrte ihren Mund, und doch ruhte ein gewisser Liebreiz auf dem blassen Gesichtchen, derselbe Liebreiz, der ihn damals im Stadtpark bezaubert hatte. Jetzt war er aber nicht beabsichtigt: schwach und unschuldig ruhte er auf ihrem Gesichtchen wie auf dem eines Kindes, und die schmerzlich verzerrten Lippen schienen etwas zu bitten. Sie flehten um Mitleid, und ihr Köpfchen lag auf der Brust wie bei einem kranken Täubchen. Berl spürte solches Mitleid mit der jungen Frau, daß sich ihm das Herz zusammenkrampfte. Ihre geschlossenen Augen sahen ihn jetzt nicht mehr mit jenem angestrengten Blick an, sondern drückten nur Demut und Unterwürfigkeit aus. Und Berl hatte das Gefühl, wie wenn sie ihn anflehten: »Verlaß mich nicht! Verlaß mich nicht!« Und es wurde ihm so warm ums Herz, und Tränen traten ihm in die Augen, stille Tränen rollten ihm die Wangen herab, und er war so von Mitleid ergriffen, daß seine Mundwinkel sich vor Schmerz senkten und er sich des Gedankens schämte, den er früher gehabt hatte. Und er flüsterte leise: »Nein, Roch'che, nein, ich werde mich von dir nicht scheiden lassen . . . Nein, ich werde immer mit dir sein, Roch'che, alles will ich für dich tun, alles!«

Die junge Frau schlug schwach die Augen auf und stöhnte kaum hörbar:

»Berl . . .«

Und sie streckte ihre blasse kraftlose Hand unter der Decke hervor.

Berl drückte das Gesicht an die blasse Hand und benetzte sie mit Tränen.

»Schweig, Roch'che, schweig! Ich bleibe ewig mit dir, ewig . . .«

Ihre Augen wurden starr, wie gläsern.

Mendel Brajnes

Mendel Brajnes (Familiennamen hat es damals noch nicht gegeben) wohnte sozusagen im Bejßmedresch und wurde als fromm und gelehrt geachtet. Große Gelehrsamkeit besaß er nicht, aber es langte für die Psalmen vor dem Morgengebet, für einige Seiten »Ejn-Jaakew« nach dem Morgengebet und für ein Kapitel Mischnajes am Abend. Er lud oft zugereiste Arme zum Essen ein, warf jeden Morgen eine Spende in die Armenbüchse, erstand sich alljährlich den Maftir-Jojnes und hatte einen großen Anteil am Konsortium, das die Psiches verteilte. Außerdem beteiligte er sich an allen gottgefälligen Werken: wenn ein Magid in die Stadt kam, oder wenn es eine Kollekte galt, um die Armen mit Mazzes, Holz und Kartoffeln zu versorgen, oder wenn man einen Ejruw oder ein Grabhäuschen errichten mußte, setzte sich Mendel Brajnes seinen Hut auf, nahm den dicken Stock mit dem Messingknauf in die Hand und ging mit dem Row, dem Gemeindevorsteher oder sonst einem angesehenen Bürger von Haus zu Haus. Er hielt es für gottgefällig, die Sammelbüchse selbst zu tragen, obwohl ihnen stets der Schammes folgte.

Im Winter hatte er keinen Augenblick freie Zeit: Psalmen lesen, beten, »Ejn-Jaakew« lernen, frühstükken, eine Kollekte machen, das Nachmittags- und das Abendgebet verrichten, ein Kapitel Mischnajes durchnehmen, zum Abend essen, das Gebet vor dem Einschlafen sprechen, schlafen, das Mitternachtsgebet verrichten und weiter schlafen ... So blieb ihm keine Minute übrig. Dafür blieb ihm im Sommer der ganze lange Nachmittag; diesen Nachmittag verbrachte er gleichfalls im Bejßmedresch, redete aber dann nur von profanen Dingen, von Politik und erzählte Witze ...

Mendel Brajnes war nicht klug. Im Chejder nannte man ihn »Mendel der Narr«. Nachdem er geheiratet hatte, urteilte die öffentliche Meinung etwas milder, und man nannte ihn »Mendel der Einfältige«. Und später, als er die Köst-Periode beendet und selbständig geworden war, und seine Frau Brajne ein Lebensmittelgeschäft gegründet hatte, das ihnen recht viel abwarf, krönte man ihn mit dem Titel »Mendel Brajnes«. Und da Mendel Brajnes keinem Menschen im Wege stand, niemand von ihm ein böses Wort zu hören bekam und die Gemeinde von ihm ziemlichen Nutzen hatte, dachte niemand mehr an das Gewesene und niemand lachte, wenn er nach allen fünf Worten sagte: »Aber ich bin doch kein Narr? Ich bin doch klug?«

»Ich bin zwar kein Narr«, sagte einmal Reb Mendel, »kann aber unmöglich verstehen, warum man die Matratzen mit einem so dünnen und hohlen Stroh füllt. Ich habe heute früh an die vierzig Strohhalme herausgezogen, und alle waren innen hohl. Ich wollte meine Brajne fragen, sie war aber schon in den Laden gegangen.«

Ehe noch jemand zu lachen begonnen hatte, gab er sich selbst die Antwort:

»Die Bauern bringen wohl das Stroh aus England!« Von England hielt Mendel Brajnes überhaupt sehr viel. Es war gerade nach dem Krimkriege, und im Bejßmedresch erzählte man sich fortwährend Wunderdinge von den Engländern. Die Geschichten rührten sämtlich von verabschiedeten Soldaten her, die die Dinge mit eigenen Augen gesehen haben wollten.

»Es sind Wunder, wie sie sonst nur der Schöpfer fertigbringt«, erzählte einmal ein Bürger im Bejßmedresch. »Betrachten wir einmal die Kanone. Was ist eine Kanone, Rabojssai? Die Kanone schießt mit einer Kanonenkugel. Was ist damit erreicht? Man muß ja den Feind zuerst bitten, daß er sich gerade dort hinstellt, wo die Kugel einschlägt. Der Feind ist aber gar nicht so dumm und läßt sich so etwas nicht einreden. Manchmal spielt er sogar einen Streich: er steht da, du schießt, und er entwischt dir unter der Kugel. Es war also einfach nichts zu machen. Die Engländer, diese Spitzbuben, haben aber etwas von der ägyptischen Froschplage gehört und die Sache einfach nachgemacht. Sie erfanden eine große Kanone, aus der statt Kugeln kleinere Kanonen herausflogen. Und wenn eine solche Kanone auf die Erde fällt, zerspringt sie, und aus ihr fliegen zehn neue Kanonen heraus. Und erst diese Kanonen schießen mit Kugeln. Nun versuche mal einer, sich vor so einem Schuß zu retten! Ihr könnt euch ausmalen, was das für ein Schlachten war!«

»Und meint ihr vielleicht, daß es mit unrechten Dingen zuging? Gott behüte! Das Ganze beruhte auf einer ganz gewöhnlichen Sprungfeder!«

Und wenn jemand fragte, warum die russische Regierung diese Kanonen nicht nachgemacht hätte, gab man zur Antwort, daß die Regierungen gleich nach dem Kriege unter sich vereinbart hätten, in Zukunft weder mit kochendem Hirsebrei noch mit solchen Kanonen zu schießen, um die Welt nicht zu verwüsten.

Von nun an hielt Mendel Brajnes große Stücke auf England, und sooft er etwas sah, was er mit seiner Vernunft nicht fassen konnte, schrieb er es den Engländern zu. Daß alle Uhren aus England kamen, stand für ihn außer Zweifel; aber auch die erste Sprungfeder war das Werk eines englischen Schmieds. Und er sprach mit großer Begeisterung von England, von den englischen Weisen und den englischen Schmieden.

»In England sind wohl alle Menschen klug!«

Mendel Brajnes hätte Lust, in England zu leben; sterben wollte er aber, nach hundertundzwanzig Jahren, im Heiligen Lande. Erstens aus Frömmigkeit; zweitens liebte er die Ruhe über alles, und sooft er an die Wanderung nach dem Tode dachte, verlor er für drei Tage den Appetit. Da er aber dessenungeachtet nicht aufhörte zu essen, bekam er Bauchweh. Er beruhigte sich erst dann, als er von einem durchaus zuverlässigen Menschen hörte, daß das Heilige Land weiter entfernt sei als England. Nun nahm er sich ganz ernsthaft vor, nach dem Heiligen Lande zu ziehen, denn »der Weg geht doch sicher über England«.

Er hätte schon längst das Geschäft und seinen ganzen Hausrat verkauft und sich auf den Weg gemacht, wenn ihn nicht Brajne davon abhielte.

Brajne hielt ihren Mendele in hohen Ehren. Sie wünschte sich nichts, als sein Fußschemel im Paradiese zu sein. Sie kochte ihm das Essen, hielt seine Kleider instand und arbeitete wie ein Esel, um Mendele und die vier Kinder – drei Mädchen und einen Jungen – zu ernähren und mit Kleidung und Schuhwerk zu versorgen. Das höchste Glück ihres irdischen Lebens war, aus ihrem Laden zu sehen, wie Mendel mit der Sammelbüchse in der linken und dem Stock mit dem Messingknauf in der rechten Hand über den Markt ging. Sie verkaufte für ein Spottgeld ihren Betplatz in der Weiberschule und bezahlte ein Heidengeld für einen Platz am Fenster, durch das sie sehen konnte, wie Mendel sich im Bejßmedresch mit der Thora abgab. Das Herz schmolz ihr vor Freude, wenn Mendel dem Chasen zuflüsterte: »Für das Wohl der Frau Brajne, Tochter des ehrengeachteten ...« und achtzehnmal achtzehn Gilden spendete. Sie war glücklich, wenn sie am Sabbat oder an einem Feiertag mit ihm zum Beten gehen durfte. Und wenn sie sich vor dem Eingang trennten, blieb sie auf dem ersten Treppenabsatz stehen und sah gerührt zu, wie Mendel seine Füße auf die zur Männerabteilung führende Treppe setzte. Nach dem Beten erwartete sie ihn vor dem Eingang, und wenn sie ihn kommen sah und seinen Sabbatgruß hörte, errötete sie, wie wenn sie erst eben unter die Chuppe käme. Und doch wußte sie ganz gut, daß ihr Mendel, was die Eitelkeiten dieser Welt betrifft, nicht übermäßig klug war und daß seine Weisheit sich nur auf die »kleinen Buchstaben« erstreckte. Das praktische Leben war aber ihre Sache.

»Nein, Mendel«, sagt sie ihm gelassen, »man fährt nicht so fort, man verkauft nicht sein Geschäft, von dem man lebt. Später vielleicht, wenn alle Kinder verheiratet sind und ihre Köst gegessen haben und wir wenigstens ein Enkelkind, vielleicht sogar einen Urenkel erlebt haben, dann werden wir das Geschäft den Kindern übergeben können ...«

Mendel wußte, daß Brajne in solchen Dingen außerordentlich gescheit war, und wartete ruhig ab. Denn neben Jerusalem und England saß ihm Brajne tief im Herzen.

Die Kinder waren noch nicht verheiratet, als Mendel eines Tages traurig nach Hause kam und sagte:

»Siehst du, Brajne, da ist eine Vorladung vom Himmlischen Gerichtshof!« Und er zeigte ihr ein graues Haar in seinem Bart.

Brajne tröstete ihn:

»Rede keine Dummheiten, Mendele, du verstehst nichts von solchen Dingen ... Mein Vater, er ruhe in Frieden, war schon mit fünfzig Jahren grau, und doch – mögen seine Jahre dir zugute kommen ...«

»Nein, *uns* zugute«, verbesserte sie Mendel.

»Gut, mögen die Jahre uns zugute kommen – und doch lebte er noch an die dreißig Jahre.«

»Heute ist aber das Menschengeschlecht schwächer und hat nicht mehr die Kraft von einst!« sagte Mendel und schlug die Augen nieder.

Brajne redete ihm seinen Kummer aus und begann ihn noch besser zu füttern. Nun holte sie vom Fleischer täglich ein halbes Pfund mehr.

»Ach, Brajne«, sagte der Fleischer, »Ihr habt wohl heute Mechuttonim zu Tisch? Möge es in einer glücklichen Stunde sein!«

»Nein«, antwortete Brajne, »heute ist das Menschengeschlecht schwach . . .«

Beim Essen legte sie Mendel immer noch ein Stückchen auf den Teller. »Iß, das schmeckt gut!« Sie sah ihn an und dachte sich: Soll es ihm wohl bekommen . . . Heute sind ja die Menschen so schwach . . .

Sie aß nicht mit und behauptete, im Laden eine Semmel gegessen zu haben. Oder sie erzählte, daß eine Verwandte eine neue Art Kartoffelsuppe gekocht und ihr davon etwas zum Kosten gebracht habe. Einmal sei sie zu einem Briß geladen gewesen; sie hätte schon vergessen, wie die Wöchnerin geheißen habe, sie hätte sich aber dort sattgegessen. Und sie hörte nicht auf, ihrem Mendele zuzureden:

»Iß, Mendele, iß, was vergleichst du dich mit mir? Es steht doch geschrieben: Thora tatisch kejach . . .«

»Du willst sagen: Matisch kejach!«

»Gut, von mir aus ›Matisch kejach‹. Oder wie es in den ›Sprüchen der Väter‹ steht: ›Im ejn tejro, ejn kemach‹* – wenn man lernt, muß man auch essen!«

Mendel lächelt über den neuen Fehler.

»Aber ich, was leiste ich? Ich gehe den ganzen Tag ohne Arbeit umher oder sitze vor meinem Kohlenbecken. Und wenn ein Kunde kommt, verkaufe ich ihm einen Topf Bohnen oder Grütze oder Mehl. Sonst tue ich nichts. Darum muß ich auch weniger essen.«

Mendel glaubt an die Semmel, an die Kartoffelsuppe und an den Briß, obwohl er an diesem Tage »Tachnun« gesprochen hat . . . Nun meint er auch selbst, daß er

* ›Im ejn tejro, ejn kemach‹ – Ohne Thora kein Brot. Heißt im Original umgekehrt: Ohne Brot keine Thora.

mehr essen muß. Das ist doch wirklich kein Spaß: jeden Tag zwei Abschnitte Psalmen, ein Kapitel Mischnajes, einige Seiten »Ejn-Jaakew«; dann das Beten, die Kollekten, das Herumgehen mit der Sammelbüchse und dem schweren Stock ...

Es freut ihn, daß seine fromme Brajne ein so ruhiges Leben hat, daß sie müßig in ihrem Laden vor dem Kohlenbecken sitzt und auf die Kunden wartet. Wenn ein Kunde kommt, ist es gut, und wenn keiner kommt, so ist es auch kein Unglück. Soll sie wenigstens nicht so viel arbeiten wie er, soll sie ein ruhiges Leben haben. Und Mendel ißt von Tag zu Tag mehr, um sein Leben zu verlängern und später einmal in England leben und in Jerusalem sterben zu können.

Mendel hat auch an seinen Kindern große Freude. Sein ältester Sohn ist bereits verheiratet und ißt in der Fremde Köst. Seit der Hochzeit hat er, Gottseidank, noch kein einziges Mal geschrieben: es ist wohl ein Zeichen, daß es ihm dort gut geht und daß er gesund ist. Jedermann, der aus der fremden Stadt kommt, überbringt Grüße von ihm. Nach dem Ältesten kommt ein Sohn, der gerade im Heiratsalter steht, und nach diesem ein Chejderjunge. Brajne zahlt für ihn das Lehrgeld und sieht darauf, daß er nur unter seinesgleichen lernt. Mendel prüft ihn dafür jeden Sabbat in den Wissenschaften. Er hat wenig Lust, die Prüfung vor dem Essen vorzunehmen. Nach dem Essen hat er mehr Muße. Darum schlummert er auch bald ein und erwacht erst, als der Melammed auf sein Wohl trinkt. Nun kneift er den Sohn anerkennend in die Wange, und damit ist die Prüfung erledigt.

Außer den Söhnen hat er noch drei Töchter, junge wohlerzogene Mädchen. So sanft und brav sind sie, immer sauber gekleidet und gewaschen, ein Vergnügen, sie anzuschauen! Er hat zwar noch niemals gesehen, wie man sie wäscht und kämmt und wann Brajne ihnen die Kleider ausbessert. Er kann fast nicht begreifen, wie die Kinder so klug und wohlerzogen auf die Welt kommen. »Es sind wirklich *meine* Kinder!« sagt er sich voller Stolz. »Sie sind mir nachgeraten!« Er dankt Gott, daß Brajne ein so ruhiges Leben hat und sich nicht wie die andern Mütter mit den Kindern abplagen muß. Und wie folgsam die Kinder sind! Wenn er zum Beispiel ein Glas Wasser verlangt, und Brajne, die die Gewohnheit hat, alle seine Worte nachzusprechen, seinen Befehl wiederholt: »Bringt dem Vater ein Glas Wasser« – läuft eines der Kinder sofort hinaus und bringt das Wasser. Es ist doch eine Freude, solche Kinder zu haben! Wenn er nach Hause kommt und Brajne den Kindern zuruft: »Da kommt schon der Vater!« – wird es sofort still.

Nun schlägt man auch schon seinem zweiten Sohne ein Partie vor, eine vortreffliche Partie! Brajne will selbst hinüberfahren, sich die Braut anzusehen. Um die Weihnachtszeit will sie es tun, so hat sie ihm gesagt. Da er festgestellt hat, daß die Reise nicht über England geht, gönnt er ihr gerne die Ehre. Soll sie nur die Reise machen, warum auch nicht? Sie kommt ja nur viermal im Jahre fort, um Ware einzukaufen, und kehrt jedesmal müde und zerschlagen heim. Soll sie wenigstens einmal Vergnügen an der Reise haben, sollen die Leute sehen, was für ein Weib er hat! Er selbst wird erst bei der Verlobungsfeier auftreten. Ja, es genügt, wenn die Leute ihn erst bei der Hochzeit zu Gesicht bekommen. Auch für den Ältesten hat *sie* die Braut ausgewählt. In solchen Dingen hat sie immer Glück ... Er wird in seinem Leben noch genug herumreisen.

Es vergingen wieder einige Jahre. Wenn Gott einen segnet, so schenkt er ihm jedes Glück und selbst Ruhe. Nun ist auch schon der zweite Sohn verheiratet, sogar sehr gut verheiratet, und ißt bereits Köst.

Mendel weiß zwar nicht, wie sich die Sache abgewickelt hat. Das Ganze war für ihn wie ein Traum.

Er versäumte sogar seine Psalmen nicht und hatte kein einziges Mal Kopfschmerzen, außer am Morgen nach der Hochzeitsnacht, in der er doch etwas weniger als sonst schlief. Mendel freut sich schon: nun hat er nur noch die drei Töchter zu verheiraten (bei Brajne geht es schnell); dann gibt er das Geschäft den Kindern über, mietet sich einen geräumigen Wagen, in dem er sich gut ausstrecken kann, stopft recht viel englisches Stroh hinein und ade! Er spürt zwar manchmal eine Schwäche in den Beinen und hat seit einiger Zeit Atembeschwerden. Brajne tröstet ihn aber und gibt ihm immer mehr zu essen. Sie versichert ihm, daß er noch alles mögliche erleben wird!

Wie er einmal im Bejßmedresch sitzt und »Ejn-Jaakew« studiert, hört er draußen ein Weinen und Schreien. Es kommt ihm vor, daß es die Stimme seiner Tochter ist. Doch nein, was hat seine Tochter auf dem Schulhof zu suchen? Außerdem wird ein Mädchen, das im Heiratsalter steht, nicht so weinen ... Aber sie läuft die Treppe hinauf und schreit: »Vater! Vater!« Es ist doch ihre Stimme ... Aber es kann ja nicht sein!

Er will sich die Sache überlegen und eine Prise nehmen. Wie er sie an die Nase führt, packt ihn schon die Tochter am Rocklatz:

»Vater! Mutter ist plötzlich hingefallen!«

Ehe Reb Mendel zur Besinnung gekommen und nach Hause gelaufen ist, hat Brajne schon den Geist aufgegeben!

An diesem einen Tage war Mendel ganz grau geworden, seine Beine schwollen an, und sein Atem wurde schwer. Er hatte gar nicht erwartet, daß Brajne vor ihm sterben würde ... Wenn man einen solchen Mann, solche Kinder und ein so schönes, ruhiges Leben hat ...

Brajne war aber auf der Bahre fast unsichtbar, so wie sie es auch bei Lebzeiten gewesen war: so mager und eingeschrumpft war sie!

JIZCHOK LEJB PEREZ

Das Paar oder Ssore bas-Tewim

Und die Geschichte, die ich euch erzählen will, ist eine gar wunderliche und merkwürdige Geschichte und außerdem eine wahre Begebenheit. Sie ist noch in keinem Buche gedruckt und in keiner Gemeindechronik aufgezeichnet. Ich habe sie aus dem Munde eines großen Mannes empfangen ...

Die Geschichte hat sich in alten Zeiten zugetragen, wo es noch nicht so viele Städte und Dörfer gab in der Welt des »Waldein« und des »Waldaus«. Es war im Lande Mähren. Dort gab es damals noch wenig jüdische Gemeinden; die Juden wohnten familienweise in den Dörfern verstreut, in den Wäldern versprengt, ohne Thora, ohne gemeinsames Gebet, außer in den »Furchtbaren Tagen«, wenn sie mit Kind und Kegel in die fernen Städte zogen.

Damals lebte in einem Dorfe ein Jude als Pächter eines Grafen. Er verdiente mehr, als er verzehren konnte. Fünfhundert Kühe hatte er für den Grafen zu melken, und auch ein paar eigene dazu. Sein Keller war angefüllt mit Butter und Käse und sein Dachboden mit Getreide, Flachs und Fellen; seine Geldtasche wurde immer dicker, ebenso der Geldbeutel seiner Frau. Und ein Sohn wuchs ihnen heran, kräftig und wohlgeraten wie ein Baum im Walde.

Der Mann sitzt an einem Winterabend bei einer Wachskerze am Tische über den Rechnungsbüchern, die Spitze des grauen Bartes zwischen den Zähnen, die Stirne wie vor schwerer Sorge gerunzelt, und blickt mit trüben Augen zum Fenster hinaus ...

»Du sündigst, Mann!« weckt ihn die Stimme der Pächterin aus seinen Gedanken. Sie kommt soeben aus der andern Stube, wo sie nach dem schlafenden Sohn gesehen hat, und ihr Gesicht strahlt.

»Weißt du, ich habe mich über ihn gebeugt ... Seine Wangen sind rosig wie der frische Morgen, und der Atem ist ruhig und duftet nach frischen Äpfeln ...«

»Ihm gilt meine Sorge«, antwortet der Pächter. »Wir wohnen in einem Dorfe, ferne von jeder jüdischen Gemeinde, und die Jahre stehen nicht still ... Wo nehmen wir eine Ehegenossin für unsern Sohn, wie sollen wir ihn verheiraten?«

»Gott wird helfen«, tröstet die Pächterin. »Er hat uns auch bisher nicht verlassen ...«

»Das ist es eben«, sagt der Pächter. »Wir brauchen wohl Gottes Hilfe, aber für welche frommen Verdienste kann sie uns zuteil werden? Ich bin kein Schriftgelehrter, ich verstehe nicht zu lernen, und wir wohnen nicht unter Juden. Ein einziges göttliches Gebot können wir verrichten: Gastfreundschaft gegen Wanderer heißt dieses Gebot. Aber schau!« Er zeigt mit einem Blick auf das Fenster: »Da ist so viel Schnee vom Himmel gefallen, alle Wege und Stege hat er verschüttet. Tage, vielleicht auch Wochen wird es dauern, bis wieder einmal ein Wanderer über unsere Schwelle kommt ...«

Er steht auf und geht hinaus, nachzuschauen, wie es draußen aussieht. Sie beginnt indessen die Betten zu richten. Er bleibt aber zu lange draußen; es wird ihr traurig zumute, sie läßt die Betten, geht ans Fenster und klopft mit den rundlichen Fingern auf die Scheibe zum Mann hinaus.

Die Scheibe ist aber mit einer Eiskruste bedeckt und gibt keinen hellen Ton. Sie wirft sich ihren Schal über und geht vor die Türe, den Mann zu holen. Der Mann hört aber ihre Schritte gar nicht und wendet sich nach ihr nicht um: er steht da und blickt unverwandt auf den Weg, der aus dem Walde führt. Sie schaut verwundert in dieselbe Richtung. Nun sehen sie beide, wie über dem schneeverwehten Weg aus dem Walde eine weibliche Gestalt mit hoher Haube und türkischem Schal herannaht. Sie hat sich in den Schal nicht gehüllt, sondern ihn bloß der Schönheit wegen, wie in einer linden Sommernacht, über eine Schulter geworfen; frei flattern seine Enden rechts und links wie zwei Flügel ... Sie geht gar nicht über den Schnee, sie schwebt daher, die Füße berühren den Schnee nicht und hinterlassen in ihm keine Spuren. Die beiden starren sie an, bis die Gestalt sich ihnen nähert und fragt, ob sie nicht eine Stunde in ihrem Hause ausruhen könnte ...

Mann und Frau kommen ein wenig zur Besinnung. Sie wechseln Blicke und führen den seltsamen Gast mit großer Freude in die Stube: also hat Gott ihnen doch einen Gast beschert! Sie wollen den Diener wekken und ein warmes Getränk bereiten lassen. Die Pächterin eilt zum Schrank, macht ihn weit auf und will die besten Speisen und Getränke herausholen, auch Eingemachtes und ein Gläschen süßen Branntwein. Der seltsame Gast sagt aber: Nein! Sie wolle nichts zu sich nehmen, ihr einziger Wunsch sei, ein wenig auszuruhen. Sie gehe einen weiten Weg, um eine Botschaft auszurichten ... Die Pächterin muß sich fügen. Sie zündet eine zweite Kerze an und führt den Gast in ein besonderes Zimmer. Sie zeigt ihm das große Bett mit schneeweißem Laken, weichen Daunenkissen und einem leichten, warmen Überbett ... »Und wenn Ihr nichts essen und nichts trinken wollt, so schlaft wenigstens – möge es Euch wohl bekommen!«

Die seltsame Frau sagt aber, sie wolle gar nicht schlafen, sie wolle nur ein wenig ausruhen, da sie noch einen weiten Weg vor sich habe, um ihre Botschaft auszurichten. Und als die Pächterin sie allein lassen will, hält sie sie zurück und fragt, wieviel sie für das Zimmer zu bezahlen habe; sie werde ganz still fortgehen und niemanden wecken; sie werde das Geld im Zimmer zurücklassen.

Die Pächterin fährt tiefgekränkt auf: sie nähme kein Geld, auf keinen Fall ... Das sei doch das einzige göttliche Gebot, das sie hier im Dorfe erfüllen könnten. Nur für solche frommen Verdienste helfe ihnen Gott und werde – fügt sie mit großem Gottvertrauen hinzu – auch weiter helfen!

Die seltsame Frau lächelt und fragt:

»Fehlt euch denn etwas? Habt ihr noch eine Bitte an Gott?«

»Gott behüte! ... Wir, ich und mein Mann, sind ja, Gott sei Dank, gesund, und unser Sohn, leben soll er, erst recht ... Und wir haben mehr, als wir verzehren können ... Wir wissen aber nicht, wie wir unserm Sohn eine Ehegenossin finden können ...«

Und sie erzählt, daß der Sohn bald siebzehn Jahre alt wird, daß sie in einem Dorfe, weit von jeder jüdischen Gemeinde wohnen ...

»Und was tut ihr in dieser Sache?«

»Wir hoffen auf Gott, wir beten zu seinem lieben Namen ... Mein Mann tut es in seiner Sprache und ich in der meinigen ... Alle Gebete bete ich und kenne alle die süßen, herzinnigen Tchines der Ssore bas-Tewim fast auswendig ... Über eines der Gebete, nämlich das, mit dem man einen Ehegenossen für sein Kind erfleht, habe ich schon viel Tränen vergossen ...«

»Gott wird helfen«, lächelte der Gast. »Ich zweifle nicht daran«, sagt sie lächelnd. »Und da habt ihr ein Zeichen: da ihr kein Geld für das Zimmer nehmen wollt, lasse ich ein Geschenk für die Braut eures Sohnes zurück ...« Mit diesen Worten holt sie unter dem türkischen Schal das Geschenk hervor: ein Paar goldene, mit Perlen bestickte Pantöffelchen ... Die Pächterin ist geblendet, die Frau drückt ihr aber die Pantöffelchen in die Hand und sagt: »Ein Geschenk von Ssore bas-Tewim.« Mit diesen Worten verschwindet sie.

Der Pächter war ungeduldig geworden, klopfte an die Türe, bekam aber keine Antwort. Er machte die Türe erschrocken auf und sah sein Weib mitten in der Stube stehen, mit offenem Mund, weit aufgerissenen Augen, ein Paar goldene Pantöffelchen in den Händen.

In derselben Zeit, im gleichen Lande Mähren, wohnte in einem Walde, viele Meilen von unserem Pächter entfernt und ohne etwas von ihm zu wissen, ein Köhler, der bei einem andern Grafen ein Häuschen und einen Kohlenmeiler gepachtet hatte. Aber dieser Jude war arm und hatte eine schwere Arbeit: er sammelte, was von den Bäumen abfiel – im Sommer das dürre Reisig, im Winter die vor Frost abgesprungene Baumrinde und nach jedem Gewitter, was der Blitz abgeschlagen und der Wind abgebrochen hatte. Das alles schleppte er zu seinem Meiler und verbrannte es zu Kohle. Jeden Abend kam er müde und rußgeschwärzt heim ... Der liebe Gott hatte ihm ein Töchterchen beschert – der Mann war Witwer –, und das Töchterchen eilte ihm jeden Abend mit Freude entgegen, half ihm beim Waschen und Umkleiden, gab ihm zu essen und zu trinken und machte ihm sein Nachtlager zurecht ...

Und wenn er nicht einschlafen konnte – seitdem er Witwer geworden war, kam es recht oft vor – zündete sie einen Kienspan an oder stellte sich in einer hellen Mondnacht ans Fenster und las ihm aus ihren heiligen Büchern vor: es waren die jüdisch-deutschen Bücher, die ihr die Mutter hinterlassen hatte – sie hatte sie auch lesen gelehrt – »Zeeno-Ureeno«, »Kaw-Hajoschor« und das Gebetbuch der Ssore bas-Tewim ... Aus diesen Büchern las sie ihm vor ... Er, ein einfacher

Mann, hörte ihr zu, bis ihm die Augen zufielen. Es war ihm, als läse seine verstorbene Frau vor, und er schlief ruhig ein, von der süßen Stimme und den heiligen Worten eingelullt ...

Die Tochter beginnt einmal ein gar rührendes Gebet zu lesen, das Gebet einer Mutter, die vom lieben Gott einen Ehegenossen für ihr Kind erfleht:

»Sieh, lieber, guter Gott, daß ich für meine herzliebste Tochter einen Ehegenossen finde, einen frommen Ehegenossen ...« Wie das Mädchen merkt, um was es sich handelt, bricht sie das Gebet ab und will ein anderes Gebet lesen. Der Vater aber bittet sie:

»Nein, Tochterleben, nein ... Lies weiter ... Lege mir die heiligen Worte in den Mund, laß mich zu Gott für dich beten ... Mein Herz ist voll, Töchterchen, aber ich bin ein einfacher Mann und habe keine Worte ...«

Sie muß sich fügen und liest immer weiter und weiter. Wie wohlriechendes Öl fließt das Gebet dahin. Der Vater ist längst eingeschlafen – sie merkt es nicht, er schnarcht, sie hört es nicht und liest immer weiter ... Und plötzlich erwacht eine unbegreifliche Sehnsucht in ihrem Mädchenherzen, ihre verwaiste Seele sehnt sich nach etwas ... Ihr kleines Herz klopft; feucht und trübe werden ihre klaren blauen Kinderaugen, und das Stimmchen zittert und bebt und wird vor zurückgehaltenen Tränen feucht ...

Und plötzlich geht die Türe auf, und eine wunderliche Gestalt tritt in die Stube – mit hoher Haube und türkischem Schal. Ihre Augen leuchten so freundlich und süß, und das runzlige Gesichtchen strahlt.

»Vater!« will das Mädchen den Vater wecken. Die Alte legt aber einen Finger auf die Lippen, und das Mädchen schweigt und bleibt starr, wie verzaubert stehen. Die Alte geht zum Tisch, setzt sich, streckt ihre Hand aus und zieht das Mädchen zu sich heran ... drückt sie ans Herz ...

»Fürchte nichts, Mädelchen«, sagt sie. »Ich bin

Ssore bas-Tewim ... Meine Gebete hast du gelesen ... Die Nacht ist so still, ich hörte in meiner Ruhe deine süße Stimme und bin hergekommen und habe dir ein Geschenk mitgebracht ...«

Sie holt unter dem türkischen Schal das Geschenk hervor: »Schau, liebes Kind ... da ist ein Stück geschorener Samt ... es ist für einen Beutel zugeschnitten ... Da ist auch Seide von allen Farben zum Sticken ... und da sind goldene und silberne Fäden und auch goldene und silberne Flitter ... Und so näht man, siehst du, liebes Kind, und so stickt man ... Halte die Nadel fest, die Fingerchen eilen flink hin und her ... Siehst du, da entsteht ein Mogen Dovid, und da blühen Blümchen hervor ... Frische Blümchen wie im Wald zur Sommerszeit ... Nähe einen Tfillin-Beutel, ein Geschenk für den dir bescherten Bräutigam, wie einst deine liebe Mutter für deinen lieben Vater einen nähte ...«

Die Alte belehrt sie, und das Mädchen stickt und näht ... Und als der Morgen erblüht und der Vater erwacht, sitzt die Tochter allein in der Stube mit einem Tfillin-Beutel aus Samt, mit Silber und Gold gestickt, in den Händen ...

Und als der Sohn des Pächters siebzehn Jahre alt geworden war, setzte man ihn auf einen Wagen und schickte ihn in die Welt hinaus, um zu den Pantöffelchen der Ssore bas-Tewim eine Braut zu suchen ...

Fährt er waldaus, waldein, durch Dörfer und Städte. Junge Mädchen sind so viel wie der Sand des Meeres, aber die Pantöffelchen passen keiner von ihnen ...

So fährt er ein Jahr und zwei Jahre umher. Er findet nicht, was er sucht, gibt die Hoffnung auf und will nach Hause zurückkehren und seinen Eltern sagen: »Es ist nur ein Traum gewesen, so kleine Füßchen gibt es nicht ...« Er fährt heim. Er fährt und fährt und verirrt sich in einem Walde. Riesengroße Eichen ragen um ihn her, er sieht keinen Weg. Er macht halt. Es ist Freitag, die Sonne geht unter und sinkt als feuriger Ball immer tiefer und tiefer, der Abend senkt sich über die Erde. Er beginnt das Hohelied zu sprechen und geht, die heiligen Worte sprechend, im Walde hin und her, bleibt aber in der Nähe des Wagens und des Pferdes, das zwischen den Bäumen grast... Der Wald rauscht leise im Abendwinde, als spräche er das Hohelied nach... Und es wird immer stiller und dunkler, und plötzlich leuchtet zwischen den Bäumen ein Fensterchen auf. Er läuft voller Freuden hin und klopft an:

»Wohnt hier ein Jude?«

»Ja, ein Jude!«

Ein Mann tritt aus dem Hause und zeigt sich auf der Schwelle.

»Friede mit Euch!«

»Auch mit Euch Friede!« antwortet der junge Mann. »Kann ich bei Euch den Sabbat verbringen?«

»Das könnt Ihr wohl«, antwortet der Mann mit traurigem Lächeln, »aber ich habe nichts zum Essen...«

»Ich habe genug zum Essen bei mir«, sagt der junge Mann, »und auch zum Trinken. Kommt mit zu meinem Wagen. Ich habe genug vom Besten und vom Schönsten...«

Eine Stunde später, nach dem Empfang des Sabbats und nach dem Kiddusch sitzen sie beide bei Tisch, singen Smires und essen... Der junge Mann bemerkt, daß der Alte von jedem Gericht nur ein wenig kostet und den Rest vor die Türe hinausträgt. Er meint, daß es für ein Kalb oder für ein Huhn bestimmt ist... Also ist der Mann wohl doch nicht so arm; warum hat er dann nichts für den Sabbat angeschafft?... Und da er jung ist, fragt er den Alten ganz offen.

Sagt der Alte: »Nein, ich bin nur ein armer Köhler und habe weder ein Kalb noch Geflügel... Ich habe nur ein liebes Töchterchen. Sie hat keine Schuhe und schämt sich, nebbich, mit bloßen Füßen in die Stube zu kommen ... Sie sitzt vor der Türe und ißt draußen ...« Holt der junge Mann mit Herzklopfen die goldenen Pantöffelchen aus dem Busen und gibt sie dem Alten: »Nehmt die Pantöffelchen, meßt sie Eurer Tochter an ... Schaut, ob sie passen ...«

Und der Alte kommt zurück und sagt: »Sie passen ...«

Beim reichen Pächter war Hochzeit. Mit dem Köhler hatte er sich verschwägert. Die Chuppe hatte man in der Stadt gestellt, und als man nach der Trauung heimging, erschien plötzlich eine seltsame Gestalt mit hoher Haube und türkischem Schal, mit einem alten Gesicht doch jungen freundlichen Augen. Und sie tanzte dem Brautpaare mit einem Hochzeitskuchen in der Hand entgegen ... Nicht alle wußten, wer sie war ...

JIZCHOK LEJB PEREZ

Der Baal-Schem als Ehestifter

In einem Städtchen am Bug lebte einmal ein Ehepaar, dem sein lieber Namen keine Kinder geschenkt hatte. Und das Ehepaar – Schmuel und Trajne-Mirl – dachten gar nicht daran, sich scheiden zu lassen, sondern lebten auch weiter zusammen unter der Sonne.

Und die Stadtleute tuschelten darüber nicht, und das Geistliche Gericht wehrte es ihnen nicht: alle wußten, wie innig seine Seele mit der ihrigen verknüpft war und ihre Seele mit der seinigen, und daß auch nur ein Wort von einer Scheidung für sie dasselbe wäre wie ein Schächtmesser.

Dafür hatte dieser Schmuel – er war Kaufmann und schickte Holzflöße nach Danzig – viel Glück in seinen Unternehmungen. Man wußte sogar ganz genau, wann dieses Glück begonnen hatte, woher es stammte und worauf es begründet war.

Einmal – Schmuel war damals noch nicht »in den großen Federn« und Trajne-Mirl hatte keine Brillantohrringe – er hatte ein ganz kleines Holzgeschäft, pflegte seine zwei oder drei Flöße an den Transport irgendeines Großkaufmanns anzuhängen und wohnte in einem kleinen hölzernen Häuschen unter einem Strohdach – da traf es sich einmal, daß der Baal-Schem am Freitagabend durch das Städtchen heimfuhr und ihm – so ein Glück muß der Mensch haben! – gerade vor Schmuels Tür die Achse brach. Schmuel und

Trajne-Mirl traten vor die Türe, luden den Baal-Schem – sie wußten gar nicht, wer er war, und hielten ihn für einen gewöhnlichen Juden – zu sich ein und schickten nach einem Stellmacher, damit er den Wagen in Ordnung bringe. Aber ehe noch mit dem Wagen etwas geschehen konnte, schlug die Uhr zwölf, und der Baal-Schem konnte nicht mehr weiter reisen, sondern mußte über Sabbat dableiben. Schmuel war seit jeher gastfreundlich, und auch Trajne-Mirl hatte für jeden Wanderer und Durchreisenden ein offenes Auge und ein offenes Herz. Von nun an lachte ihnen das Glück. Der Baal-Schem pflegt nun, sooft er durch das Städtchen fährt, bei dem Ehepaar einzukehren, und das Glück strahlt darum unter ihrem Dache immer heller ... Von Jahr zu Jahr wächst die Zahl der Flöße, die Schmuel nach Danzig schickt, und ebenso die Zahl der Perlenschnüre an Trajne-Mirls Hals. Und es wächst auch das Haus, und man baut eine Stube nach der andern hinzu und zwei eigene Stuben für den großen Gast; an Stelle des Strohdaches macht man eines aus Ziegeln, und das Haus ist bald wie ein voller Becher. Und im Hause wimmelt es immer von Kaufleuten. Und wenn die Schneeschmelze beginnt, versammelt sich da aus den Nachbarstädtchen ein ganzer Minjen von Schiffern, und aus den Dörfern kommen ganze Scharen von Flößern. Die Kammern sind angefüllt mit Wegzehrung, und aus dem Hofe schleppt man immerzu Balken und Schwellen zum Fluß ... Und Schmuels Banknotentasche wächst in die Breite. Selbst bei der größten Überschwemmung hat das Wasser keine Gewalt über sein Holz, und der stärkste Wind kann seinen Flößen nichts antun; und wenn man die Flöße zu spät hinausgeschickt hat, oder wenn der Winter zu früh angebrochen ist, kommen die Flöße dennoch durch das Eis und erreichen heil ihr Ziel ... Und Schmuel kauft immer größere Wälder, und er hat Geld bei Leuten und einen Ehrenplatz an der Misrach in der

Schul und Trajne-Mirl einen Platz vorne am Gitter in der Weiberabteilung ... Und sooft der Baal-Schem in das Städtchen kommt, verbringt er ganze Stunden in Schmuels Hause, und sie reden miteinander von Mund zu Mund ...

Soll man sich da nicht wundern?

Wovon kann Schmuel mit dem Baal-Schem reden? Wahrscheinlich von seinen Geschäften ... Von der Thora und von der Kabbala versteht er ja nicht viel ... Warum bittet er aber seinen großen Gast nicht um Kinder?

Es ist ja klar, daß, wenn auch nur ein Hauch aus seinem Munde gekommen wäre, Baal-Schem ihm die Bitte nicht abgeschlagen hätte. Als ob es ihm große Mühe kostete, dem Manne seinen Segen zu geben! ... Warum bittet er ihn also nicht? Sagen sich die Leute: Der Mann hat den Kopf so voller Geschäfte, daß er gar nicht mehr weiß, was mit ihm los ist ... Das verdrießt schließlich die Leute. Wie sieht das aus? Er ist ja nicht mehr jung, und niemand weiß, wann an ihn der Ruf ergeht. Macht man ihm Anspielungen. Im Bejßmedresch zwischen Nachmittags- und Abendgebet oder auf dem Markte packt ihn manchmal ein guter Freund am Rocklatz und fragt: »Ist das wahr?« Schmuel gibt aber keine Antwort und wendet sich entweder mit einem traurigen Lächeln ab oder bringt die Rede auf andere Dinge; und der Freund kommt nach Hause und erzählt, wie sonderbar doch der Mensch ist. Und wie die Weiber es hören, sagen sie: »Das ist unerhört!« und machen sich an Trajne-Mirl heran. Man trifft sich beim Beten in der Weiberschul, bei einer Hochzeitsfeier oder bei einem Feiertagsbesuch, – und die Weiber reden schon deutlicher ... Mein Gott, ein Mann ist eben ein Mann, er hat seine Geschäfte und vergißt, was mit ihm los ist. Aber sie, Trajne-Mirl! Und man gibt ihr zu verstehen, daß der Mensch nicht ewig lebt, daß eine Frau nicht ewig jung bleibt. Und daß auch Frauenschönheit auf den Mann nicht ewig wirkt. Und je später er zur Vernunft käme, um so schlimmer würde es für sie sein. Trajne-Mirl hat aber dieselbe Art wie ihr Mann: sie lächelt und schweigt, oder bringt die Rede auf andere Dinge ...

Nicht umsonst schweigt und lächelt sie. Sie weiß ganz gut, was sie für ihren Mann Schmuel ist – »ein Töpfchen mit einem Deckelchen« ... Aber sie ist doch nur ein Weib, und es beginnt sie ins Herz zu picken: ein Kind, ein Söhnchen, ein Kaddisch ... Und so wächst in ihrem Herzen allmählich die Sehnsucht nach einem Kinde, und sie beginnt sich ebenso wie die anderen Leute zu wundern: wie aber kann nur ihr Mann so sehr an den Gütern dieser Welt hängen, daß er mit dem Baal-Schem nur von seinen Geschäften spricht und niemals an höhere Ziele denkt?

Sie würde gerne auf die Perlen und die Ohrringe, auf die Stirnbänder und Brusttücher und den ganzen Schmuck verzichten, den er ihr schenkt: von Jahr zu Jahr kauft er ihr immer mehr und immer wertvollere Dinge ... Sie hat ihren Mann Schmuel wirklich lieb, und er ist ihr mehr wert als zehn Söhne, aber so wie ein Schatten aus dieser Welt zu scheiden, hat sie doch keine Lust ...

Mutter will sie sein ...

Sie wird schon einmal mit ihrem Mann darüber reden, so freundlich, wie sie es eben kann ... Sie findet aber keine Gelegenheit dazu. Sie kann doch nicht so ohne jeden Vorwand die Rede darauf bringen!

Trifft sich einmal – Schmuel muß gleich aus dem Bejßmedresch vom Beten heimkommen, sie deckt den Tisch zum Frühstück, – daß sie zufällig einen Blick in den Spiegel wirft und bemerkt, daß sie anders als gestern und vorgestern aussieht. Sie tritt vor den Spiegel und betrachtet sich genauer: die Zeit steht nicht still, ihr Gesicht ist nicht mehr so frisch, die Augen leuchten nicht mehr so, und unter den Augen ziehen sich Runzeln ... Sie seufzt, geht betrübt vom Spiegel weg, setzt sich an den Tisch und wird nachdenklich.

Schmuel kommt mit dem Talis- und Tfillin-Sack heim und begrüßt sie wie immer:

»Guten Morgen!«

Trajne-Mirl erhebt sich aber nicht, wie sonst, um ihn zu begrüßen; sie sagt mürrisch: »Guten Morgen, gutes Jahr!« und lächelt nicht einmal.

»Wasch dich!« sagt sie, aber ihre Stimme klingt anders als sonst.

Fragt er etwas unruhig:

»Fehlt dir was, Trajne-Mirl?«

Sie antwortet nicht und schlägt die Augen nieder.

Denkt er sich: Es wird wohl nichts Besonderes sein! Er wäscht sich die Hände und setzt sich zu Tisch. Trajne-Mirl ißt aber fast gar nichts ...

»Trajne-Mirl?«

Sie schaut ihn nicht an. Sie hat die Lider gesenkt, und unter den Lidern rollen Tränen hervor ... Die Sache ist also wohl doch nicht so einfach. Er steht auf, geht zu ihrem Stuhl, hebt die Hand und will ihr das Haar streicheln; aber Trajne-Mirl zieht den Kopf unter seiner Hand weg.

»Laß mich ...«

Und steht auf und läuft zum Kanapee und wirft sich auf das Kanapee und kehrt sich mit dem Gesicht zur Wand.

Bleibt Schmuel verdutzt mitten in der Stube stehen. Er fürchtet, sich ihr zu nähern. Er ist solches Gebaren gar nicht gewohnt und weiß nicht, was es zu bedeuten hat.

»Trajne-Mirl, ist dir nicht wohl? Soll ich den Arzt kommen lassen? Sag ... Dir fehlt doch etwas ...«

Trajne-Mirl wendet ihr Gesicht ihm wieder zu und sagt beinahe zornig:

»Weißt du denn nicht selbst, was mir fehlt? Fehlt dir nicht dasselbe wie mir?«

Und sie beginnt zu weinen:

»Wie kann nur ein Mensch so ganz in seinen Geschäften stecken und nur an Geld denken!«

Schmuel staunt:

»Ich?«

»Wer denn sonst? Vielleicht ich?«

Und sie kehrt sich wieder zur Wand und redet wie zu der Wand:

»Daß ein Mensch immer nur an Geld denkt ... Daß der böse Trieb des Geldes über ihn solche Gewalt hat ... Der Baal-Schem kommt ins Haus ... Und man hat schon diese Gnade ... Und man sitzt mit dem Baal-Schem stundenlang hinter verschlossenen Türen ... Und man kann ihn doch bitten, gewiß kann man ihn bitten ... Wie kann man nur bei einer solchen Gelegenheit die Rede nicht auch auf das Wichtigste bringen? ... Die Zeit steht nicht still ... Das Haus ist leer und stumm ... Kein Kind im Hause ... Und was bittet er? Nur um Geld und wieder um Geld, und redet nur von seinen Geschäften ... Von seinem Holz und seinen Flößen ...«

Schlägt sich Schmuel mit der Hand auf die Stirne: nun hat er es verstanden.

Er kommt näher, setzt sich zu Trajne-Mirl auf das Kanapee, nimmt ihre Hand in die seinige und sagt:

»Wisse, meine liebe Frau Trajne-Mirl, daß ich mit dem heiligen Baal-Schem noch nie von meinen Geschäften gesprochen habe!«

Setzt sich Trajne-Mirl mit offenem Munde auf.

»Glaubst du mir, Trajne-Mirl? Mein Ehrenwort!«

Ihrem Mann glaubt sie ... Auf Schmuels Wort verläßt sie sich wie auf eine Mauer von Stein ...

»Wovon redet ihr denn?«

»Nun muß ich es dir sagen«, antwortet Schmuel: »Wir reden von fremden Geschäften ... Ich bitte ihn, aber nicht für mich, sondern für andere! Du weißt doch, die Stadt ist arm, die Leute haben keinen Erwerb, und es fehlt nicht an Seuchen und Krankheiten, Gott sei es geklagt ... Und der eine muß eine Tochter verheiraten, und der andere hat andere Sorgen ...«

Trajne-Mirls Augen leuchten auf: so stolz ist sie auf ihren Schmuel!

»So ein Mensch bist du gar!« stammelt sie und lehnt ihren Kopf an seine Brust. Aber sie rückt von ihm gleich wieder weg:

»Aber ich will doch ein Kind!« sagt sie.

»Es ist Gottes Sache, Trajne-Mirl ...«

»Dazu gibt es doch den Baal-Schem ...«

»Ich will ihm nicht den Kopf mit meinen Angelegenheiten wirr machen ...«

»Du mußt!«

»Ich muß?«

»Weil ich es will ... Deine Trajne-Mirl will es ...« Und so weiter und so weiter ... Und die Eheleute sind so sehr in das Gespräch vertieft, daß sie gar nicht hören, wie jemand ins Vorzimmer kommt ... Und plötzlich geht die Türe auf, und der Baal-Schem selbst in seiner eigenen Person und Herrlichkeit zeigt sich in der Stube ... Also muß man ihm schon sagen, wovon eben die Rede war ... Wendet sich der Baal-Schem mit seiner süßen und traurigen Stimme zu Trajne-Mirl und fragt:

»Willst du es um jeden Preis, Weib?«

Schmuel schaut sie fassungslos an, und sie sagt:

»Ich will, Rabbi, ich will!«

»Und er auch!« fügt sie hinzu und zeigt auf Schmuel, der dabeisteht.

»So? Du, Schmuel, willst es auch?« sagt lächelnd der Baal-Schem. »Gut, komm mit mir in unser Zimmer ...« Sie gehen hin, und Schmuel schließt hinter sich und seinem Gast die Tür. Trajne-Mirl klopft das Herz vor Angst und Freude. Sie schleicht auf den Zehen zu der Türe, sie kann sich nicht beherrschen und macht die Türe etwas auf – sie kann sich unmöglich beherrschen! Und sie drückt das Ohr an die Türspalte und horcht.

Und sie hört, wie der Baal-Schem, nachdem er sich gesetzt und auch Schmuel zum Sitzen aufgefordert hat, zu ihm diese Worte spricht:

»Wisse, Schmuel«, sagt der Baal-Schem, »daß ich für dich vom Himmel nur einen einzigen Segen bekommen habe. Kraft dieses Segens gab ich dir Reichtum ... Aber du willst Kinder ... Und wenn du Kinder bekommst, so ist es aus mit dem Reichtum ...«

»Rabbi, ich verlangte von Euch niemals Reichtum ... Verzeiht es mir, Rabbi ...«

Mein lieber Schmuel! Trajne-Mirls Herz klopft vor Freude ...

Sagt der Baal-Schem:

»Und wenn nicht Reichtum, so Armut ...«

»Gut, Armut!« Schmuel ist damit einverstanden, und Trajne-Mirls Herz schwillt vor Freude ...

»Armut und Elend ...«

»Was macht's, Rabbi?«

»Es kann so weit kommen, daß du betteln gehen mußt ...«

»Ich nehme auch das in Liebe hin ...«

Nun spürt Trajne-Mirl einen Stich im Herzen: ihr Schmuel soll die Hand ausstrecken und ein Geschöpf aus Fleisch und Blut um Almosen bitten ...

»Es kann zuweilen auch ein Stück Brot fehlen ... Dir und deinem Weib ...«

Schmuel erbebt: Seiner Trajne-Mirl!

»Willst du es?«

Trajne-Mirl vergißt sich und ruft hinein:

»Er will, Rabbi, er will!«

»Ja?« wendet sich der Baal-Schem zu Schmuel. »Auch obdachlos sein und unstet und flüchtig durch die Welt ziehen? ...«

»Wenn Trajne-Mirl einverstanden ist ...«

»Ich bin einverstanden, ich bin einverstanden!« ruft sie.

»So wird es sein!« Der Baal-Schem erhebt sich und tröstet sie: »Bis Gott sich euer erbarmet ...«

Und so war es auch.

Ehe ein Jahr verging, lag schon ein Kind in der Wiege, ein Knäblein. Und das Kind war so schön – Trajne-Mirl sagte es, und alle sagten es – wie die Sonne ... Daß es nur von einem bösen Blick verschont bleibt! ... Und das Kind wächst heran ... Es hat schon die Pocken und Masern überstanden und gedeiht prächtig ... Aus der Wiege kommt es zum Melammed, vom Melammed zum Gemure-Melammed, aus dem Chejder ins Bejßmedresch ... Ein Gelehrter wächst in ihm heran, ein Schmuck und ein Licht für die Eltern, für die Gemeinde, für die Welt ... Aber je größer Dowid'l wird – so nannte man das Kind, denn beide Großväter, Schmuels wie Trajne-Mirls Vater, hießen Dowid – je größer Dowid'l wird, um so schlechter geht das Holzgeschäft ... Das Glücksrad hat sich gewendet! Es fing bald nach dem Briß an ...

Die Flöße sind schon auf der Weichsel, das ganze Haus ist voller Ehrengäste, eitel Freude herrscht in der Stube, Masel-tow! Der Gevatter gibt schon das Kind der Wärterin, damit sie es der Mutter zurückbringt. Klopft man plötzlich ans Fenster ... Kommt man in die Stube ...

Eine schlimme Nachricht von der Weichsel:

Der Wind hat die Flöße zerrissen, das Wasser hat die Stämme weggeschwemmt ... Kein Span ist übriggeblieben.

Hebt Schmuel die Augen zum Himmel und spricht:

»Gott hat gegeben, Gott hat genommen!«

»Gepriesen sei sein lieber Name!« antwortet die Wöchnerin aus ihrem Zimmer.

Um seine zu Stein erstarrten Gäste aufzuheitern, sagt Schmuel:

»Ich habe noch etwas Holz im Walde, noch etwas Geld bei den Leuten ... Trinkt, Gäste ...«

Aber die Leute, die ihm schuldeten, kamen in ganz kurzer Zeit herunter und zahlten ihm keinen Heller zurück. Nur das bißchen Holz im Walde war ihm geblieben ...

Wie die Zeit kommt, wickelt Schmuel seinen Dowid'l in seinen Talis und trägt ihn zum erstenmal in den Chejder zum Melammed. Trajne-Mirl steht am Fenster und schaut ihnen nach, hat ihr freudestrahlendes Gesicht an die Fensterscheibe gedrückt. Es ist nicht mehr die alte Trajne-Mirl, aber ihre Augen leuchten noch.

Wie Schmuel mit Dowid'l auf dem Arm über den Markt geht, trifft er einen Mann aus dem Walde. Er kennt diesen Mann: es ist ein Holzaufschreiber. Er ruft ihm zu: »Friede sei mit Euch!« und will weitergehen, aber der Mann hält ihn auf ...

»Ach, schlecht steht es, Schmuel, sehr schlecht ...«

»Was ist denn?« Schmuel meint, daß dem Mann selbst irgendein Unglück zugestoßen ist.

»Es hat geregnet«, sagt der Mann, »die Wege sind voller Löcher. Die Chaussee ist verdorben ... die Holzfuhren sind steckengeblieben, die Räder und Achsen gebrochen ... Und das Holz verfault ... Auch dein Holz ist dabei, Schmuel ...«

Schmuel kommt traurig nach Hause. Trajne-Mirl hält sich aber tapfer:

»Weißt du was, Schmuel? Verkaufe meinen Schmuck und das bißchen Silber, das wir im Hause haben, mach alles zu Geld und versuche zu handeln ...

Und weißt du was, Schmuel? Versuche es mit Getreide ...«

Folgt er ihr. Er handelt mit Weizen und Korn, bedächtig, vorsichtig, er will abwarten, bis das Glücksrad sich wieder wendet ... Er wird es nie mehr wagen, mit dem Wasser zu spielen ...

Dowid'l beginnt indessen Chimmesch zu lernen ... Vergißt man alles. Wieder gibt's große Freude! Man macht ein Freudenmahl ... Wenn man sich in die Backe kneift, wird die bleichste Backe rot: Trajne-Mirl deckt den Tisch reicher, als es ihr die Mittel erlauben ... Um den Tisch herum sitzen die Vornehmsten der Gemeinde. Dowid'l steht schon mit dem »Ausfrager« auf dem Tisch ... Legt ihm schon der Ausfrager die Hand auf den Kopf und fragt:

»Was lernst du, Dowid'l?«

Und wie ihm Dowid'l antworten will, wird es plötzlich finster in der Stube. Schwarze Wolken bedekken den Himmel, ein Sturmwind hat sich von seinen Ketten losgerissen ... Und es beginnt zu hageln, und der Hagel schlägt alle Fensterscheiben entzwei ...

Von Schmuels Getreide, das er beim Gutsbesitzer auf dem Felde für eigene Rechnung gekauft hatte, blieb kein Körnchen übrig. Nur ein wenig Stroh für den Gutsbesitzer.

Aber man kann noch immer leben. Es ist ihnen ja noch das Haus geblieben, auf das der Nachbar ein Auge geworfen hat. Man verkauft ihm das Haus, mietet von ihm eine Wohnung und einen Laden und gründet ein Schnittwarengeschäft. Quält man sich noch ein paar Jahre ... Und man erlebt eine neue Freude: Dowid'l beginnt Tfillin zu legen ... Er wird eine Predigt halten ... Da steht er schon im Bejßmedresch auf dem Almemor. Die Gemeinde kann von ihm keinen Blick wenden. Trajne-Mirl hinter dem Vorhang in der Weiberschul zittert vor einem bösen Blick ... Aber Dowid'ls Stimme berauscht sie mit Freude ... Wie hell seine Stimme klingt! ...

Stürzt ein Mann herein:

»Es brennt! Reb Schmuel, Euer Laden brennt!«

Und schon läutet die Kirchenglocke, Gojim mit Eimern und Beilen rennen, das Haus retten. Und Schmuel verliert alles, was er in der Wohnung und im Laden besaß.

Man nimmt auch das in Liebe hin. Eine Wohnung

kann man auch anderswo mieten. Schmuel steht nun meistens auf der Straße herum, versucht sich als Mäkler sein Brot zu verdienen, verschmäht auch Botengänge nicht... Auch Trajne-Mirl gibt ihren einstigen Stolz auf: sie geht auf den Markt, kauft bei Gelegenheit billig Eier ein oder ein fettes Huhn und verkauft die Sachen den Nachbarinnen wieder... Sie sinkt noch eine Stufe tiefer: sie besorgt Einkäufe für wohlhabende Bürgersfrauen und bringt ihnen alles ins Haus... Sie ist arm, zerlumpt, blaß, aber ihre Augen strahlen noch immer vor Freude... Ihre Augen und auch die Augen des todmüden Schmuels...

Dowid'l wächst, unberufen, und lernt schon im Bejßmedresch. Sein Name ist weit und breit berühmt, er gilt als Gelehrter unter Gelehrten... Ist ein feines Kind, ein frommes Kind... Alle Mütter preisen ihn... Schadchonim überlaufen seine Eltern... Einmal kommt ein Land-Schadchen ins Haus und schlägt eine Partie mit der Tochter des Berditschewer Gemeindevorstehers vor. Der Berditschewer Gemeindevorsteher, ein gelehrter, reicher und vornehmer Mann, schickt einen Dajen, der den jungen Mann in den Wissenschaften prüfen soll. Da kommt schon der Dajen an, ein alter Mann mit großer Brille, mit langem, grauem Bart, ein ehrwürdiger, etwas zerstreuter Mann... Es ist am Vorabend der Neumondweihe, also wird er zu der Neumondmahlzeit geladen. Trajne-Mirl verschafft sich irgendwo einen Hering und ein Weißbrot... Die Männer – der Gast, Schmuel und Dowid'l waschen sich die Hände und setzen sich zu Tisch... Trajne-Mirl steht am Herd und wartet auf die Freude, die sie da erleben soll... Sie wagt gar nicht, sich mit so einem Mann an den Tisch zu setzen... Und der Dajen wischt sich den Mund ab, Schmuel reicht ihm eine Gemure, der Dajen schlägt den Band auf und rückt ihn zu Dowid'l hin.

»Kennst du das?«

»Ich kenne es!« klingt Dowid'ls Stimme.

»Schau es dir noch einmal durch.«

»Das brauch' ich nicht ...«

Schmuel wirft einen Blick zu Trajne-Mirl hinüber. Trajne-Mirl errötet und erwidert den Blick mit einem stillen Lächeln. Nimmt der Dajen die Gemure wieder zu sich und stellt eine Frage. Wohl eine sehr schwierige Frage ... Trajne-Mirl hat Vertrauen auf ihren Kaddisch ... Da fährt er sich schon mit dem Händchen über die klare Stirne, sein Gesicht rötet sich, in den Augen glimmen Funken, ein Lächeln umspielt die Lippen. Und er tut schon seinen reinen Mund auf – gleich wird das silberne Thora-Glöckchen erklingen ...

Aber aus Dowid'ls Munde kam nur ein Lufthauch heraus!

Dowid'l hatte plötzlich die Sprache verloren!

Mein Gott! Auf die Armut war man ja gefaßt, aber solch ein Unglück war im Pakt nicht vorgesehen. Der Baal-Schem war schon lange nicht da, also nimmt Schmuel Trajne-Mirl, sein Weib, und Dowid'l, seinen Sohn, und fährt zum Baal-Schem. Er wird sich mit ihm auseinandersetzen: was ist das für eine unselige Zugabe? Lächelt der Baal-Schem.

»So muß es sein«, sagt er, »Bis die Zeit erfüllt ist.«

Und er heißt folgendes tun:

Trajne-Mirl, bei der er so oft als Gast geweilt hat, soll bei ihm als Gast seiner Tochter wohnen bleiben; es wird ihr da, Gott sei Dank, gut gehen. Auch Dowid'l soll dableiben und in Baal-Schems eigenem Bejßmedresch lernen.

»Soll er vorläufig ohne Sprache lernen ...«

Wie sie das Wort »vorläufig« hören, atmen sie erleichtert auf.

»Und du«, wendet sich der Baal-Schem zu Schmuel, »du mußt eine Zeitlang unstet und flüchtig sein. Du hast dein Glück auf dem Wasser verloren, also mußt du es dir vom Wasser zurückholen. Dem Ufer nach, mit der Strömung des Wassers sollst du wandern. Von Gemeinde zu Gemeinde. Und höre, Schmuel: wenn du in eine Gemeinde kommst, wo man mich kennt, wo man meinen Namen gehört hat, wo man weiß, was das Wort ›Baal-Schem‹ bedeutet, so sollst du weiter gehen ... Kommst du aber an einen Ort, wo die Leute Mund und Ohren auftun und keine Ahnung davon haben, wer und was ich bin, so wirst du dort aufgerichtet werden ...«

Und er treibt ihn zur Eile an:

»Säume nicht, Schmuel! Hab' ich dir doch gesagt, daß du betteln gehen wirst. Nähe dir einen Bettelsack, nimm einen Stock und geh!

Geh zuerst den Bug, dann die Weichsel entlang ...« sagte er ihm noch und zog sich in sein Zimmer zurück.

Wenn der Baal-Schem befiehlt, so gehorcht man. Also nimmt Schmuel Abschied.

Bleibt Trajne-Mirl beim Baal-Schem im Hause, als seiner Tochter Gast. Setzt sich Dowid'l in Baal-Schems Bejßmedresch lernen, »vorläufig« ohne Sprache. Und Schmuel geht hin und näht sich einen Sack, hängt ihn sich um die Schulter und geht das Ufer entlang, der Strömung nach ...

Und er geht immer weiter. Und wo er auch hinkommt, überall reden die Leute vom Baal-Schem: Kranke hat er geheilt, Kinderlose mit Kindern gesegnet, Gefallene aufgerichtet ... Alle Münder reden nur von ihm, und die Zungen werden nicht müde, ihn zu preisen ... Und wie er den Bug zu Ende gegangen ist, beginnt er die Weichsel entlangzugehen ... Wieder dasselbe ... Es ist wohl nicht so leicht, einen Ort zu finden, wo man den Baal-Schem nicht kennt. Selbst in den entlegensten Winkeln spricht man von ihm! Er geht und geht und kommt zur Grenze. Einen Paß hat er nicht; der Baal-Schem hat aber geheißen, immer weiter zu gehen, also stiehlt er sich über die Grenze und kommt glücklich nach Preußen ... Er ist müde, die Beine brechen unter ihm zusammen, die Füße sind geschwollen. Er geht aber unentwegt weiter: er muß ja sein Glück wiederfinden und Dowid'l die Sprache wiederbringen. Eines Freitags kommt er in eine deutsche Stadt. Er geht durch eine schmale Gasse. Die Füße wollen ihn nicht weiter tragen. Bleibt er stehen, lehnt sich mit dem Rücken an eine Mauer und hebt die Augen gen Himmel: »Schöpfer der Welt, wo finde ich hier ein Bad? Wo eine heilige Stätte? Wo verbringe ich den Sabbat?«

Im selben Augenblick geht im Hause gegenüber ein Fenster auf, und ein Deutscher steckt den Kopf heraus. Ein alter Mann, wenn auch mit Vollbart, wenn auch mit einem Käppchen, aber doch ein richtiger Deutscher. Der Bart ist schön gekämmt, und das Käppchen sieht auch ganz anders aus, als die Käppchen in Schmuels Heimat: es ist nicht spitz, sondern kantig ... Ein deutsches Käppchen ist es eben ...

Schmuel fängt zu zittern an: der Mann wird ihn anschreien, warum er da steht und sich an eine fremde Mauer lehnt. Der Deutsche schimpft aber gar nicht. Er ruft ihm zu, zwar auf deutsch, aber doch mit jüdischem Herzen: »Sind Sie ein Jude?«

Schmuel nickt mit dem Kopfe. »Ist das eine Frage?« denkt er sich.

»Dann kommen Sie gütigst näher ...«

Schmuel geht quer über die Gasse, die Haustüre geht auf, ein Diener kommt heraus und sagt, daß sein Herr den Fremden hinaufbitte ... Führt er ihn eine gewichste, mit weichen Teppichen belegte Treppe hinauf, und Schmuel geht auf den Zehen, um möglichst wenig Spuren zu hinterlassen. Im ersten Stock steht der Deutsche und hinter ihm in der offenen Türe seine Frau. Streckt ihm der Deutsche die Hand entgegen und sagt: »Friede sei mit Euch!«

Jüdisch, wenn auch mit deutscher Aussprache. Die Frau sagt:

»Ein Gast im Hause – Gott im Hause . . .«

Ihre Stimmen klingen nicht froh, aber es liegt echte Gastfreundschaft im Ton. Man führt ihn in eine Stube. Man gibt ihm einen leichten Imbiß. Der Diener kommt herein und meldet:

»Es ist fertig!«

Es stellt sich heraus, daß für Schmuel das Bad fertig ist. Geht er ins Badezimmer, wäscht sich dem Sabbat zu Ehren, steigt aus der Wanne, trocknet sich ab und will sich anziehen – aber der Diener hat alle seine Kleider weggetragen . . . An ihrer Stelle liegen auf einem Stuhl ein frisches Hemd, ein Arbekanfes und ein Anzug. Er zieht das Hemd und den Arbekanfes an, fürchtet aber die anderen Sachen anzuziehen: vielleicht ist Schatnes dabei?

Klopft der Hausherr an und sagt:

»Mein Herr, machen Sie es etwas schneller . . . Es ist Zeit, zu Kabbolas-Schabbes zu gehen . . .« Und seine Stimme klingt noch immer nicht froh.

Wie Schmuel »Kabbolas-Schabbes« hört, vergeht ihm die Furcht vor dem Schatnes . . . Er zieht sich an. Man geht beten. Es ist eine deutsche Schul, doch ohne Orgel; mit einem Chor, doch ohne Frauenstimmen . . . Man betet, wenn auch nach deutscher Sitte, aber nach dem Gebetbuche . . . Und wie man nach Hause kommt, wird Kiddusch gemacht . . . Der Tisch ist reich gedeckt, auf alle Juden sei es gesagt! Silberne Leuchter und Schüsseln, Kristall und Glas . . . Beim Essen singt man Smires . . . Nach dem Essen wird gebenscht, die Hausfrau nimmt ein Gebetbuch und benscht mit. Auch das Töchterchen benscht – Schmuel bemerkt erst jetzt, daß auch ein Töchterchen, ein fünfzehnjähriges Mädel, mit am Tische sitzt . . . Nachher führt man ihn in ein Zimmer, wo für ihn ein Nachtlager bereitet ist. Seit er lebt, hat er noch nie in einem solchen Bett geschlafen . . .

Beim Einschlafen denkt er sich: Was kann das sein? Solcher Reichtum, und kein Lächeln auf den Lippen! Es ist Sabbat auf der Welt, aber die Leute seufzen ... Wie er, so auch die Frau und das Töchterchen ... Schließlich überkommt ihn der Schlaf. Am Morgen geht man beten, dann wird gegessen und dann zeigt man ihm ein Zimmer, wo er ausruhen kann.

»Wollen Sie vielleicht ein Buch?«

»Gewiß!«

Bringt ihm der Hausherr einen Midrasch.

Er schlägt das Buch auf, fängt aber gleich wieder zu grübeln an, was wohl dem Deutschen fehlen mag. Er schlummert etwas ein ... Auch bei der dritten Mahlzeit sind sie noch immer nicht froh, und nach der Hawdole werden die Gesichter ganz finster ... Man schweigt, und wenn man einmal ein Wort sagt, so klingt es wie aus einem Grabe ...

Mein Gott, fragen kann er doch nicht. Ein Gast darf sich nicht einmischen. Aber er denkt sich das Seinige. Nach dem letzten Segensspruche – die Frau und die Tochter sind gerade hinausgegangen – fragt er den Hausherrn: »Kennt Ihr nicht den Baal-Schem?«

»Wen?«

»Den Baal-Schem!« sagt er etwas lauter.

»Was ist sein Geschäft? ...«

Fühlt Schmuel Freude im Herzen.

Und der Deutsche sagt:

»Eine unbekannte Firma!«

Und fügt hinzu: »Noch niemals gehört!«

Springt Schmuel voller Freude auf:

»Der Mann ist keine Firma«, sagt er, »er betreibt keine Geschäfte ... Gott behüte!«

Er bemerkt aber, daß der Deutsche nicht mehr zuhört: sitzt tief in seinem Lehnsessel versunken, zerstreut, und starrt in die Luft ...

– Er muß wohl einen schweren Kummer haben! – denkt sich Schmuel und zieht sich leise in sein Zimmer zurück. Er wirft sich auf das Bett, kann aber nicht einschlafen. Er liegt schlaflos da, und es wird immer später. Draußen auf der Gasse wird es allmählich stiller, schließlich ist alles verstummt. Man löscht die Laternen aus. Und Schmuel hört in der Stille, wie die Frau ins Eßzimmer kommt und dem Deutschen sagt, er solle schon schlafen gehen. Und bald darauf kommt auch die Tochter:

»Aber Vater ...«

Der Deutsche rührt sich nicht ... Die beiden Frauen stehen oder sitzen wohl neben ihm. Dann fängt man sehr leise zu sprechen an, es wird mehr geseufzt als gesprochen ...

Und dann beginnt das Mädchen laut zu weinen und geht aus dem Zimmer. Auch die Mutter weint und geht ihr nach. Und der Vater seufzt. Er steht auf und spricht:

»Ach, Gott, Gott! Du lieber Gott!« Und dann geht auch er.

Schmuel nimmt sich vor, am Morgen beim Abschiednehmen mit dem Deutschen zu sprechen ... »Sorge im Herzen kränket, aber ein freundliches Wort erfreut«, steht in den Sprüchen. Endlich schläft Schmuel ein.

Am Morgen will er sich verabschieden, aber man bittet ihn, zum Frühstück zu bleiben. Nach dem Frühstück gehen die Frau und die Tochter aus dem Zimmer. Schmuel will reden. Aber er möchte nicht gleich mit der Sache herausplatzen und beginnt von ungefähr:

»Habt Ihr wirklich nichts vom Baal-Schem gehört?«

Antwortet ihm der Deutsche wieder:

»Habe noch nie etwas von dieser Firma gehört, ist hier ganz unbekannt ...«

»So!« sagt Schmuel leichten Herzens.

»Es ist aber«, sagt er, »gar keine Firma ... Es ist ein Jude ...«

»Ein Jude?« fragt der Deutsche etwas interessiert und hebt zum erstenmal die Lider.

»Ja, ein Jude!« bestätigt Schmuel.

»Und ein Mann«, sagt er, »ein Mann der Thora und des Dienstes, der Gebote und der guten Werke, ein Mann des Himmels ...«

»Was?«

»Ein göttlicher Mann!«

»So?« sagt der Deutsche etwas ungläubig und will wieder in seine Gedanken versinken ...

»Ich will gehen, Reb Deutsch ...«

»So? Haben Sie Eile?«

»Ich will Abschied nehmen ...«

»So ...« Und er streckt ihm die Hand aus. Er will noch seine Frau und Tochter hereinrufen.

»Noch einen Augenblick, Reb Deutsch«, sagt Schmuel, »nehmt es mir nicht übel, ich will Euch um etwas bitten ...«

»Ach so ... Sehr gern ... Verzeihen Sie, daß ich nicht selbst daran gedacht habe ... Ich bin, leider, so ...«

Und er steckt die Hand in die Tasche ...

»Nein, nein, Reb Deutsch ... Ich habe nicht das gemeint. Ich will Euch um etwas anderes bitten ... Ihr seid doch ein Jude!«

»Mit Leib und Seele!«

»Ich auch ... Sagt mir also, was Euch fehlt!«

Der Deutsche ist erstaunt und sprachlos ... Benützt Schmuel die Gelegenheit:

»Etwas bedrückt Euch doch die Seele, Euch, Eurem Weib und Eurer Tochter ... Sagt, was es ist ... Tut Euer Herz vor einem Juden auf: es kommt ja vor, daß ein Jude dem andern helfen kann ... Schaut nicht auf meine Armut ...«

»Das nicht«, antwortet der Deutsche, »aber uns kann niemand helfen ...«

Und er erklärt ihm: »Bei den berühmtesten Ärzten sind wir schon gewesen ... bei den ersten Professoren ...«

»Ein Chalaas, nicht auf Euch gedacht?«

»Was?«

»Eine Kränke?«

»Ja, eine Krankheit ... ein geheimes Leiden ... ein Unglück ...«

»Aber es gibt doch jemand«, fällt ihm Schmuel ins Wort, »der helfen kann ...«

»Ja, der liebe Gott!«

»Und in Seinem Namen der Baal-Schem ...«

Und der Deutsche läßt mit sich reden, und Schmuel erzählt ihm von dem Baal-Schem und von seinen Wundern und Zeichen. Und dem Deutschen schwillt das Herz, und sein Gesicht heitert sich etwas auf, und seine Augen beginnen zu leuchten, und er nimmt alles, was ihm Schmuel erzählt, so gierig auf wie ein Schwamm. Er nimmt es auf wie eine große Freude, wie eine frohe Botschaft ... »Folgt mir«, schließt Schmuel, »ich will und ich darf nicht fragen, wem bei Euch im Hause etwas fehlt. Aber folgt mir: laßt Euren Wagen anspannen und wir wollen zusammen zum Baal-Schem fahren ...«

Der Deutsche schwankt ... Nach einer Weile sagt er: »Ja ... Ich muß aber zuerst mit meiner Frau und meiner Tochter sprechen ...«

Ruft Schmuel voller Freude aus:

»Steht mit dem rechten Fuße auf, geht zu Frau und Tochter, und Gott wird Euch helfen!«

Haben aber alle Weiber die gleiche Manier: die Frau stand schon hinter der Türe und kam gerade im rechten Augenblick herein, und nach ihr die Tochter ... Sie sagt, daß man es wohl probieren könne ... Einige Stunden später ist schon die Kutsche angespannt, alle steigen ein, und die Pferde laufen Galopp. Man hält sich außer an der Grenze nirgends auf ... An der Grenze aber um so länger: Schmuel hat ja keinen Paß ...

Solange die Gesellschaft an der Grenze aufgehalten wird, wollen wir sehen, was indessen beim Baal-Schem vorgeht.

Sitzt er einmal, der Baal-Schem, am Tisch, lächelt und sagt zu seinem Diener:

»Geh und ruf mir Jojnee den Schneider.«

Geht der Diener und holt den Schneider.

»Sag mir, Jojne, bist du imstande, einem Menschen das Maß mit den Augen zu nehmen, so daß er nichts davon merkt?«

»So nehme ich ja Euch Maß, Rabbi ... Wenn mir Eure Tochter, leben soll sie, sagt, ich solle Euch ein neues Gewand machen, so komme ich und werfe einen Blick ...«

»Kannst du auch Frauen so das Maß nehmen?«

»Es ist genau dasselbe, Rabbi!«

»Willst du mir einen Gefallen tun?«

»Auch die Hälfte des Königsreiches gebe ich Euch her, Rabbi!«

»Gut. Da sitzt jetzt bei mir im Hause eine fremde Frau herum.«

»Aha! Der Rabbi meint wohl die Trajne-Mirl?«

»Ja. Und ihr Sohn Dowid'l lernt bei mir im Bejßmedresch. Geh und nimm ihnen beiden mit dem Auge Maß ...«

»Für was für Kleider, Rabbi?«

»Denke dir halt, daß Dowid'ls Verlobung gefeiert wird. Also braucht er Kleider, und auch seine Mutter braucht Kleider ... Aber anständige Kleider ...«

»Und der Stoff, Rabbi?«

»Nimm vom besten, auf meine Rechnung ...«

»Es ist gut, Rabbi.«

»Du mußt aber in einem Monat fertig sein, Jojne.«

»Keine Stunde länger wird es dauern, Rabbi ...«

Nach einem Monat bringt der Schneider gegen Abend die Kleider. Der Baal-Schem sitzt gerade mit seiner Tochter. Sagt er zu der Tochter:

»Nimm die Kleider, geh mit ihnen zu Trajne-Mirl und sage ihr, daß sie die Kleider anziehen soll. Sag' ihr, ich hätte es befohlen. Und dann soll sie in ihrem Zimmer bleiben und warten, bis man sie ruft.«

Die Tochter fragt nicht weiter, nimmt die Kleider und geht.

»Und du«, sagt der Baal-Schem zum Diener, »nimm Dowid'ls Kleider und bringe sie ihm ins Bejßmedresch. Sag ihm, ich hätte befohlen, daß er sich wasche, und die neuen Kleider anziehe, und zu seiner Mutter gehe, und dort warte bis man ihn ruft.

Will schon der Diener gehen.

»Und dann«, sagt noch der Baal-Schem, »sollst du mir sofort den Dajen und den Schreiber holen und einen Minjen versammeln, aber sofort . . .«

Kommen bald alle Gerufenen; der Baal-Schem läßt sie Platz nehmen und schickt den Diener zu seiner Tochter und läßt ihr sagen, sie möchte einen Imbiß vorbereiten.

»Was für einen Imbiß, Rabbi?«

»Wie für eine Verlobung . . . wie für eine vornehme Verlobung.«

Geht der Diener und kommt nach einer Weile zurück: »Fertig!«

»Und jetzt zünde Lichte an, viele Lichte!«

Der Diener tut, was ihm geheißen. Und wie er die Leuchter mit den brennenden Kerzen in die Stube bringt und auf den Tisch stellt, fährt ein Wagen vor das Haus. Und aus dem Wagen steigen Schmuel, und der Deutsche, und sein Weib, und sein Töchterchen, und sie kommen alle in die Stube.

Erhebt sich der Baal-Schem und sagt:

»Friede sei mit Euch, Awrom!«

Und er gibt dem Deutschen die Hand.

»Willkommen, Weiber, setzt euch.«

Bestürzt und erstaunt nehmen sie Platz. Die Frau und die Tochter an einem besonderen Tisch.

»Ich sehe jetzt, Reb Deutsch«, sagt lächelnd der Baal-Schem, »Glauben in Euren Augen, Glauben an mich ... Erzählt uns vor allen Dingen, wie Ihr zu Eurem Reichtum gekommen seid. Und du, Schmuel, mach ein wenig die Tür auf«, wendet sich der Baal-Schem lächelnd zu ihm, »laß eine Spalte offen, denn dort sitzt deine Frau Trajne-Mirl, und sie liebt es, an den Türspalten zu horchen.«

Schmuel tut es sehr gern, und der Deutsche beginnt zu erzählen. Er spricht deutsch, aber man versteht ihn.

Vor Jahren war er ein armer Mann ... Er besaß einige Taler, fürchtete aber, irgendein Geschäft zu beginnen. Einmal in der Nacht, als er vor lauter Sorgen nicht einschlafen kann, klopft jemand ans Fenster ... Er steht leise auf, um seine Frau nicht zu wecken, und macht das Fenster auf. Unten steht ein Freund und erzählt ihm, daß er eben draußen vor der Stadt bei der Mündung des Flusses gewesen sei ... Das Wasser hat viel Holz angeschwemmt ... Bauern haben es mit Bootshaken herausgeschleppt, und man kann es von ihnen halb umsonst kaufen ...

»Hörst du, Schmuel?« sagt der Baal-Schem zu Schmuel, der immer an der Türspalte steht. »Es war dein Holz!«

»Ich höre es, Rabbi!« antwortet Schmuel, bleibt aber bei der Türe kleben.

Der Deutsche glaubt aber sich rechtfertigen zu müssen und erklärt, daß nach dem Gesetz das Holz herrenloses Gut gewesen ist ... Und er erzählt, wie billig er das Holz gekauft hat ... Und wieviel er daran verdient hat ... Es war nicht wenig.

»Und Geld zieht neues Geld an«, unterbricht ihn der Baal-Schem. »Und bald darauf wurde dir die Tochter geboren ... Ein hübsches Mädel, unberufen ... Ein goldiges Mädel, wie man bei euch sagt ... Ist sie schon Braut?«

»Das ist ja mein Unglück, göttlicher Mann!« ruft der

Deutsche aus und ringt die Hände. »Sie kann niemals Braut werden ...«

»Warum?«

Erzählt ihm der Deutsche, daß man seiner Tochter schon die besten und vornehmsten Partien angeboten hat; sie ist aber von einer Krankheit befallen: sobald man ihr nur einen Freier zeigt, wird ihr sofort übel, so daß man sie aus dem Zimmer hinausführen muß, oder sie fällt in Ohnmacht ...

»Sie ist ja sonst, wie Ihr selbst seht, göttlicher Mann, gesund und frisch ... Aber wenn sie nur einen Freier erblickt, wird sie ohnmächtig ...«

Er ist mit ihr schon bei den besten Ärzten und berühmtesten Professoren gewesen ...

»So?« unterbricht ihn der Baal-Schem mit einem Lächeln. »Ist das dein Unglück? Ich will ihr aber, mein lieber Awrom, einen Freier zeigen, vor dem es ihr nicht übel wird, und vor dem sie nicht in Ohnmacht fällt – sie wird ihm mit offenen Armen entgegenlaufen!

Schmuel, laß dein Weib und dein Kind herein!«

Trajne-Mirl läßt auf sich nicht warten und steht bestürzt neben ihrem Mann. Und nach ihr kommt Dowid'l in die Stube ... Wie der Jüngling und das Mädchen einander erblicken, erschrecken sie und werden abwechselnd blaß und rot ... Und sie gehen unwillkürlich einige Schritte einander entgegen und bleiben verschämt und bestürzt stehen und können kaum die Blicke voneinander wenden und schlagen die Augen nieder.

»Nun, Mädel«, fragt der Baal-Schem, »ist dir noch nicht übel? Willst du diesen Jüngling?«

Zittert das Mädel und nickt mit dem Kopfe ...

»Und du, Dowid'l, willst du die Braut? ...«

Und er befiehlt ihm:

»Antworte, Dowid'l!«

Und Dowid'l antwortet mit lauter Stimme:

»Ja, Rabbi!«

»Du wirst auch«, sagt der Baal-Schem, »eine Hochzeitspredigt halten. Schreiber, schreib den Pakt ...«

Und der Baal-Schem hieß in den Pakt hineinschreiben, daß Awrom der Deutsche sein ganzes Vermögen der Tochter als Mitgift gibt ... Und daß die Eltern, wie die des Bräutigams so auch die der Braut, lebenslängliche Köst bei ihren Kindern bekommen.

JIZCHOK LEJB PEREZ

Messias' Zeiten

Wie in allen jüdischen Städtchen Galiziens gab es auch in der Gemeinde, wo meine Eltern lebten, einen Verrückten.

Wie alle Verrückten hatte auch dieser gar keinen Respekt vor der Gemeinde, weder vor dem Row noch vor dem Dajen, und fürchtete nicht einmal den Totengräber und den Bader, vor denen selbst die angesehensten Bürger Respekt haben. Dafür zitterte das ganze Städtchen – wie die Gemeindeverwaltung mit allen geistlichen Amtspersonen so auch der Totengräber und der Bader – vor dem Verrückten und verschloß vor ihm Tür und Tor. Und obwohl der arme Verrückte zu niemand ein böses Wort sagte und niemand etwas zuleide tat, schrien doch alle auf ihn; viele schlugen ihn, und die Gassenjungen bewarfen ihn mit Schmutz und Steinen.

Ich hatte Mitleid mit dem Verrückten, und es zog mich immer zu ihm hin. Ich wollte mit ihm reden, ihn trösten, lieb zu ihm sein. Es war mir aber unmöglich, mich ihm zu nähern: ich hätte dann auch etwas von dem Schmutz und den Steinen abbekommen, mit denen man ihn bewarf. Ich war ein junger Bursche und hatte einen feinen Anzug, den ein Lemberger oder Krakauer Schneider genäht hatte. Ich wollte meinen Rücken nicht den Steinen und meinen Anzug nicht dem Schmutz aussetzen und hielt mich in einiger Entfernung.

Das Städtchen, in dem meine Eltern lebten, in dem ich meine Kinderjahre verbrachte und die Lemberger und Krakauer Anzüge trug, war befestigt und von Wällen, Wassergräben und hohen Mauern umgeben. Auf den Wällen standen Kanonen und marschierten ernste und schweigsame Wachtposten. Sobald es dunkelte, zog man die eiserne Zugbrücke über dem Wassergraben hoch, schloß alle Tore und schnitt so das Städtchen bis zum Morgen von der ganzen Welt ab. Vor jedem verschlossenen Tore stand ein vom Kopf bis zu den Füßen bewaffneter Wachtposten.

Tagsüber waren alle frei und durften aus und ein gehen, ohne erst den Platzmajor um Erlaubnis zu fragen; wir durften auch im Flusse vor der Stadt baden und uns sogar draußen auf die Wiese am Flußufer hinlegen und in den Himmel oder in die weite Ferne schauen, wie es einem gerade paßte. Niemand sagte uns deswegen ein Wort. Und auch wenn jemand überhaupt nicht zurückkam, passierte uns nichts. Aber nachts mußte es im Städtchen ganz still sein, und niemand durfte herein oder heraus. »Es ist noch ein Glück«, dachte ich mir damals, »daß man den Mond hereinläßt . . .«

Solange ich lebe, werde ich die Abende in diesem Städtchen nicht vergessen. Zugleich mit den Abendschatten verbreitete sich ein abendlicher Schauer über das ganze Städtchen, und Menschen und Häuser wurden plötzlich kleiner, schrumpften gleichsam zusammen. Die Brücke wurde hochgezogen, die eisernen Ketten knirschten und rasselten. Das Knirschen ging mir durch Mark und Bein. Und dann wurden die Tore, eines nach dem andern, zugeschlagen. Das alles wiederholte sich jeden Abend, und doch zitterten allen die Glieder, eine stumpfe Müdigkeit legte sich auf alle Gesichter, alle Augen erloschen wie bei Toten, alle Lider fielen wie bleiern zu, jedes Herz stand still, und jeder Atem stockte. Dann gingen Patrouillen durch die Gassen, die Säbel rasselten, die Schritte hallten, die Bajonette funkelten, und die Führer schrien: »Wer da?« Und jedermann mußte antworten: »Ein Hiesiger!« Tat man es nicht, so konnte Gott weiß was passieren. Viele verschlossen sich in ihren Häusern und fürchteten, sich auf der Straße zu zeigen.

Einmal passierte mir folgendes: Ich hatte draußen vor der Stadt gebadet und vergessen, daß nach dem Tage die Nacht kommt. Plötzlich sehe ich, daß die Brücke hochgezogen wird. Das Knirschen klingt mir in den Ohren; die Tore fallen ins Schloß, und mein Herz beginnt heftig zu pochen. Es ist nichts zu machen! Nun muß ich die ganze Nacht draußen vor der Stadt bleiben ... Eine wunderliche Sache: wenn ich zu Hause im warmen Bett lag, träumte ich jede Nacht von der freien Welt außerhalb der Festung; als aber mein Traum zum erstenmal in Erfüllung gegangen war, befiel mich ein Schreck. Es begann der bekannte Streit zwischen dem Kopf und dem Herzen. Der Kopf sagte: sei ruhig, genieße einmal die freie, reine Luft und den freien, gestirnten Himmel. Das Herz hörte aber nicht darauf und pochte so heftig, als ob es aus der Brust springen wollte. Und aus dem schweren Herzen stieg mir ein Nebel in den Kopf. Die freien Gedanken verdunkelten sich allmählich und gingen schließlich im Nebel unter. Es klang mir in den Ohren, es flimmerte mir in den Augen. Jeder leichte Schatten eines Zweiges oder eines Grashalmes erfüllte mich mit Schrecken, der mich zu Boden drückte.

Und ich fiel mit dem Gesicht auf die Erde ...

Ob ich geschlafen habe oder nicht und wie lange ich so lag, weiß ich nicht. Plötzlich höre ich aber Schritte. Ich springe auf. Ich bin nicht allein. Zwei wohlbekannte, tiefe schwarze Augen schauen mich so herzlich und so innig an. Es ist der Verrückte.

»Was tust du hier?« frage ich ihn mit dumpfer Stimme.

»Ich schlafe niemals in der Stadt!« antwortet er mir traurig, und sein Blick ist so sanft, und seine Stimme so herzlich, daß ich zur Besinnung komme und meinen ganzen Schrecken vergesse.

Ich erinnere mich plötzlich daran, daß man die Verrückten einst für Propheten hielt und daß es im Morgenlande auch heute noch so ist. Und ich frage mich: ist er vielleicht einer von ihnen? Wird er denn nicht wie ein Prophet verfolgt? Bewirft man ihn nicht wie einen Propheten mit Steinen? Leuchten seine Augen nicht wie Sterne? Klingt seine Stimme nicht wie eine Harfe? Trägt er nicht den Schmerz und das Leid des ganzen Zeitalters auf seinem Rücken? Vielleicht kennt er auch die Zukunft? ...

Ich frage ihn, und er antwortet mir so still, so süß, daß ich glaube, es sei bloß ein Traum, der süße Traum einer Sommernacht jenseits der Festungsmauer.

»Glaubst du an den Messias?« frage ich ihn.

»Gewiß!« antwortet er leise und sicher. »Messias muß kommen.«

»Er muß?!«

»Ganz sicher! Alle warten auf ihn, auch Himmel und Erde warten. Wen nicht alle auf ihn warteten, so hätte kein Mensch Lust zu leben oder sich zu rühren ... Aber die Menschen leben und tun so, als ob sie den Willen zum Leben hätten; also fühlen sie alle, daß Messias kommt, daß er kommen muß, daß er schon unterwegs ist ...«

»Ist es wahr«, frage ich ihn weiter, »daß vorher schreckliche Kriege toben werden, daß die Menschen sich wegen falscher Propheten wie die wilden Tiere zerfleischen werden? Daß die Erde mit Blut getränkt wird, daß Blutströme von Morgen gen Abend und von Mittag gen Mitternacht fließen werden? Daß alle Tiere Menschenblut trinken und daß die Felder, Gärten, Straßen und Wege mit Menschenblut begossen sein werden? ... Und daß erst nach dieser blutigen

Sintflut der wahre Messias erscheinen wird? ... Ist das wahr?«

»Es ist wahr!«

»Wird man ihn erkennen?«

»Alle werden ihn erkennen. Niemand wird sich irren. Er wird mit jeder Miene, mit jedem Blick, mit jedem Wort der Messias sein. Er wird kein Heer haben, er wird auf keinem Pferde sitzen, und kein Schwert wird an seiner Lende hängen ...«

»Was denn?«

»Flügel wird er haben ... Messias wird Flügel haben, und dann werden auch allen Menschen Flügel wachsen. So wird es sein: plötzlich wird ein Kind mit Flügeln geboren werden, dann ein zweites, ein drittes und so weiter ... Zuerst werden die Menschen erschrecken, dann werden sie sich daran gewöhnen, und schließlich wird das ganze Geschlecht Flügel haben; ein Geschlecht, das nicht mehr im Schmutz liegt, das sich nicht mehr wegen des täglichen Brotes balgt ...«

Lange noch redete er so, ich konnte ihn aber nicht mehr verstehen. Seine Stimme war so traurig und so süß, daß ich sie in mich so gierig wie ein Schwamm aufnahm. Als er zu reden aufhörte, tagte es schon, man öffnete die Tore und ließ die Zugbrücke herunter.

Seit dieser Nacht im Freien kam mir das Leben in der Festung noch schwerer, noch unerträglicher vor. Die alten Mauern, die rasselnde Zugbrücke, die eisernen Tore, die Wachtposten und Patrouillen, das heiser-zornige »Wer da?«, das unterwürfig-falsche »Ein Hiesiger!«, das ewige Zittern der fahlen Gesichter, die erschrockenen, halberloschenen Augen, der Markt mit den trägen, zitternden Schatten – all das legte sich wie Blei auf meine Seele, und ich konnte mich davon nicht befreien, konnte nicht aufatmen ... Das Herz tat mir weh, eine furchtbare Sehnsucht verzehrte mich, und ich beschloß, Messias entgegenzufahren.

Ich setze mich in den ersten besten Wagen. Der Fuhrmann dreht sich nach mir um und fragt:

»Wohin?«

»Wohin du willst!« antworte ich. »Aber fort von hier, weit, weit fort von hier!«

»Wie lange soll ich fahren?«

»Solange das Pferd aushält! . . .«

Der Fuhrmann nimmt die Zügel in die Hand, und wir fahren.

Wir fahren immer weiter und weiter. Neue Felder, neue Wälder, neue Dörfer, neue Städte, alles ist neu; alles ist aber nur von außen neu, im Grunde ist es immer dasselbe. Wie ich genauer hinsehe, erkenne ich in allen Dingen dieselbe Schwermut, jeder Menschenblick ist ängstlich und falsch, jeder Ton gebrochen . . . Auf allen Dingen liegt ein grauer Nebel, der jedes Licht verdeckt und jede Freude erstickt. Alles ist erdrückt. Und ich schreie immer: »Weiter! . . .« Ich hänge aber vom Fuhrmann ab, und der Fuhrmann vom Pferd . . . Das Pferd will fressen, und wir müssen halten.

Ich trete ins Wirtshaus. Es ist eine große, durch einen alten Vorhang in zwei Hälften geteilte Stube. Auf der einen Seite sitzen an einem großen Tisch drei Männer. Sie bemerken mich nicht, und ich kann sie in Muße betrachten. Es sind drei Generationen. Der Älteste ist grau wie eine Taube, aber er sitzt kerzengerade und schaut mit scharfen Augen ohne Brille in ein Buch, das er vor sich auf dem Tische liegen hat. Sein altes Gesicht ist ernst, seine alten Augen blicken sicher, und der alte Mann und sein Buch sind wie zusammengewachsen: der weiße Bart, dessen silberne Spitzen auf den Blättern des Buches ruhen, verbindet sie zu einem Stück. – An seiner Seite sitzt ein etwas jüngerer Mann, wohl sein Sohn: es ist dasselbe Gesicht, aber jünger, lebhafter, nervöser, manchmal auch müder und abgespannter. Auch er schaut in ein Buch, hat aber eine

Brille. Das Buch ist kleiner, und er hält es sich näher vor die Augen und stützt sich auf den Tischrand. Er ist in den mittleren Jahren. Bart und Pejes sind nur zur Hälfte ergraut. Er wiegt sich hin und her, und sein Körper will sich anscheinend bei jeder Bewegung vom Buche losreißen, das Buch zieht ihn aber immer wieder an. Er wiegt sich hin und her, und seine Lippen bewegen sich leise. Ab und zu wirft er einen Blick auf den Alten, dieser bemerkt es aber nicht. – Links vom Alten sitzt der Jüngste, anscheinend sein Enkel, ein junger Mann, mit glänzenden, schwarzen Haaren und unruhigen Augen. Auch er schaut in ein Buch, aber sein Buch ist ganz klein, und er hält es sich dicht vor die lebhaften Augen. Zuweilen rückt er es von sich weg, wirft einen ehrfurchtsvollen und zugleich erschrockenen Blick auf den Alten, schaut dann mit höhnischem Lächeln seinen Vater an und wendet sich um, um zu lauschen, was hinter dem Vorhang geschieht. Hinter dem Vorhang höre ich aber ein Stöhnen, wie wenn dort eine Frau in Geburtswehen läge . . .

Ich will mich räuspern, damit sie mich bemerken. Im selben Augenblick wird der Vorhang etwas zurückgeschlagen, und ich erblicke zwei Frauen. Eine alte mit scharfem, knöchernem Gesicht und scharfen Augen und eine jüngere mit weichen, etwas verschwommenen Zügen und unsicheren Augen. Sie stehen da, schauen zu den Männern hinüber und warten, daß man sie bemerkt. Der Älteste bemerkt sie nicht, seine Seele ist mit der Seele des Buches verwachsen. Der Mittlere bemerkt die Frauen und überlegt sich, ob er den Vater wecken soll; und der Junge springt auf . . .

»Mutter! Großmutter! Nun? . . .«

Sein Vater erhebt sich unruhig, der Großvater rückt das Buch ein wenig von sich und blickt die Frauen an.

»Wie geht es ihr?« fragt der Junge mit bebender Stimme.

»Sie hat es überstanden!« antwortet die Alte ruhig.

»Überstanden? Überstanden?« lächelt der Junge.

»Du sagst gar nicht ›Masel-tow‹, Mutter?« sagt der Mittlere.

Der Alte überlegt sich und fragt:

»Was ist denn geschehen? Und wenn es auch nur ein Mädel ist ...«

»Nein!« sagt die Alte. »Es ist sogar ein Knabe ...«

»Tot?«

»Nein, das Kind lebt!« antwortet die Alte. Aber in ihrer Stimme ist keine Freude.

»Ein Krüppel?«

»Seltsame Zeichen hat es! An beiden Schultern ...«

»Was für Zeichen?«

»Wie Ansätze von Flügeln ...«

»Von Flügeln?«

»Ja, von Flügeln. Und sie wachsen ...«

Der Alte ist bekümmert, der Mittlere erstaunt, und der Junge ist außer sich vor Freude.

»Es ist gut, es ist gut! Sollen sie wachsen, sollen sie zu richtigen Flügeln auswachsen, zu großen, mächtigen Flügeln! Es ist gut!«

»Was freust du dich so?« fragt der Mittlere.

»Eine Mißgeburt!« seufzt der Alte.

»Warum?« fragt der Enkel.

»Flügel«, antwortet der Alte streng, »heben den Menschen in die Höhe ... Mit Flügeln kann er nicht auf der Erde bleiben ...«

»Das macht doch nichts!« sagt der Enkel trotzig. »So ist man aus seinem Kerker befreit, braucht nicht mehr im Schmutz zu liegen und lebt in der Höhe ... Ist denn der Himmel nicht schöner als die Erde?«

Der Alte erbleicht, und der Mittlere nimmt das Wort:

»Dummes Kind! Wovon kann der Mensch in der Höhe leben? Es genügt doch nicht, Luft zu atmen ... In der Höhe werden keine Wirtshäuser verpachtet und keine Lieferungen vergeben ... In der Höhe kann man nicht einmal ein Hasenfell kaufen . . . In der Höhe . . .«

Der Alte unterbricht ihn:

»In der Höhe«, sagt er mit einer Stimme, so fest und hart wie Stahl, »gibt es keine Schul, kein Bejßmedresch, keine Klaus zum Beten und Lernen. In der Höhe gibt es keinen von Vorfahren ausgetretenen Weg! In der Höhe muß man herumirren, weil man keinen Weg vor sich sieht . . . Man ist zwar ein freier Vogel, aber wehe dem freien Vogel, wenn ihn ein Zweifel oder Trübsinn befällt! . . .«

»Wieso?« Der Jüngste springt hitzig mit brennenden Augen auf.

Aber er kommt nicht zu Wort, denn die Großmutter unterbricht ihn:

»Närrische Mannsbilder!« sagt sie. »Was für Gedanken sie sich machen . . . Und der Row? Wird denn der Row erlauben, daß man ihn beschneidet? Wird er denn gestatten, daß man über ein Kind mit Flügeln den Segensspruch verrichtet? . . .«

Ich springe auf. Die Nacht draußen vor der Stadt, die Fahrt und das Kind mit den Flügeln – alles war nur ein Traum.

JIZCHOK LEJB PEREZ

Der Purimgeiger

Einst waren die Geschlechter nicht so abgerissen und verwaist wie heute. Jedes Geschlecht war wie ein Glied in der Kette, die mit Adam und Eva beginnt und im sechsten Jahrtausend enden wird . . . Und wenn ein Glied sich aus irgendeinem Grunde rührte, so ging ein Beben durch die ganze Kette, und alle Glieder erwachten: die Erzväter, Mutter Rahel und andere . . .

Außer dem immer offenen Himmel, den man, wenn man ihn nur nicht mit einem kupfernen Dreier verdeckte, mit bloßem Auge sehen konnte, außer dem Propheten Elias, der ständiger Gast in jedem jüdischen Hause war: unter den sieben Gästen in der Ssukes, beim »Ergieße deinen Zorn, Herr« an der Sseder-Tafel, im Lehnsessel bei jedem Briß und sooft ein Schlachtmesser einem Halse drohte – und außer allen guten Engeln hatte man damals seine Eltern ewig bei sich. Waren sie am Leben, so ehrte man sie, und waren sie, Gott behüte, nicht am Leben, so hatte man einen Grabstein, um seinen glühenden Kopf anzulehnen und abzukühlen, ein Grab um darauf sein erbittertes Herz durch Tränen zu erleichtern, und auch den Toten selbst, der alles sieht und hört und sich für seine Kinder im Himmel verwendet . . .

Man brauchte sie nicht einmal zu rufen: allnächtlich kamen die Toten in die Stadt der Lebenden. Sie kamen auch in die Schul, beteten, lasen in der Thora und verrichteten das Mitternachtsgebet ... Und wenn ein Toter an einem ihm bekannten Fenster vorbeiging und einen Seufzer aus einem betrübten Herzen hörte, verstand er ihn sofort: die Lebenden und die Toten redeten in der gleichen Sprache und beteten aus demselben Gebetbuch ... Der Tote machte sich einen Knoten in sein Leichengewand, und wenn er wieder in seine Ruhe zurückkehrte, erinnerte er sich der Hinterbliebenen und tat für sie alles, was nur möglich war. Und was war in jener gesegneten Zeit unmöglich? Alles war möglich, selbst daß ein Toter einem Lebendigen eine lustige »Schuschannes-Jaakew«-Weise beibrachte!

Ich will aber nicht vorgreifen: das mit »Schuschannes-Jaakew« gehört schon zu der Geschichte, die ich euch erzählen will, zu der Geschichte vom Reb Awremel, dem Geiger – ein Fürsprech möchte er im Himmel für alle sein, die Purimgeschichten erzählen, wenn nur diese Geschichten nicht erlogen sind! ...

Reb Awremel war Geiger, aber kein Spielmann. Er hatte die Stufe erreicht, nach der sich wohl alle sehnen, die aber gar wenige erreichen: er schöpfte aus seiner Geige keinen Gewinn und lebte nicht von seinem Spiel ...

Wenn man keine großen Augen, keinen bösen Rachen und keinen weitaufgerissenen Mund hat, wenn »irgend etwas« – eine Speise, kaltes Wasser – ein Getränk und ein Rock aus Baumwollzeug – ein Gewand ist –, wenn Bejle-Basche einen Laden besitzt, so daß man sich um das tägliche Brot nicht zu kümmern braucht, kann man nur um des guten Werkes willen, dem Himmel zu Ehren, Geige spielen; dann ist man Geiger für den Herrn, gepriesen sei Er. Solch ein Geiger war eben Reb Awremel ...

Nach Sabbatausgang spielt Reb Awremel seine Smires ... Bejle-Basche, seine Ernährerin, hört ihm zu und schöpft aus seinem Spiel Freude für die ganze

Woche ... Draußen in der Gasse stehen die Leute und lauschen, und ihre Seelen trinken gierig die Smires. Manchmal beginnen die Leute die Melodie mitzusingen: die ganze Gasse ist mit einem Male geadelt, das ganze Städtchen singt einen Psalm ...

An den Wochentagen, wenn Bejle-Basche in ihrem Laden hockt, und die ganze Stadt den Geschäften nachläuft, sitzt Reb Awremel allein in seinem Stübchen am kleinen Tische vor dem Fenster. Sein Herz ist gen Himmel gerichtet, seine Augen – auf den Psalter des Königs David, seine Lippen singen Lobgesänge und zittern vor Wonne, die Finger der ausgestreckten Hand greifen in die Saiten der Geige, die vor ihm auf dem Tische liegt ... Die Saiten tönen, kleine weiße Flügel erblühen aus ihnen und wachsen in den Himmel hinauf. Und Reb Awremel streicht sich mit der Hand seinen schneeweißen Bart. Das ist seine einzige Freude ...

Geht manchmal die niedere Türe auf, Braut und Bräutigam neigen die Köpfe, um nicht anzustoßen, treten in die Stube und bleiben errötend und verschämt vor Reb Awremel stehen. Reb Awremel lächelt, er weiß, was sie von ihm wollen: seit Jahren sind sie verlobt, haben mit Mühe und Not einige Groschen für den Talis zusammengespart, alles ist für die Chuppe bereit, aber für die Hochzeitsmusik langt das Geld nicht ... Also spielt Reb Awremel auf der Armenhochzeit ... Und ehe ein Jahr um ist, wird er mit dem Amt eines Sandeks beehrt; manchmal hat er einen »Pidjon ha-Ben« (denn er ist ja auch Kojhen) –, und so folgt ein gottgefälliges Werk auf das andere. Doch nicht darauf legt er das größte Gewicht.

Das Wichtigste ist für Reb Awremel Purim.

Er ist ein Purimgeiger – für die armen Leute ...

Es gibt Häuser, in welche die vornehmen Leute mit den roten Schnupftüchern niemals hineinschauen, wo sich niemals ein Spielmann blicken läßt und über deren Schwelle niemals ein Purimspieler tritt ... Wo die Challe ohne Safran ist, die Mahlzeit ohne Freude und oft auch ohne Challe ...

Da geht die Türe auf: barmherzige Wohltäter treten in die Stube und bringen Speisen und Getränke. Die armen Leute segnen die Wohltäter und auch alle Gäste des Wohltätigkeitsfestes, aus dessen Erlös man die Armen mit Speise und Trank zu Purim versah ... Sie loben den Herrn, der die Wohltäter erschaffen hat, und setzen sich an die Tafel ... Und doch fließen über ihre eingefallenen Wangen bittere Tränen ... Geschenktes Brot ist nicht süß, gespendeter Wein schmeckt nicht gut ... Und wie lange ist es her, daß sie die Gebenden und die andern die Nehmenden waren? Die Tränen trüben die Augen, Bitternis sammelt sich im Herzen ... Eine Frau birgt das Gesicht in ihrer Schürze ... Ein Mann wirft einen vorwurfsvollen Blick zum Himmel ... Ein Jüngerer ballt die Fäuste ... Da kommt aber Reb Awremel mit seiner Geige. Die Kerzen brennen auf einmal heller, die Augen blicken heiterer, ein Lächeln gleitet über alle Gesichter, ein verschämtes, verwaistes, noch tränenfeuchtes Lächeln. Reb Awremel spielt schon »Schuschannes Jaakew« – die Töne fließen wie Öl in alle Herzen – nun ist Armut keine Schande, ein Bruder hilft dem andern, das Glücksrad wendet sich ... Wenn Reb Awremel wieder fortgeht, blicken ihm alle mit leuchtenden Augen nach, kleine Kinder mit Beinchen so krumm wie ein Regenbogen und funkelnden Augen laufen ihm von Türe zu Türe, von Schwelle zu Schwelle nach ... Und spät am Abend – manchmal ist es sogar sehr spät, denn die armen Leute vermehren sich, unberufen, von Jahr zu Jahr – kehrt Reb Awremel, mit Segenswünschen beladen, das Herz voller Freude ob der verrichteten guten Werke, beim Row und bei der Rebbezin ein. Ohne den Row und ohne die Rebbezin wäre ja meine Geschichte gar keine richtige Geschichte ...

Bejle-Basche sitzt währenddessen geduldig zu Hause und wartet. Das Herz sagt ihr, und auch Reb Awremel leugnet es nicht, daß sie einen Anteil, sogar einen großen Anteil an seinen frommen Verdiensten hat. Und wenn sie sich ein klein wenig nach ihm sehnt, so ist es doch wahrlich keine Sünde!

Die Alte sitzt am Fenster vor dem kleinen Tisch und lächelt ... Sie schaut mit ihren alten, seltsam lachenden und zugleich weinenden Augen in die finstere Nacht hinaus, ihre kleinen Ohren gucken unter dem Stirntuch hervor und lauschen ... Sind es nicht seine Schritte? Sind es nicht die Töne von »Schuschannes Jaakew«? ... Und ihre Lippen bewegen sich leise im Gebet: soll er die Gnade erleben, mit seiner Geige Messias entgegenzugehen und ihm einen Marsch aufzuspielen ...

Damals glaubte man an Messias und wartete auf ihn, wenn er auch säumte, alle Tage.

»Aber warum säumt er heute so lange?« fragen ihre alten Lippen; diesmal meint sie nicht den Messias. Das Essen wird kalt, die Kerzen flackern und gehen aus, und Awremel ist noch immer nicht da.

Bejle-Basche läuft auf den Markt hinaus. Es ist stumme Nacht. Durch die Ritzen in den geschlossenen Fensterladen dringt kein Ton und kein Lichtstrahl heraus. Das Städtchen schläft.

Der Himmel über dem Städtchen wacht und schaut mit Tausenden und aber Tausenden klarer, reiner Augen herab. Aber wo ist Awremel?

»Warum sind noch immer seine Schritte nicht zu hören?«

Dasselbe fragt auch der alte Row mit dem Ziegenbart, und seine erschrockene Stimme weckt die Rebbezin aus dem Schlummer. Ihr Köpfchen, das sich bisher wie ein Uhrpendel hin- und hergewiegt hat, bleibt stehen. Wo kann er sein? In der Branntweinflasche ist schon der Boden zu sehen, die alte, heisere Uhr schlägt

Mitternacht, und von Awremel ist noch immer keine Spur ... Setzt sich der Row seine warme Mütze mit den Ohrenklappen auf, hüllt sich die Rebbezin in ihren türkischen Schal, sie wecken die Diener und laufen mit Laternen aus dem Hause. Sie treffen Bejle-Basche, wechseln aber mit ihr kein Wort und laufen zusammen weiter. An jedes Fenster und an jede Tür klopfen sie und fragen: »Ist Awremel nicht hier?« Die Leute kommen mit Kind und Kegel aus den Häusern, und alle suchen Awremel ...

Dem alten Awremel war wirklich etwas zugestoßen. Wenn diejenigen, die zur Verrichtung eines frommen Werkes unterwegs sind, nicht unter einem besonderen Schutze des Herrn stünden, so weiß ich wirklich nicht, ob ich euch diese Geschichte erzählen würde: es wäre dann eine sehr traurige Geschichte geworden, und traurige Geschichten mögt ihr doch nicht ...

Reb Awremel geht nach Hause zu seiner Bejle-Basche. Seine Füße tänzeln, und sein alter, grauer Kopf wiegt sich im Takte hin und her: heut ist ja Purim, und er wird keinem armen Mann absagen, der ihm die Hand mit dem Becher entgegenstreckt ... Auch er sehnt sich nach seiner Bejle-Basche, und es verdrießt ihn, daß er den einmal eingeführten Brauch nicht umgehen kann und unterwegs beim Row einkehren muß. Er will den Weg abkürzen und geht durch den Vorhof der Schul; wie gesagt, stehen ja diejenigen die zur Verrichtung eines frommen Werkes unterwegs sind, unter dem Schutze des Herrn. Wie er durch den Vorhof geht, hört er aus der Schul Stimmen, ein Lachen, ein Singen, das Scharren vieler tanzender Füße. Er ist ganz starr vor Erstaunen. Er denkt sich, daß eine Gesellschaft lustiger Burschen sich in der Schul versammelt hat, um ein nächtliches Fest zu feiern. Der Zorn ob der Entweihung der heiligen Stätte packt ihn am Herzen. Er ist ja auch Kojhen. Er stemmt sich gegen die Türe, das alte Schloß gibt halb nach, und Awremel bleibt starr vor Entsetzen in der Türspalte eingeklemmt stehen: Tote haben sich in der Schul versammelt!

Und ein Toter ruft dem andern zu: »Reb Awremel! Reb Awremel!« Alle wenden ihre Augen – die einen auf Awremel, die andern auf einen langen Mann mit schneeweißem Bart. Die Augen, die auf Awremel gerichtet sind, blicken ihn liebevoll und freundlich an; und die andern, die auf den langen alten Mann schauen, hängen an seinen blauen Lippen und warten auf sein Wort ... Sie haben nicht lange zu warten. Der Mann geht mit leisen Schritten auf Awremel zu, und in der Schul wird es so still, daß man die Gedächtnis-Mazze im Winde, der durch eine ausgeschlagene Fensterscheibe hereindringt, zittern hört ... Und der lange Mann streicht sich mit der langen rechten Hand den weißen Bart und spricht: »Fürchte dich nicht, Awremel! Wir werden dir nichts Böses tun. Wir haben uns hier, wie jedes Jahr, zum Singen und Tanzen versammelt: heut ist ja Purim, das Fest, das niemals abgeschafft werden wird!«

Awremel steht in der Türe, schaut mit großen Augen und denkt: »Morgen wird mir niemand glauben, daß ich hier gewesen bin und das alles gehört und gesehen habe.« Seine Lippen zittern, bringen aber keinen Ton hervor. Der lange Tote liest ihm diesen Gedanken von den Lippen ab und winkt einem andern hageren Toten zu, der noch länger aussieht. Der andere kommt schweigend heran.

»Wir werden dir ein Zeichen geben«, sagt der Row, »damit dir die Lebenden alles glauben. Dieser Mann ist der erste Gemeinde-Chasen des Städtchens. Ich will ihn bitten, dich eine neue ›Schuschannes-Jaakew‹-Weise zu lehren.«

Der Hagere nickt mit dem Kopf.

»Aber nicht mit der Stimme wird er sie dich lehren«, fährt der erste Row des Städtchens fort. »Er hat sich, nicht auf dich gedacht, beim letzten Nile-Kaddisch erkältet und ist mit einem stummen Widduj aus der Welt geschieden. Mit dem Finger wird er sie dich lehren ...«

Der erste Chasen folgt dem Befehl des ersten Rows und beginnt mit dem Finger zu fuchteln. Bald tanzt der Finger mit großem Eifer, bald zittert er, und bald erstarrt er in großer Andacht. Bald klagt er voller Schmerz und Zorn wie Hiob und läßt den Himmel erbeben, bald zittert er in Erwartung einer Antwort des Himmels über Leben und Tod ...

So etwas hat Reb Awremel noch nie gehört. Alle seine Sinne hängen an dem singenden Finger. Er trinkt mit beiden Ohren die Weise. Er will versuchen, sie auf der Geige nachzuspielen, kann es aber nicht: er ist in der Türe festgeklemmt und kann keine Hand rühren ... Und des Chasens Finger fährt noch immer durch die Luft, und die Weise tönt und singt ...

Wie der Schammes am nächsten Morgen in die Schul kommt, befreit er ihn aus der Türspalte. Reb Awremel springt in die Mitte des Vorhofs, drückt, ohne dem erschrockenen Schammes auch nur ein Wort zu antworten, die Geige an seinen während der Nacht noch weißer gewordenen Bart und beginnt zu spielen! Bejle-Basche, der Row, die Rebbezin und alle Leute, die ihn in der ganzen Stadt gesucht haben, hören die Geige und laufen herbei. Die Frommen, die zum Beten kommen, bleiben stehen. Und Reb Awremel spielt und spielt ...

Wenn nicht noch höher

Und der Rebbe von Nemirow pflegte alljährlich um die Slicheszeit jeden Morgen zu verschwinden.

Er war nirgends zu finden: weder in der Schul, noch in den beiden Lehrhäusern, noch in einem der Betzirkel; und bei sich zu Hause schon ganz gewiß nicht. Seine Wohnung stand offen; jeder, der nur wollte, konnte hineingehen; gestohlen wurde beim Rebben niemals. Doch in der Wohnung war keine Menschenseele.

Wo kann der Rebbe sein?

Wo soll er sein? Selbstverständlich im Himmel! Hat denn so ein Rebbe von den Zehn Bußtagen wenig auszurichten? Juden brauchen, unberufen, Lebensunterhalt, Frieden, Gesundheit, gute Partien für die Kinder; sie wollen gut und fromm sein, doch die Sünden sind groß, und der Satan durchschaut mit seinen tausend Augen die Welt von einem Ende bis zum anderen und sieht alles und zeigt jede Kleinigkeit an ... Und wer soll helfen, wenn nicht der Rebbe?

So dachte sich die ganze Gemeinde.

Einmal kommt aber in die Stadt ein Litwak. Er lacht! Ihr wißt doch, was ein Litwak ist: von Andachtsbüchern hält er gar nichts, dafür stopft er sich den Kopf mit Talmudabschnitten und Bibelstellen voll. Und dieser Litwak weist aus dem Talmud nach – er sticht einem damit förmlich die Augen aus –, daß selbst Moses bei Lebzeiten kein einziges Mal in den Himmel kam, sondern stets zehn Handbreiten unter dem Himmel zurückblieb! Geh einer und streite mit einem Litwak!

»Wo kommt also der Rebbe hin?«

»Meine Sorge!« antwortet er und zuckt die Achsel; und wie er das sagt, faßt er schon den Entschluß – was ein Litwak nicht alles kann –, der Sache auf den Grund zu gehen.

Noch am selben Abend, bald nach dem Abendgebet, stiehlt sich der Litwak ins Zimmer des Rebbens hinein, kriecht unter des Rebbens Bett und liegt. Er will die Nacht durchwachen und sehen, was der Rebbe vor Morgengrauen, wenn die Leute zu den Sliches gehen, anfängt.

Jemand anderer an seiner Stelle würde einschlummern und die Zeit verschlafen, doch ein Litwak weiß immer Rat: um sich wachzuhalten, nimmt er im Kopf einen ganzen Talmudabschnitt durch; ich weiß nicht mehr, ob es der Abschnitt »Von den Schlachtungen« oder der »Von den Gelübden« war.

Vor Morgengrauen hört er, wie man an die Läden klopft, um die Leute zum Gebet zu rufen.

Der Rebbe war schon lange wach. Der Litwak hörte ihn schon seit einer Stunde seufzen.

Jeder, der den Nemirower Rebben nur einmal seufzen hörte, weiß, welche Trauer um das ganze Volk Israel, welche Seelenqual in jedem seiner Seufzer steckt ... Es wird einem ganz bange ums Herz, wenn man ihn seufzen hört! Ein Litwak hat aber doch ein Herz aus Eisen: er hört zu und bleibt ruhig liegen! So liegen sie beide: der Rebbe, leben soll er, auf dem Bett, der Litwak unter dem Bett.

Etwas später hört der Litwak, wie im ganzen Hause die Betten zu knarren beginnen, wie die Hausleute aufstehen, wie hie und da ein jüdisches Wort fällt; wie das Wasser in die Waschbecken fließt und wie die

Türen auf- und zugemacht werden ... Dann verlassen alle das Haus; es wird wieder still; im Zimmer wird es finster; nur ein schwacher Mondstrahl dringt durch einen Spalt im Laden.

Später gestand der Litwak, daß, als er allein mit dem Rebben geblieben war, ihn ein Grauen befallen hatte. Es überlief ihn heiß und kalt vor Angst, und die Wurzeln seiner Schläfenlocken stachen ihn wie Nadeln.

Es ist doch wirklich keine Kleinigkeit: mit dem Rebben allein, beim Morgengrauen in der Slicheszeit! ...

Ein Litwak ist aber starrköpfig: er zittert wie ein Fisch im Wasser und – liegt!

Endlich steht der Rebbe auf ...

Zunächst wäscht er sich und verrichtet alles, was ein Jude am Morgen verrichten muß. Dann geht er zum Schrank und holt ein Bündel hervor; im Bündel sind Bauernkleider: ein Paar Leinenhosen, Schaftstiefel, ein Bauernrock, eine große Pelzmütze und ein breiter, mit Messingnägeln verzierter Ledergurt.

Und der Rebbe zieht alle die Kleider an.

Aus der Rocktasche hängt das Ende eines dicken Bauernstrickes heraus.

Der Rebbe geht aus dem Zimmer, der Litwak geht ihm nach.

Der Rebbe geht in die Küche, bückt sich, holt unter dem Bett eine Axt hervor, steckt sie sich hinter den Gurt und verläßt das Haus.

Der Litwak zittert, bleibt aber nicht zurück.

Ein stilles Grauen, das Grauen der Slicheszeit, lagert über den dunklen Gassen. Hie und da dringt der Aufschrei eines Betenden aus einem der Betzirkel oder das Stöhnen eines Kranken aus einem Fenster ... Der Rebbe schleicht an den Mauern entlang, immer im

Schatten der Häuser ... So schwimmt er aus einem Schatten in den anderen und der Litwak schwimmt ihm nach ...

Und der Litwak hört, wie das laute Pochen seines eigenen Herzens sich mit den schweren Tritten des Rebben vermengt. Er bleibt aber trotzdem nicht zurück und gelangt zusammen mit dem Rebben vor die Stadt.

Vor der Stadt gibt es ein Wäldchen.

Der Rebbe – leben soll er! – geht ins Wäldchen. Nach dreißig, vierzig Schritten bleibt er vor einem jungen Baum stehen. Der Litwak sieht mit Bestürzung, wie der Rebbe die Axt aus dem Gürtel zieht und auf den Baumstamm einschlägt.

Er sieht, wie der Rebbe immer wieder ausholt; er hört, wie der Baum ächzt und knackt. Der Baum fällt und der Rebbe spaltet den Stamm in Klötze, dann die Klötze in Späne. Dann macht er aus den Spänen eine Tracht Holz, umbindet sie mit dem Strick, den er in der Tasche hatte, lädt sie sich auf den Rücken, steckt die Axt wieder in den Gürtel und geht zur Stadt zurück.

In der hintersten Gasse bleibt er vor einem kleinen, halb eingefallenen Häuschen stehen und klopft ans Fenster.

»Wer klopft?« fragt eine erschrockene Stimme aus dem Häuschen. Der Litwak erkennt, daß es die Stimme einer Jüdin, einer kranken Jüdin ist.

»Ich bin es!« antwortet der Rebbe auf kleinrussisch.

»Wer bist du?« fragt wieder die Frauenstimme.

»Wassil!« antwortet der Rebbe.

»Was für ein Wassil? Und was willst du, Wassil?«

»Ich habe Holz zu verkaufen!« sagt der angebliche Wassil. »Sehr billig, so gut wie umsonst!«

Und ohne die Antwort abzuwarten, tritt der Rebbe ins Haus.

Der Litwak schleicht ihm nach und sieht im fahlen Morgenlicht eine ärmliche Stube, zerbrochenes Hausgerät ... Im Bette liegt eine kranke Jüdin, in Lumpen gehüllt, und sie spricht mit erbitterter Stimme:

»Kaufen? Womit soll ich's kaufen? Wo soll ich arme Witwe Geld hernehmen?«

»Ich will dir es borgen!« antwortet der falsche Wassil. »Es sind im ganzen sechs Groschen!«

»Wie soll ich sie dir bezahlen?« stöhnt die arme Jüdin.

»Törichte Frau!« spricht der Rebbe vorwurfsvoll. »Sieh: du bist arm und krank, und ich traue dir das bißchen Holz: ich vertraue dir, daß du es mir bezahlen wirst. Und du hast einen so großen, so starken Gott und vertraust ihm nicht ... Du traust ihm nicht einmal die dummen sechs Groschen für eine Tracht Holz!«

»Und wer wird einheizen?« stöhnt die Witwe. »Habe ich denn die Kraft, aufzustehen? Mein Sohn ist schon fort auf dieArbeit.«

»Ich will auch einheizen«, sagt der Rebbe.

Und während er das Holz in den Ofen legte, sprach der Rebbe stöhnend den ersten Abschnitt der Sliches ...

Und als er Feuer gemacht und das Holz lustig zu flackern begann, sprach er, schon etwas lustiger, den zweiten Abschnitt ...

Und den dritten Abschnitt sprach er, als das Holz richtig brannte und er das Ofenloch schloß ...

Der Litwak, der das alles gesehen, wurde von nun an Nemirower Chussid.

Und sooft später jemand erzählte, daß der Nemirower Rebbe alljährlich zur Slicheszeit jeden Morgen die Erde verlasse und in den Himmel fliege, lachte der Litwak nicht mehr, sondern fügte still hinzu:

»Wenn nicht noch höher!«

JIZCHOK LEJB PEREZ

Der Baßgeiger: Schma Jißroel

In Tomaschow, einem kleinen polnischen Städtchen an der galizischen Grenze, erschien eines schönen Tages ein armer Bursche, von dem niemand wußte, woher er kam und wo er seine Tage und Nächte verbrachte. Er zeigte sich nur dann und wann und bat um Essen.

Selbstverständlich, »wer die Hand ausstreckt«, dem gibt man. Und da der Bursche weder Geld noch irgendwelche Speisen außer trockenem Brot annimmt, fragt man nicht viel, wie und was; auf Essen hat jede lebende Seele Anspruch. Man merkt aber, daß er ein sehr sonderbarer Mensch ist. Er hat Augen, die in weite Ferne zu blicken scheinen, aber das, was sich vier Ellen um ihn tut, nicht sehen. Er bewegt immer die Ohrläppchen, wie andere die Augenlider bewegen, als ob er irgendwelche Töne aus der Luft auffinge, und wenn es auch so still ist wie vor dem Schojfer-Blasen. Und da er so weit sieht und so weit hört, ist er immer versonnen. Wenn man ihn anspricht, erzittert er, als hätte man ihn aus dem Jenseits geweckt, und wenn er antwortet, so nur mit einem »Ja« oder einem »Nein«. Will er aber noch mehr sagen, so verwickelt er sich in seiner eigenen Rede wie in einem Netz; Schweiß tritt ihm auf die Stirne, und er kann sich nicht mehr herausarbeiten ...

Und will einmal ein Bürger oder eine Bürgersfrau

seine Dienste in Anspruch nehmen und ihn irgendwohin mit einem Auftrag schicken, so pflegt der Bursche für einige Tage zu verschwinden und mit irgendeinem ganz verkehrten Bescheid zurückzukommen. Und das nicht etwa aus Faulheit, sondern aus lauter Verträumtheit.

»Hast du den und den angetroffen, zu dem man dich geschickt hat?«

»Erst heute.«

»Und bis heute?«

Stellt sich heraus, daß er, als er mit dem Auftrage ging, unterwegs einem Mäuschen begegnete, und das Mäuschen hatte gepiepst; wahrscheinlich hat es nicht heimfinden können ... Dann hatte man ihn von der Höhe gerufen – irgendein Vogel hatte ihn gerufen –, und er war ihm nachgelaufen. Und dergleichen mehr. Erst heute kam er hin, wohin man ihn geschickt hatte. Man hatte ihm dort etwas gesagt, aber das hat er schon vergessen oder gleich nicht verstanden. So machte er alles verkehrt und lächelte dabei in Einfalt und streckte die magere Hand nach einem Stückchen Brot aus; er hat die ganze Zeit nichts im Munde gehabt.

In so einem armen Städtchen ohne große Geschäfte, zur Sommerszeit, wenn die Tage lang und leer sind, sitzen die Bürger gähnend an den Fenstern, schauen auf den Markt hinaus und warten, daß sich etwas zeigt, dem sie sich widmen können. Steht so ein Bürger beim Fenster, erblickt den fremden, armen Burschen und ruft ihn zu sich heran. Er hat nichts zu tun, hat schon alle Fliegen gefangen und wird den jungen Mann einem Verhör unterziehen.

»Komm doch mal in die Stube, Junge.«

Schüttelt jener den Kopf. Er will nicht.

»Warum nicht?«

»So!« antwortet jener.

Lacht der Bürger. Er ist nicht faul; er geht zum Burschen hinaus, setzt sich und beginnt:

»Wie heißt du, Junge?«

»Wie ich heiße?« wiederholt der Bursche die Frage. »Awrom! Ich glaube, Awrom. Ja, Awrom!«

»Du weißt es nicht sicher?«

Er weiß nichts sicher. Wie kann man etwas sicher wissen? So vieles kommt einem nur so vor.

Der Bürger keucht vor Lachen.

»Und mit deinem Zunamen?«

Davon weiß der Bursche gar nichts. Und er fragt in aller Einfalt, ob man überhaupt einen Zunamen haben muß.

Sagt der Bürger:

»Gewiß, denn es gibt viele Awroms, und die kann man miteinander verwechseln . . .«

»Nun, und wenn auch?«

»Und wem gehörst du, Junge?«

»Dem Vater.«

»Und wie heißt dein Vater?«

»Vater heißt er.«

»Und wo wohnt dein Vater?«

»Da, wo auch dein Vater wohnt!« Und der Bursche hebt den Finger und zeigt auf den Himmel.

»Ein schönes Früchtchen!« lächelt der Bürger und fragt weiter:

»Und einen anderen Vater hast du nicht?«

»Nein.«

»Und eine Mutter?«

»Muß man eine haben?«

Kugelt sich der Bürger vor Lachen, und der Bursche fragt:

»Darf ich schon gehen?«

»Gleich, gleich!« antwortete der Bürger, der vor Vergnügen schmilzt. »Und woher kommst du, du Kluger?«

»Aus dem Dorfe!«

»Wie heißt das Dorf? Wo liegt es?«

Das weiß er nicht, der Bursche.

»Weit von hier?«

Er ist gegangen und gegangen und gegangen ...

Und der Bursche wiederholt das Wort »gegangen« so lange, bis ihm die Lippen müde werden; und er schließt: »Und noch gegangen!«

»Wie viele Tage und wie viele Nächte?«

Er hat sie nicht gezählt.

Fällt dem Bürger die Frage ein:

»Kannst du beten?«

Beten? Der Bürger muß ihm erklären, was »beten« heißt. Und erst, nachdem der Bürger neun Maß Worte ausgeschüttet hat, kommt der Jüngling darauf, daß es heißt: mit dem Vater sprechen.

»Ja, ja!« sagt der Bürger, und es ist ihm, als drehten sich ihm vor Lachen die Gedärme um.

Er kann das »Schma Jißroel«.

»Wer hat es dich gelehrt?«

Erzählt der Bursche, daß er auf dem Wege aus dem Dorfe in die Stadt im Walde einem sehr alten Mann begegnet war. Dieser alte Mann hätte ihm gesagt, wer sein Vater ist, und ihn gelehrt, mit dem Vater zu sprechen – das »Schma Jißroel« zu sprechen. Er versteht zwar nicht, was er zu seinem Vater spricht, aber der alte Mann hätte ihm gesagt, daß der Vater alles verstehe und seine Freude daran habe.

»Und wann redest du mit dem Vater?«

»Zweimal am Tage.«

Und dabei spielt er.

»Du spielst? Was denn?«

Was er gerade hat.

Im Dorfe pflegt er auf Grashalmen und Schilf zu spielen, dann hätte man ihn gelehrt, hölzerne Pfeifchen zu schnitzen, und er habe auf so einem Pfeifchen gespielt ... In der Stadt habe man ihm ein tönernes Pfeifchen geschenkt, und er spiele nun darauf ...

»Und wenn man dir beispielsweise eine Fiedel geben würde?«

Leuchten die Augen des Burschen auf: Ach, wenn er

nur eine Fiedel hätte, wie sie die Stadtmusikanten haben! Besonders so ein großes, großes Instrument, das man an einem Riemen trägt . . . Ach, wie er dann spielen würde! . . .

»Vielleicht«, fährt der Bürger in seinem Verhör fort, »kauft man dir einmal so ein Instrument, aber du mußt zuvor zeigen, was du kannst.«

Holt der Bursche sein tönernes Pfeifchen aus dem Busen und pfeift.

Und wie er pfeift, beginnt es im Himmel zu rauschen, Scharen von Vögeln fliegen zusammen und flattern über seinem Haupte in der Höhe, und der Bursche blickt lächelnd zu ihnen auf und steckt das Pfeifchen wieder in den Busen.

Der Bürger hat aber den Kopf gar nicht gehoben und nichts gesehen. Auf die Töne des Pfeifchens kommt die Frau aus dem Hause, und nach ihr die Magd. Zwei Ehepaare sind an ihre Fenster getreten und schauen hinaus. Will der Bürger seinen Witz zeigen und fragt den Burschen weiter aus:

»Und wovon hast du im Walde gelebt?«

Von Pilzen hat er gelebt.

So, dann versteht er sich wenigstens auf Pilze!

»Und früher, im Dorfe?«

Von dem, was man ihm gab.

»Und wer gab dir was?«

Der Bauer, die Bäuerin, sogar der Geistliche und der Schankwirt . . .

»Und was gab man dir?«

Der Bürger hält den Atem ein. Nun muß es herauskommen!

Und der Bursche antwortet in aller Einfalt, daß man ihm Kraut, Kohlsuppe, Fleisch und Brot gegeben habe; er hätte aber nur das Brot gegessen und die anderen Speisen den Vögeln hingeworfen.

»Warum denn nur Brot?«

Er mag nur Brot, andere Speisen mag er nicht.

Der Alte im Walde habe ihn gefragt, was er esse. Und als er ihm antwortete, daß er nur Brot möge, hätte der Alte gesagt, daß er ihn dafür liebe; zum Lohne dafür hätte er ihn auch gelehrt, mit dem Vater sprechen. Den Alten habe er so lieb, so lieb ... Und das »Schma Jißroel« spreche er so ernst, weil der Alte es ihm so befohlen habe ...

Der Bürger läßt aber noch immer nicht locker und fragt:

»Und wenn der Alte dir befohlen hätte, zu stehlen?«

Dann würde er stehlen.

»Und zu rauben?«

Würde er rauben ...

Aber das werde er ihm niemals befehlen, denn er sei so gut, der Alte.

»Aber doch, wenn er heute kommt und dir befiehlt, daß du einen Menschen umbringst?«

Dann würde er umbringen.

»Und hättest keine Angst vor dem Vater?«

Wovor soll er denn Angst haben?

»Vor seiner Strafe.«

Da lächelt der Bursche zum erstenmal.

»Ihr macht Spaß: ein Vater straft nicht!«

Da rief man aber die Leute zum Gebet zusammen, und der Bürger eilte ins Bejßmedresch, um dort zwischen Minche und Maariw zu erzählen, wie klug er den jungen Mann ausgefragt habe ...

Das Städtchen hätte an ihm natürlich auch so Unterhaltung genug, aber da traf sich noch folgende Geschichte.

Die Gemeinde hatte eine Musikkapelle: zwei Fiedeln, eine Flöte, eine Klarinette, ein Becken oder einen »Klopfteller«, wie man es in anderen Gegenden nennt; und der Vollständigkeit halber, wie es so üblich ist, auch eine Baßgeige. Eine arme Kapelle, die bei jüdischen Hochzeiten spielte, am Purim und Chanekke sich ein paar Groschen verdiente und manchmal sogar, wenn die anderen Kapellen beschäftigt waren, von kleineren Edelleuten für einen Ball gemietet wurde. Sehr groß war ihre Kunst nicht.

Passiert einmal folgendes: es ist im Winter, die Kapelle geht im Morgengrauen von einem Ball bei kleinen Edelleuten heim; die Musiker haben ein wenig getrunken, aber nur ein Stückchen Brot zum Frühstück gehabt, da sie bei Christen doch nichts anderes essen durften. Die Leute gehen, ein jeder für sich, singend, summend und fluchend ihren Weg, und der Baßgeiger, der das schwerste Instrument zu tragen hat, schleppt sich hinten nach. Er kann die Füße kaum aus dem Schnee herausziehen. Ein alter und schwacher Mann ist er. Er ruft und schreit und bittet, daß die anderen ihm nicht davonlaufen – sie hören aber auf ihn »wie auf den Row«; ein jeder geht ja für sich. Nun beginnt zwischen ihnen auch ein Zank wegen der Verrechnung; sie schimpfen und schelten, und nüchtern sind sie, wie gesagt, auch nicht. Indessen schlägt das Wetter um, und es beginnt von neuem zu schneien. Die Musiker nehmen sich zusammen; sie sind ernüchtert und beginnen zu laufen. Und wie sie in die Stadt kommen, eilt jeder in sein Haus und fällt wie ein Erschlagener auf sein Bett. Aber man läßt sie nicht lange schlafen: der Baßgeiger ist nicht heimgekommen, und seine Frau läuft mit großem Geschrei von einem Musiker zum anderen, weckt sie und fragt: »Wo ist mein Mann? Wo ist mein Mann?«

Wie sie, vom Branntwein und vom Schlaf trunken, zu sich kommen und begreifen, was man von ihnen will, packt sie ein Grauen. Sie springen auf und laufen hinaus, den Baßgeiger zu suchen; es ist aber kein Weg, kein Steg: man sieht nur weiße, glatte Totengewänder – frischgefallenen, unschuldigen Schnee – geh, such, wo der Baßgeiger liegt!

Kommen sie ohne den Kameraden zurück. Eine

Hoffnung ist noch da: vielleicht ist der Baßgeiger so vernünftig gewesen und hat sich in irgendein Dörfchen seitwärts gerettet.

Es vergeht ein Tag und noch ein Tag; der Frost hat schon nachgelassen, der Schnee ist halb geschmolzen. Es ist ein Freitag, die Leute gehen dem Sabbat zu Ehren ins Bad, sprechen über den Baßgeiger, und niemand weiß Bescheid. Plötzlich kommt ein Bauernwagen gefahren und bleibt mitten auf dem Markte stehen. Auf dem Wagen liegt aber die Leiche des erfrorenen Baßgeigers ... Man nimmt sich sofort der Leiche an und bestattet sie noch vor dem Lichtanzünden ... Man hat Angst, daß man sie seziert ... Mit knapper Not wird man vor Sabbatanbruch fertig! Am nächsten Morgen kommt die Witwe in die Schul und will die Thoravorlesung verhindern: fünf kleine Kinder hat der Baßgeiger hinterlassen. Nach Sabbatausgang hält man eine Versammlung und lädt auch die Musikanten ein. Die Gemeinde hat kein Vermögen und will, daß die Musikanten sich ohne einen Baßgeiger behelfen, der Witwe aber seinen Anteil weiterzahlen. Die Musiker erwidern: Das geht nicht! Eine Kapelle ohne einen Baß ist gar keine Kapelle. Bei jüdischen Festlichkeiten könnte man sich mit Genehmigung der Gemeinde vielleicht auch so behelfen, aber ein Edelmann wird keinen Fuß zum Tanze rühren, wenn die Baßgeige fehlt ... Der Rabbi wendet darauf ein, daß die Erhaltung einer Seele in Israel wichtiger sei als die Kapelle und der Tanz der Edelleute; sagen drauf die Musikanten, der Rabbi möge es ihnen verzeihen, aber von Musik verstünde er nichts. Schreien die anderen: »Freche Bande!«

Da schlägt der Bürger, der unseren Jüngling so klug ausgefragt hat, mit der Hand auf den Tisch und ruft:

»Ruhe, meine Herren!«

Er weiß Rat. Er kennt einen jungen Mann, der gerne Baßgeige spielen möchte und wohl auch zu spielen versteht ... Man solle den jungen Mann mit der Witwe verheiraten: dann werde der Wolf satt und die Ziege heil bleiben, und die Gemeinde werde auch nicht einen Dreier zu zahlen haben ...

Vielleicht meinte er das nur im Scherz, aber die Gemeinde und der Rabbi einerseits und die Musikanten andererseits griffen diesen Rat auf wie Ertrinkende eine Planke; auch die Witwe war damit einverstanden, Awrom ebenfalls, und man machte noch im selben Monat Hochzeit ...

So kam Awrom ganz unerwartet zu einem Weib mit fünf Kindern und zu einer Baßgeige nebst Bogen.

Mit dem Weibe lebt er in Frieden: er kommt überhaupt nie ins Haus und übernachtet draußen vor der Tür. Ganze Tage treibt er sich irgendwo draußen herum, wenn es nicht gerade irgendeine Festlichkeit im Städtchen oder einen Ball bei den Edelleuten gibt; dann spielt er mit. Hat er Hunger, so klopft er ans Fenster, sein Weib reicht ihm ein Stück Brot hinaus, und er verschwindet damit, bis er wieder Hunger hat ... Wenn die Nachbarinnen die Baßgeigerin fragen, ob sie in ihrem Eheleben glücklich sei, lacht sie: sie hat es so gut, wie kaum jemand in der Welt! Was braucht auch so ein altes Weib? Er ißt nichts und trinkt nichts und sagt ihr kein böses Wort; die Abrechnungen mit der Kapelle besorgt sie und bekommt seinen Anteil am Verdienst in die Hand ... Was kann sie sich noch wünschen?

Auch Awremel scheint mit seinem Los zufrieden. Anfangs hatte er Schwierigkeiten mit den Musikanten, weil er niemals die Melodie traf und immer für sich geigte ... Wenn sie mit dem Stück fertig waren, spielte er ruhig das seinige weiter, als gehörte er zu einer ganz anderen Kapelle, die irgendwo in weiter Ferne spielte und die niemand außer ihm hörte. Doch mit der Zeit gewöhnten sie sich an ihn. Spielte man bei einem Edelmann, so wußte man schon, wie mit ihm fertig zu werden; wenn das Stück zu Ende ging, griff einer von den Musikanten nach seinem Bogen und hielt ihn fest. Auf jüdischen Hochzeiten ließ man ihn aber absichtlich weiterspielen, und die Gäste kugelten sich vor Lachen; das diente als Belustigung, besonders bei der großen Abendmahlzeit.

Die Gemeinde ist mit Awremel erst recht zufrieden. Still und züchtig sitzt er immer mit dem Gesicht zur Wand und mit dem Rücken zum Publikum, um ja keine Frauen zu sehen ... Bei den Hochzeiten nimmt er nichts von der Bewirtung in den Mund, denn er hat sein eigenes Stück Brot mit. Man sieht ihn sogar fast nie essen. Außerdem ersetzt er das ganze Jahr einen »Schulklopfer«.

Denn er hatte die Gewohnheit, dreimal am Tage das »Schma Jisroel« auf der Baßgeige zu spielen: des Morgens, wenn die Sonne aufgeht, des Abends, wenn sie untergeht, und um Mitternacht. Am Morgen und am Abend tat er es auf einer Wiese beim Flusse vor der Stadt, und um Mitternacht – mitten auf dem Markte; und die Töne seiner Baßgeige schwebten durch die stille Nacht und drangen durch die Tore und Laden in die Stuben und in die Herzen ein ... Und in seinen Tönen lag eine seltsame, ernste Andacht und Frömmigkeit. Wenn einen der Schulhammer nicht weckte, so weckte ihn das »Buh, buh, buuh!« aus dem Schlafe, und die Leute erhoben sich unwillkürlich aus den Betten zum Dienste des Schöpfers, machten Licht und liefen zum Mitternachtsgebet.

Es kam vor, daß ein Edelmann mitten im Tanze seine Dame stehen ließ, auf Awremel zulief und ihn an einer Schläfenlocke zerrte, weil er aus dem Takt gekommen war; die Juden lachten über ihn bei allen Festlichkeiten, pflegten aber, wenn sein Spiel sie zum Mitternachtsgebet weckte, seufzend zu sagen:

»Der arme Narr! Aber in seinem Spiel steckt etwas, es muß darin etwas stecken!«

Andere wiederum sagten:

»Die arme, stumme Seele will mit ihrem Schöpfer sprechen und hat keine andere Sprache!«

Einmal gab es in Tomaschow eine große Hochzeit, wie sie nur einmal in fünfzig Jahren vorkommt.

Es ist doch kein Spaß: der Gemeindevorsteher von Lublin und der Rabbi von Krakau verheiraten ihre Kinder, und Tomaschow liegt gerade in der Mitte des Weges.

Der Lubliner Gemeindevorsteher will den Krakauer Rabbi mit der Hochzeit in Erstaunen setzen, damit er wisse, mit wem er sich verschwägert.

Läßt er für die Hochzeitskosten ein Fäßchen Dukaten aus dem Keller heraufrollen. Schickt er Diener nach Tomaschow, damit sie ihm dort alles mit königlicher Freigebigkeit vorbereiten, wie es sich für den Gemeindevorsteher von Lublin geziemt, der die Gnade hat, sich mit dem Rabbi von Krakau zu verschwägern.

Kommen die Lubliner Aufwärter nach Tomaschow und suchen vor allem einen passenden Raum für die Hochzeit: es werden doch Lubliner, Krakauer und Tomaschower Gäste dabei sein, reiche Leute, angesehene Bürger, Thoragelehrte, Rabbonim und Dajonim.

Und drei Kapellen werden bei der Hochzeit spielen: die Lubliner, die Krakauer und auch die Tomaschower Kapelle, die auf ihrem Recht besteht.

Seit alten Zeiten steht beinahe am Ende der Stadt ein großer Schuppen, in dem man im Winter Holz trocknete, das jetzt schon auf der Weichsel, auf dem Wege nach Danzig ist. Die Diener mieten auf Kosten ihres Herrn den Schuppen, der so groß ist wie eine Arche; sie lassen ihn von außen mit allerlei Bildern bemalen und schmücken ihn innen wie eine Laubhütte mit teuren Stoffen, Vorhängen und Teppichen. Von einem Ende zum anderen stellen sie zwei lange Tische auf: den einen für die Männer, den anderen für die Frauen, schmücken die Wände mit Leuchtern und Papierlaternen – für vierzig Minjonim ist Raum im Schuppen! Und man macht besondere Eingänge, für die Frauen, für die Diener und für die Musiker, und in der Mitte ein großes Tor, über das man die Krone der Thora malt: für den Krakauer Rabbi und die anderen Gäste ...

Und der Tag der Hochzeit bricht an. Es kommen immer neue Gäste gefahren, die bei den Bürgern Unterkunft finden: ein jeder hält es für die größte Ehre und tritt seine schönste Stube ab. Und als man sich zum großen Mahle an die Tafeln setzte, als die Lichter in den Sabbatleuchtern auf den Tischen, in den Wandleuchtern und in den Papierlaternen erstrahlten, als die Ohrringe, Stirntücher und Brusttücher der Frauen zu funkeln anfingen, da füllte sich der Schuppen auch mit dem Lichte der Thora: Gelehrte von Krakau und Lublin, die von Tomaschow in der Mitte ... Und obenan der Rabbi von Krakau.

Die Diener tragen große Fischplatten herum, silberne Messer und Gabeln klirren, die Frauen summen fröhlich an ihrem Tisch – und alles wird übertönt von einem Gespräch über die Thora am Tische des Rabbis von Krakau. Plötzlich fällt die Musik mit einem »Frejlachs« ein ... Drei Kapellen spielen, es schallt, und die Kerzenflammen auf dem Tische und an den Wänden zittern vor Freude. Und der Krakauer Rabbi stützt sich auf die Armlehne und lauscht mit Freuden: er versteht sich auf Musik ...

Vom »Frejlachs« gehen die Kapellen auf einen »Wojlach« über; sie gleiten so geschickt hinüber, daß man es gar nicht merkt. Die Musik fließt dahin, eine Krakauer Fiedel spielt so eindringlich, als redete sie mit Worten; sie schließt die Herzen auf und ergießt sich in die Seelen ... Und die drei Kapellen begleiten sie leise und züchtig ... Es ist, als hätte sich ein Wasser ergossen, die funkelnde Weichsel, die sich leise wiege und rausche und singe zu Ehren des Bräutigams und der Braut, zu Ehren des Rabbi von Krakau und der teuren Gäste; als fliege über dem Wasser – o Wunder! – ein Vogel und singe stille Trauerlieder, dann lustige, lebhafte Weisen und dann wieder Trauergesänge, als wollte er sagen: es ist zwar ein frohes Fest, aber man soll auch das Exil der göttlichen Majestät nicht vergessen. Dann kommt wieder ein Aufschrei von Freude: es ist ja doch eine so seltene Hochzeit, eine Versammlung von Gelehrten, und der Rabbi von Krakau sitzt obenan! (Ein Lubliner Chasen hatte die Musik komponiert.) Und die Kapelle wird plötzlich mitgerissen, alle Instrumente spielen, es geht immer höher hinauf, es steigt voller Freude von Stufe zu Stufe. Es rauscht, es leuchtet, es tanzt, es blitzt ...

Und plötzlich bricht alles ab, als ob alle Saiten gesprungen und alle Instrumente gebrochen wären. Es ist still, aber in der Stille tönt es: Buh, buh, buuh ... Awremel spielt noch weiter, und aller Augen richten sich auf seinen Rücken. Es ist still, niemand zuckt mit der Wimper, nur Awremels Hand allein bewegt sich und fährt mit dem Bogen hin und her:

Buh, buh, buuh ...

Die Musikanten hatten es absichtlich so eingerichtet, um die Versammlung auf Awremels Kosten zu belustigen ...

Es gelang ihnen aber nicht!

Die Musikanten schauen und warten, daß die Gäste in Gelächter ausbrechen. Aber die Gäste blicken auf Awremel und von ihm auf den Rabbi von Krakau. In seiner Gegenwart wird man doch nicht lachen! Die Gesichter verziehen sich, die Lippen krümmen sich, das Lachen guckt ihnen aus den Augen, aber sie schauen auf den Rabbi von Krakau und warten. Der Krakauer Rabbi sitzt in seinem Streimel, in die Stuhllehne gestützt, seine Wimpern sind gesenkt – ist er nicht eingeschlafen, der Rabbi von Krakau?

Und die Baßgeige spielt immer weiter:
Bu, buh, buuh . . .
Den Leuten wird es unheimlich zumute.

Plötzlich wenden alle ihre Augen vom Krakauer Rabbi auf den mittleren Eingang. Es ist ein Lärm, man hört Schritte, die Diener laufen hin, öffnen die Tür und schreien erschrocken hinaus: »Nein, nicht jetzt! Es wird für euch später eine Armenmahlzeit geben . . .«

Nun ist es allen klar, daß Bettler hereinwollen. Der Krakauer Rabbi schlägt die Augen auf und will etwas sagen. Wahrscheinlich, daß man sie einlasse. Was denn sonst?

Aber im gleichen Augenblick zeigt sich in der Tür ein alter Mann in zerrissener Mütze, mit zerzaustem grauen Bart und Schläfenlocken, ein Bettler wie alle Bettler, aber seine Augen blicken so majestätisch wie die eines Königs, und auch seine Bewegungen sind von königlicher Größe. Die Diener erschrecken und weichen unwillkürlich mit großer Ehrfurcht vor seinem Blick zurück. Er winkt, und sie bilden ihm unwillkürlich eine Gasse. Und der Alte in den Kleidern des niedrigsten Bettlers und mit den Augen und Gebärden eines Königs tritt ein, von einer Schar von Bettlern gefolgt. Und der Alte tritt in die Mitte des Schuppens und bleibt stehen. Hinter ihm stellt sich die ganze Bettlerschar auf, die Gäste sind bestürzt und stumm, der Rabbi von Krakau auch. Aber Awremel fährt zu spielen fort. Man sieht, wie sein gekrümmter Rücken zittert und wie seine Hand mit dem Bogen über die Saiten fährt. Und die Baßgeige ächzt innig und ernst:

Bu, buh, buuh . . .

Und der alte König im Bettlerkleide tut nach einer Weile den Mund auf. Die Gäste beugen sich über die Tische, die Leute, die an den entfernteren Tischen sitzen, springen plötzlich geräuschlos auf und recken sich auf den Zehenspitzen – alle sind vom Munde des Alten wie von einem Magnet angezogen, aller Augen hängen an seinen Lippen . . .

Und der Alte sagt erst das eine Wort: »*Mitternacht!*«

»Rabbi von Krakau,« fährt er fort, »Awremel spielt zum Mitternachtsgebet . . . Ihr glaubt es nicht, Rabbi von Krakau, also werdet Ihr es hören . . . Damit Ihr die Gnade erlebt, zu hören, wie Awremel zum Mitternachtsgebet spielt, war es Euch bestimmt, Euch mit dem Gemeindevorsteher von Lublin zu verschwägern: Tomaschow liegt ja in der Mitte des Weges . . . Und Euch zu Liebe werden es alle hören, doch nicht alle so wie Ihr. Denn Ihr versteht Euch auf Musik . . .«

Bu, buh, buuh – spielt Awremel weiter, und die Leute lauschen stumm, wie verzaubert. Der alte Bettler hebt aber die rechte Hand und winkt zur Decke empor. Und die Decke spaltet sich, und die eine Hälfte geht nach rechts und die andere nach links, wie die Deckenflügel einer Laubhütte.

Und es zeigt sich der sternenfunkelnde Himmel. Über der Öffnung schwebt still der Mond . . . still schwebt er vorbei. Und wie er vorbeigeschwebt ist, winkt der alte Bettler wieder nach oben, und auch der Himmel spaltet sich, und in der Höhe erscheint das unendliche, zitternde Urlicht, und aus dem Lichte, das sich wiegt und zittert, tönt Gesang und Musik – die Himmlischen sprechen das Mitternachtsgebet, Engelchöre singen, Engelkapellen spielen, und alle singen und spielen die gleiche Weise. Awremels Baßgeige spielt mit ihnen mit, sie schwebt mit im Psalme des Lichts, das sich in der Höhe wiegt und zittert . . .

Und alle Leute befällt ein Zittern . . .

Und der Alte winkt, und der Himmel schließt sich, die Musik hört auf, die Sterne schweben und funkeln zitternd wie in stiller, wehmütiger Freude . . .

Und der Alte winkt wieder, und die beiden Hälften

des Daches fallen zurück und schließen sich. Wie zu Stein erstarrt sitzen die Gäste, sie atmen kaum, und Awremels Baßgeige tönt wieder:

Bu, buh, buuh ...

Und plötzlich entfallen Bogen und Geige seiner Hand, er steht auf, wendet sich zu den Gästen um und fängt an: »Schma Jißroel!« Und er singt es in derselben Melodie, die er im Himmel spielte . . . Und wie er damit fertig ist, sinkt er ohnmächtig hin ...

Der Alte fängt ihn im Fallen auf.

»Tragt ihn ins Spital!« befiehlt er den Dienern.

Und sie nehmen ihn und tragen ihn hinaus.

»Rabbi von Krakau«, spricht der Alte, als man Awremel hinausgetragen hat, »nicht zu einer Hochzeit seid Ihr gekommen, sondern zu einem Begräbnis. Awremel ist zu den Himmlischen Heerscharen einberufen worden, es fehlte dort ein Baßgeiger ...«

Und der Alte verschwand mit allen seinen Bettlern.

Und so geschah es auch.

Awremel, der Baßgeiger, starb am nächsten Tag im Spital, und der Rabbi von Krakau und alle anderen Gäste gingen in seinem Leichenzuge mit. Der Alte soll aber Reb Lejb Ssores gewesen sein ...

Unmöglich ist es nicht ...

JIZCHOK LEJB PEREZ

Vier Briefe an Chane von ihrem Mann Schmuel-Mojsche

Erster Brief.

An meine geliebte Gattin Chane, leben soll sie!

Wenn dieser Brief in Deine Hände kommt, werde ich, Dein Mann Schmuel-Mojsche, schon in weiter Ferne sein. Ich bitte Dich um Verzeihung und Vergebung. Nicht aus freiem Willen habe ich Dich verlassen; ich konnte es einfach nicht länger aushalten! Ich habe mich überzeugt, daß wir beim Äußersten angelangt sind und daß das Unglück nicht mehr zu ertragen ist. Deine Mitgift haben wir verzehrt, und die väterliche Erbschaft hat sich Dein Bruder, der Räuber, angeeignet. Während er mit Dir die vielen Briefe wechselte, schrieb er das Haus auf den Namen seines Schwiegervaters um. Und ich konnte kein Geschäft beginnen, weil ich keinen Pfennig Geld hatte. Also blieb mir keine andere Wahl, als mich, Gott behüte, zu erhängen, wie es Mojsche der Schneider getan hat, oder nach Amerika zu entlaufen. Und ich wählte Amerika, damit ich wenigstens mein Seelenheil nicht verliere. In Amerika werde ich aber kein Batlen mehr sein, und kein vornehmer Herr. So Gott will, werde ich dort im Schweiße meines Angesichts mit meinen zehn Fingern mein Stück Brot verdienen, bis der Herr, gepriesen sei Er, sich meiner erbarmt und meine zehn Finger segnet.

Vielleicht wird Er auch Deinen Zwiebelhandel segnen und uns wieder zusammenbringen, so daß entweder ich zu Dir zurückkehre, oder Du zu mir hinüberkommst. Amen, Sein Wille geschehe!

Und ich bitte Dich sehr, meine liebe, gute Chane, gräme Dich nicht und weine nicht. Du weißt ja, daß ich Dich nur wegen der Nahrungssorgen, wegen des Stückes Brot verlasse. Du bist meine Frau Chane, und ich bin Dein Mann Schmuel-Mojsche, und wir hängen beide am Kind, möge es leben und gesund sein. Hätte ich wenigstens ein Stückchen Brot, so täte ich es sicher nicht. Vielleicht wird sich inzwischen der Herr, gepriesen sei Er, unser erbarmen; vielleicht wird Dein Bruder, der Räuber, wenn er erfährt, daß ich Dich, Gott behüte, als eine Agune zurückgelassen habe, Mitleid mit Dir haben, so daß sich sein steinernes Herz erweicht und er Dir einige Rubel schickt ...

Was soll ich reden und was soll ich sagen, meine goldene Chane?! Ich muß Dir sagen, daß der Gedanke, zu verreisen und Dich und das Kind zu verlassen, mir mehr als einmal gekommen ist. Ich habe schon längst eingesehen, daß mir kein anderer Ausweg übrigbleibt. Tag und Nacht dachte ich darüber nach, wie beim Beten so auch beim Lernen. Ich wartete nur darauf, daß unser Kind – möge ihm die Genesung kommen! – sich ein wenig erholt. Und als sich der Zustand des Kindes, leben soll es, etwas besserte, hatte ich nicht den Mut, Dir zu sagen, daß ich fliehen will, wohin meine Augen schauen ... Ich fürchtete, daß Du dagegen sein würdest und daß ich es gegen Deinen Willen nicht tun würde. Also trug ich alle diese Gedanken in mir, und mein Herz verblutete, ohne daß es jemand merkte. Als Du aber vorgestern mit einem Pfund Brot nach Hause kamst, es zwischen mir und dem Kind, leben soll es, teiltest und sagtest, daß Du schon beim Nachbarn gegessen hättest, ich aber in Deinem Gesicht, das plötzlich in allen Farben schillerte – denn Du kannst nicht lügen –, las, daß Du mich betrügst und nichts im Munde gehabt hast, begriff ich plötzlich, wie schwer ich mich an Dir versündige! Als ich das Brot aß, hatte ich das Gefühl, daß ich, Gott behüte, dein Fleisch esse. Und als ich später ein Glas Tee trank, war es mir, als ob ich, Gott behüte, Dein Blut tränke. Plötzlich gingen mir die Augen auf, und ich sah, was für ein Sünder in Israel ich bin. Und doch fürchtete ich, Dir etwas zu sagen, und bin ohne Dein Wissen entlaufen.

Ich habe meinen Überrock und Talis bei Jechiel dem Pfandleiher versetzt (es soll aber, um Gottes willen, niemand etwas davon erfahren!), und habe mich mit dem Gelde auf die Reise gemacht. Wenn mir unterwegs das Geld ausgehen sollte, so werde ich doch überall Juden, Söhne von Barmherzigen finden, die mich, Gott behüte, nicht auf der Straße sterben lassen. So werde ich auf die Mildtätigkeit von Wesen aus Fleisch und Blut angewiesen sein. Und ich habe das Gelübde geleistet: wenn ich, so Gott will, später einmal etwas verdiene, werde ich alles mit Zinseszinsen Armen weggeben. Das walte Gott!

Du wirst doch selbst begreifen, meine goldene Chane, wie schwer und bitter es mir ist, von Dir fortzuziehen ... Als unser einziges, teures Kind geboren wurde, dachte ich gar nicht daran, daß ich es je auch nur für kurze Zeit ohne Vater zurücklassen müssen werde ...

In der letzten Nacht vor meiner Flucht stand ich fast eine ganze Stunde über Dein Bett gebeugt. Du schliefst. Beim Scheine des Mondes merkte ich erst, wie elend Du, nebbich, ausschaust und wie gelb das Kind ist ... Vor Schreck und Mitleid krampfte sich in mir das Herz zusammen. Ich war nahe daran, in Tränen auszubrechen. Fast ohne Besinnung verließ ich das Haus. Ich klopfte beim Bäcker an, kaufte ein Brot, kehrte damit leise in die Stube zurück und legte es für Dich hin. Und dann stand ich noch eine Weile da und hatte keine

Kraft, die Füße vom Boden loszureißen ... Was soll ich Dir noch mehr sagen, Chane?! Der Mensch erlebt manchmal in einem Augenblick die Qualen von hundert Jahren!

Chanele, meine Krone, ich weiß, daß ich ein Verbrecher und Mörder bin, weil ich Dir nicht für jeden Fall einen Scheidebrief zurückgelassen habe. Aber Gott im Himmel sei mein Zeuge, daß ich es nicht übers Herz bringen konnte. Ich glaube, daß, wenn ich Dir den Scheidebrief zurückgelassen hätte, ich unterwegs vor Kummer sterben müßte. Wir sind doch treue, ehrbare Ehegatten. Der Herr, gepriesen sei Er, hat unsern Bund gesegnet. Ich hänge an Dir mit meinem ganzen Wesen. Wir haben eine Seele in zwei Körpern. Ich weiß gar nicht, wie ich es ohne Dich und ohne das Kind, leben soll es, auch nur einen Augenblick aushalten werde. Und wenn Dir jemand sagt, daß ich Dich, Gott behüte, als eine Agune zurückgelassen habe, so glaube nicht daran! Denn ich, Schmuel-Mojsche, bin Dein Mann, und was ich getan habe, habe ich tun müssen. Was tut nicht alles der Mensch in seiner Not ...

Chanele, meine Krone, könnte ich mein Herz aufreißen und Dir zeigen, was in ihm vorgeht, so wäre es eine Erleichterung für mich. Meine reine Seele, ich leide große Pein, Tränen fließen mir aus den Augen, und ich sehe gar nicht, was ich schreibe ... Das Herz tut mir weh, und im Kopfe dreht sich ein Mühlenrad. Ich zittere am ganzen Leibe, und der Fuhrmann, der rohe Kerl, steht vor mir, schlägt mit der Faust auf den Tisch und schreit: Wollen wir doch fahren!

Schöpfer der Welt, erbarme Dich meiner, meines Weibes Chane, gesund soll sie sein, und unseres Kindes, mögen wir an ihm einst Freude erleben!

Dein treuer Mann, der dies unterwegs in einem Wirtshause schreibt,

Schmuel-Mojsche.

Zweiter Brief.

Meine teure und geliebte Frau!

Was soll ich reden, was soll ich sagen? Ich sehe es ganz deutlich: es war der Wille Gottes, daß ich Dich verlasse. Gott selbst hat mir den Gedanken eingegeben, nach Amerika zu ziehen. Und alles, was der Herr, gepriesen sei Er, tut, ist zu unsrem Besten.

Meine liebe Chane! Wenn ich die Augen schließe, sehe ich mich zu Hause und denke an Dich am andern Ende der Welt. Wer hätte es erwartet, daß so ein Batlen wie ich, ein Mensch, der nicht zu reden versteht und kaum die Münzen voneinander unterscheidet, es plötzlich fertigbringt, eine Reise mit der Eisenbahn und dann mit dem Schiff übers Meer zu machen und heil nach Amerika zu kommen?! Das ist doch wahrlich ein Finger Gottes! ... Nur Er hat es mit Seinem Willen durchsetzen können, daß ich Dich und das Kind verlasse. Der Herr, gepriesen sei Er, möchte geben, daß wir es für die Thora, für die Chuppe und für gottgefällige Werke großziehen!

Chanele, meine Krone! Auf dem Lande habe ich unterwegs genug Wunder gesehen. Sie sind aber alle nichts gegen die Wunder, die ich auf dem Meere sah. Auf dem Meere vergaß ich alles, was ich auf dem Lande gesehen habe. Und in Amerika vergaß ich wieder alle Wunder des Meeres!

Auf dem Schiffe habe ich anfangs große Pein ausstehen müssen. Es war nicht zum Aushalten. Aber alles wendete sich zum Besten, und ich glaube, daß ich es nur Deinen frommen Verdiensten und denen unseres einzigen Kindes verdanken muß, daß ich es doch überstanden habe.

Chanele, Du erinnerst Dich wohl noch an Lejb den Chasen, der vor einigen Jahren in unsere Stadt gekommen war, um an den Furchtbaren Tagen vorzubeten? Ich weiß noch, was Du mir am Jojmkipper-Ausgang gesagt hast: seit Du lebst, hättest Du noch keinen solchen Chasen gehört. Ich habe mir sogar Deine Worte gemerkt: Lejb der Chasen brüllt wie ein Löwe und weint wie ein Kind ... Am nächsten Morgen gab es in der Stadt irgendwelche Streitigkeiten, kein Mensch dachte mehr an den Chasen, und er kam irgendwie um seinen Lohn. Also ging er, nebbich, von Haus zu Haus und sammelte milde Gaben. Weißt Du noch, er hatte ein kleines Töchterchen bei sich mit Namen Genendel. Sie konnte mit ihrer kindlichen Stimme alle Gesänge ihres Vaters nachsingen ... Als sie zu uns ins Haus kamen, hattest Du Mitleid mit ihr, nahmst sie auf den Schoß und küßtest sie auf die Stirne. Du schenktest ihr auch etwas, ich weiß nicht mehr, was es war, und weintest vor Mitleid mit dem mutterlosen Kinde ... Du wunderst Dich wohl, daß ich mich noch so gut an alles erinnere?

Wisse nun, Chanele, meine Krone, daß ich mich an alle Deine süßen Worte und Gebärden, die für mich stets voller Anmut waren, erinnere. Immer stehst Du mir vor Augen! Während der Seefahrt glaubte ich mehr als einmal, Dich neben mir zu sehen; unser Kind hielt Dich an der Schürze, und Deine Stimme und die Stimme des Kindes klangen mir so unbeschreiblich süß in den Ohren. Auf der Reise traf ich mit diesem selben Lejb dem Chasen zusammen. Ich will nicht mit den Lippen sündigen, aber ich muß sagen, daß Lejb der Chasen den rechten Weg verlassen hat! Er hat ihn gänzlich verlassen ...

Auf dem Schiffe sah er wenig darauf, ob die Speisen koscher oder nicht koscher waren. Auch trank er, wie ein Jude sonst nicht trinkt ... Während der ganzen Zeit sah ich ihn kein einziges Mal mit Talis und Tfillin. Auch sah ich ihn nie nach dem Essen beten ... Immer ging er mit bloßem Kopfe herum ... Es genügt wohl nicht, daß er sich selbst so benimmt, er läßt auch seine Tochter die gleichen Wege gehen ... Die Genendel von einst ist nun siebzehn Jahre alt und ein bildhübsches Mädchen. Er zwingt sie, vor den Passagieren zu tanzen und sie singt, Gott sei es geklagt, in vielen Sprachen. Die Leute hören zu, klatschen mit den Händen und schreien etwas, der Teufel weiß was. Und es geht dabei ganz ausgelassen und liederlich zu. Wirklich ekelhaft!

Im ersten Augenblick – warum soll ich es leugnen? – freute ich mich über das Wiedersehen. Ich dachte mir: es sind ja immerhin Bekannte, und ich werde nicht mehr so einsam und verlassen sein. Später hatte ich aber von ihnen viel Kummer. Ich konnte nicht ruhig zusehen, wie er seine Tochter verdarb, und es schnitt mir ins Herz, wenn ich hörte, wie dieser Mann, der einst am Vorbeterpult als Bevollmächtigter einer ganzen Gemeinde vor dem Schöpfer der Welt zu stehen pflegte, so liederliche Worte im Munde führte, daß sich einem dabei die Galle umdrehte. Und seine Stimme ist gänzlich von Schnaps verbrannt ...

Und diese Leute machten sich über mich her und wollten mich Anstand lehren! Sie verfolgten mich auf dem Schiffe mit ihren Späßen, und ich hörte von ihnen nichts als: Batlen und Narr ... Er zupfte mich an den Pejes und sie an den Fäden meines Arbekanfes. Das ganze Schiff lachte über mich!

Und was mißfiel ihnen an mir? Daß ich mich vor Trejfe in acht nahm und es vorzog, zu fasten, als von den Speisen der Götzendiener zu genießen.

Du weißt doch, daß ich friedliebender Natur bin; darum suchte ich mich von allen abseits zu halten und saß meistens allein in einem Winkel und weinte im stillen ...

Die Leute suchten mich aber in meinem Versteck auf und machten mich zur Zielscheibe ihres Spottes. Ich glaubte, daß ich daran sterben müßte!

Aber jetzt in Amerika sehe ich, daß es eine Fügung Gottes war!

Daß Gott in seiner großen Gnade mir Lejb den Chasen nach Amerika vorausgeschickt hat, ebenso wie er einst Josef nach Ägypten vorausschickte, seiner Brüder wegen. Denn was hätte ich hier ohne ihn anfangen können? Ich, der ich die Sprache nicht verstehe, kein Handwerk kann und weder aus noch ein weiß!

Lejb der Chasen ist aber hier wie zu Hause. Er spricht fließend Englisch. Gleich am ersten Tag führte er mich in eine Zigarrenfabrik, und nun arbeite ich schon und verdiene Geld!

Vorläufig wohnen wir zusammen, denn ich habe keine Ahnung, wie man hier eine Wohnung mietet.

Auch änderten sie – es ist wirklich ein Beweis der göttlichen Gnade – ihr Benehmen mir gegenüber.

Genendel spottet nicht mehr über meinen Bart und Pejes und hält sich abseits, wie es einer jüdischen Tochter ziemt. Sie kocht uns das Essen, und das ist sehr wichtig, obwohl ich kein Fleisch esse, sondern nur von Eiern und Tee ohne Milch lebe. Sie besorgt uns auch unsere Wäsche. Das ganze ist ein neuer Beweis dafür, daß alles, was Gott tut, zu unserem Besten ist.

Und weißt Du, warum sich alles zum Besten gewendet hat? Nur Deiner frommen Verdienste wegen!

Es war noch auf dem Schiff. Als ich es nicht mehr aushalten konnte, faßte ich mir ein Herz, ging auf Genendel zu und sagte ihr, daß ich Dein Mann bin. Ich erinnerte sie an jenen Jojmkipper, wo sie zu uns ins Haus kam und Du sie auf den Schoß nahmst und so lieb zu ihr warst ...

Sofort wurde sie anders. Sie bekam Mitleid mit mir, und Tränen traten ihr in die Augen. Sie ging zu ihrem Vater, sprach mit ihm eine Weile, und gleich darauf schlossen wir Frieden.

Sie sprachen mit dem Kapitän, und er befahl den Leuten, mich besser zu behandeln. Und sie taten es auch.

Nun bekam ich Brot und Tee soviel ich wollte. Die

Schiffsleute hörten auf, mich zu verfolgen, und ich konnte frei aufatmen.

Daraus kannst Du ersehen, wie beliebt Genendel bei den Leuten ist. Und das ist auch kein Wunder! Erstens halten die Leute ein hübsches Gesicht für das Wichtigste: einem hübschen Gesicht zuliebe würden sie alle ins Meer springen. Zweitens hat Genendel einen guten Charakter und findet Gnade in allen Augen.

Nun will ich Dir, mein goldenes Weibchen, eine frohe Botschaft verkünden:

Lejb der Chasen sagt, daß ich mindestens zehn Dollar in der Woche verdienen werde!

Ich habe die Absicht, die Hälfte davon, das heißt fünf Dollar, Dir zu schicken und fünf Dollar für mich zu behalten. Von diesem Gelde werde ich leben und werde auch etwas auf die Seite legen, um mir eine vollständige Talmudausgabe zu kaufen. Mischnajes habe ich mitgebracht. Ich habe mir vorgenommen, jede Woche mindestens zehn Seiten zu lernen. Einen Talis werde ich mir vorläufig nicht anschaffen. Ich bete im Talis Lejb des Chasen, denn Lejb der Chasen hat einen Talis mitgebracht.

Ich weiß zwar nicht, wozu er ihn mitgebracht hat, denn er selbst betet niemals.

Ich rede mir ein, daß es auch eine Fügung des Himmels ist: man hat ihm wohl befohlen, den Talis für mich mitzunehmen.

Und vielleicht hat er die Absicht, hier an den Hohen Feiertagen öffentlich vorzubeten? Was weiß ich! In Amerika ist alles möglich! Es ist eine verkehrte Welt. Einen Dollar werde ich aber jede Woche zurücklegen, um Dir mit der Zeit soviel zu schicken, daß ihr beide herüberkommen könnt. Denn nun sehe ich es: Gott selbst will, daß ich hier in Amerika bleibe. Und der Schöpfer der Welt weiß am besten, was für den Menschen gut ist. Weißt Du, was ich Dir noch sagen werde?

Ich zürne Deinem Bruder, dem Räuber, nicht mehr. Ich sage mir, daß auch das eine Fügung des Himmels war. Denn sonst ist es gar nicht zu erklären, wie sich ein Mensch gegen seine leibliche Schwester so vergehen kann.

Der Himmel hat alles so eingerichtet, damit ich nach Amerika gehe und Dich dann nachkommen lasse. Und wenn Gott mir hilft und ich noch etwas mehr Geld verdiene, werde ich auch Deinen Bruder unterstützen. Denn ich sage mir: er ist ein armer Mann! Wer bei uns als reich gilt, ist hier in Amerika ein Bettler.

Ich schließe meinen Brief. Diesmal habe ich mich nur kurz gefaßt. Ich habe Dir nämlich noch soviel zu erzählen. Ich fürchte aber, daß Lejb der Chasen jeden Augenblick zu mir ins Zimmer kommen kann. Und ich will nicht, daß sie sehen, daß ich Dir schreibe. Ich bitte Dich sehr, zeige meine Briefe keinem Menschen. Was brauchen Fremde zu wissen, was mit uns los ist?

Ich umarme und küsse das Kind, leben soll es! Küsse es für meine Rechnung zehntausendmal. Hörst Du?!

Dein Mann

Schmuel-Mojsche.

Dritter Brief.

Liebste Frau!

Ich kann mich noch erinnern, wie bei uns, als Jejchenen der Schuster nach Amerika ging, von Amerika und den amerikanischen Zuständen gesprochen wurde.

Man fragte sich, ob die Leute in Amerika nicht auf den Köpfen herumgingen. Das stimmt ja auch: hier ist wirklich eine verkehrte Welt! Keine Spur von Ordnung, nichts als Geschrei und Radau wie bei uns im Minjen der Fleischer.

Stelle Dir vor, daß Paltiel der Wattemacher und Jossel der Gerber eines Tages erklären, daß unser Row kein Lamden ist und daß er nicht die nötigen Kenntnisse besitzt, um Trauungen und Ehescheidungen zu vollziehen; oder daß ihnen der Gemeindevorstand nicht mehr paßt. Nun, würden sich die Leute nicht krank lachen?

Aber hier in Amerika haben die Arbeiter, zum Beispiel die Zigarrenarbeiter, wie ich, das Recht, in allen Dingen dreinzureden. Sie beteiligen sich bei den Wahlen, und rate einmal, wen sie wählen dürfen? Den Präsidenten! Und was glaubst Du, ist der Präsident?

Der Präsident ist nicht mehr und nicht weniger als das Oberhaupt des ganzen Landes. Und ich habe gehört, daß Amerika zehnmal so groß als Europa ist. Kannst Du es Dir vorstellen? Nun male Dir aus, wie ich erschrak, als gestern abend plötzlich die Türe aufging und zu mir in die Stube zwei Arbeiter kamen, mit denen ich in der Fabrik an der gleichen Maschine arbeite. Auch sie sind Juden. Sie kommen also zu mir, nennen mir zwei Namen, die ich inzwischen wieder vergessen habe, und sagen mir, daß auch ich Arbeiter bin und danach trachten muß, daß ein Mann zum Präsidenten gewählt wird, der für unsern Stand gut ist.

Und sie erzählen mir, daß der eine Kandidat es mit den Reichen hält und alle, die von ihrer Hände Arbeit leben, mit den Füßen tritt; und daß der andere Kandidat, nämlich der, den sie wählen wollen, ein wahrer Edelstein ist, der nur die Arbeiter liebt und die dicken Bäuche mit schrecklichem Haß verfolgt. Und sie redeten noch viel anderes dummes Zeug zusammen, das ich gar nicht verstehen konnte.

In der Tiefe des Herzens lachte ich sie aus, aber um des lieben Friedens willen – es paßt ja nicht, einen Menschen zu beschämen – tat ich ihnen den Gefallen und sagte ja.

Um so mehr als ich sie so schnell als möglich los sein wollte, um Dir diesen Brief schreiben zu können. Sag einmal selbst, ist es hier nicht eine verrückte Welt?

Nach ihren Worten zu schließen, werde ich, wenn der, den sie wollen, zum Präsidenten gewählt wird, zehn Dollar in der Woche verdienen; wird aber, Gott behüte, der andere gewählt, so werde ich neun und vielleicht auch nur acht Dollar haben.

Lejb der Chasen aber sagt, daß er die Politik versteht! Daß die Sache einen Sinn hat! Und er sagt, daß auch ich, wenn ich hier längere Zeit bin, eine Ahnung von Politik haben werde. Nun, von mir aus! Ich sage zu seinen Worten ja und amen und denke mir: Wo Wein hineinfließt, fließt Unsinn heraus. Er schwört, daß er in der Zeit der Wahlen von der Politik lebt und daß ihm davon auch mancher Dollar für später bleibt. Ich kann aber unmöglich verstehen, wie man dabei etwas verdienen kann.

Aber Scherz beiseite: es ist nicht unsere Sache! Wird der eine oder der andere zum Präsidenten gewählt, wir werden davon nicht glücklich werden.

Denn mich überfällt oft Schwermut, und Tränen fallen mir aus den Augen auf die Tabakblätter, die ich schneide. Und nachts schlafe ich schlecht.

Oft habe ich Ohrensausen und ganze Tage lang Kopfweh ... Und gegen alle diese Übel weiß ich kein besseres Mittel, als ein Stück Papier zu nehmen und einen Brief an meine goldene Chane zu schreiben.

Mein teures Weibchen! Ich kann vor Dir nichts verheimlichen. Ich muß Dir alles erzählen. Ich lerne noch immer Mischnajes; denn den ganzen Talmud habe ich mir noch immer nicht angeschafft, und weißt Du warum? Weil ich das Geld für andere Dinge brauchte.

Wisse, meine goldene Chane, daß die Menschen überall gleich sind. Man schreit hier zwar immer: »Freiheit!« aber diese Freiheit ist keine Zwiebel wert! Auch hier wird der Jude gehaßt. Hier wird das Ebenbild Gottes im Juden vielleicht noch mehr verspottet als anderswo. Es gibt hier zwar keine Hunde, die einen anbellen und einem die Rockschöße abreißen, aber freche Kerle gibt es genug. Sobald sie einen langen Kaftan erblicken, fangen sie an zu schreien: »Jew! Jew!« In ihrer Sprache bedeutet es dasselbe, was bei uns »Shid« heißt. Und sie werfen einem Steine und Schmutz nach. An Schmutz ist auch hier gottlob kein Mangel. Was sollte ich tun? Ich tat das, was hier alle Juden tun. Ich kämmte mir die Pejes hinter die Ohren und kaufte mir auf Abzahlung – daitsche Kleider. Nun weißt Du, wo das Geld hingekommen ist. Und wenn Du einmal, so Gott will, herkommst, wirst auch Du Dir andere Kleider anschaffen müssen. Denn der Brauch bricht ein Gesetz. Und hier ist es eben Brauch, sich so zu kleiden!

Du schreibst mir, daß Genendel Dir nicht gefällt. Ich verstehe nicht, was Du gegen sie hast. Ich bin doch nicht verpflichtet, andere Leute zu bekehren. Außerdem bin ich überzeugt, daß sie alles nur wegen eines Stückes Brot tut. Im Grunde genommen ist sie eine reine Seele, wie alle jüdischen Töchter. Den ganzen Tag, wenn ich mit Lejb dem Chasen in der Fabrik bin, kocht und wäscht sie und räumt die Stuben auf. Erst am Abend geht sie mit ihrem Vater irgendwohin, um vor den Leuten zu tanzen und zu singen. Ich bleibe zu Hause, lerne Thora und schreibe an Dich. Gegen Mitternacht kommen sie heim. Wir trinken zusammen Tee und gehen dann schlafen.

Du glaubst, schreibst Du, daß Genendel den Löffel gestohlen hat, der Dir damals nach ihrem Besuch fehlte. Ich weiß gar nicht, was ich Dir darauf sagen soll!

Genendel ist vielleicht in Glaubenssachen nicht sehr fromm, aber fremdes Gut wird sie doch, Gott behüte, nicht anrühren! Daß sie nur nichts von Deiner Beschuldigung erfährt! Sie behandelt mich wirklich wie ein eigen Kind. Jeden Augenblick fragt sie mich, ob ich ein reines Hemd brauche oder noch ein Glas Tee möchte. Sie ist wirklich ein gutes Kind. Sie gibt alles, was sie verdient, dem Vater. Du hättest sehen sollen, mit welcher Ehrfurcht sie ihn behandelt, obwohl er es gar nicht verdient. Obwohl er oft betrunken nach Hause kommt und furchtbaren Unsinn zusammenredet.

Lejb der Chasen hat mir auch ausdrücklich erklärt, daß er für sie eine Mitgift zusammenspart und ihr, sobald er den ersten Tausender beisammen hat, einen Mann suchen wird, der sie nach dem Gesetze Mosis und Israels unter die Chuppe führt. Dann wird sie nicht mehr vor fremden Leuten singen. Ich weiß nicht, ob es sein Ernst ist, aber gebe Gott, daß es wirklich so kommt und daß sie ihren häßlichen Beruf aufgibt.

Genendel war sogar dabei, als er es mir erzählte, und sie errötete, wie es einer wahren jüdischen Tochter geziemt. Sie ist wohl mit seiner Absicht einverstanden. Darum bitte ich Dich, meine liebe Chane, halte Dich von falschen Anschuldigungen und Verleumdungen ferne. Es ist gar keine Art und ungerecht, so zu urteilen. So etwas paßt für eine Kleinstädterin. Aber Du, meine goldene Chane, wirst doch bald nach Amerika kommen. Hier sind die Weiber ganz anders: gesetzter, ernster und ebenso beschäftigt wie die Männer.

Außerdem ist Dein Schmuel-Mojsche kein Schneider und kein Schuster, daß er Dir wegen einer anderen untreu werden soll. Du darfst Dir so etwas gar nicht denken, denn es ist eine Beleidigung für mich! Wisse, daß Deine Worte mich wie Messer verwunden. Und wenn Lejb der Chasen und seine Tochter etwas davon erfahren, werden sie mich sofort verlassen. Dann bleibe ich einsam wie in einer Wüste und werde wieder heimkehren müssen: denn ich kann noch immer die hiesige Sprache nicht und weiß hier weder aus noch ein.

Und jetzt bitte ich Dich, meine liebe Chane, um folgendes: lege die Feder in das Händchen unseres Kindes, nimm es in Deine Hand und fahre damit über den

Briefbogen, damit ich wenigstens die Gestalt eines Buchstabens von seiner Hand sehe. Schöpfer der Welt, wie oft gehe ich in einen Winkel und weine! Und warum weine ich? Weil ich nicht die Gnade habe, mein Kind in der Thora zu unterrichten. Das macht mir schon allein viel Kummer. Da kommen aber doch Deine Briefe und streuen Salz auf meine Wunden. Lejb der Chasen und Genendel (hier heißt sie übrigens Sophie) haben mich heute gebeten, mit ihnen mitzugehen, um zu sehen, wie sie tanzt, und zu hören, wie sie singt. Ich wollte aber nicht mit. Da hat Lejb der Chasen gesagt: »Närrischer Chussid!« Und auch sie rümpfte die Nase. Ich mache mir aber nichts draus! Ich werde von meinem Wege nicht um eines Haares Breite abweichen.

Seid gesund, Du und unser Kind. Das wünscht Dir Dein Mann

Schmuel-Mojsche.

Das mit den Kleidern soll zwischen uns bleiben. Kein Mensch im Städtchen darf davon etwas erfahren. Sonst müßte ich mich zu Tode schämen.

Dein obenerwähnter Mann Schmuel-Mojsche.

Vierter Brief.

An meine tugendsame Frau Chane, leben soll sie!

In meinen letzten zehn Briefen habe ich kein einziges Mal Genendels Namen erwähnt, und selbst den ihres Vaters, Lejb des Chasen, nicht. Mit großer Mühe habe ich mir ein neues Zimmer bei einem hiesigen Schächter gemietet und bin mit ihnen seit vielen Wochen nicht mehr zusammengekommen. Du aber schreist in einem fort: Genendel und wieder Genendel, Sophie und wieder Sophie! Was willst Du von ihr? So wahr ich ihr und uns beiden Gesundheit wünsche, so wahr ich Dich und das Kind in einer glücklichen Stunde wiedersehen will, habe ich folgendes mit eigenen Augen gesehen: Sophie kam einmal zu ihrem Vater in die Fabrik, und der Fabrikdirektor selbst ging auf sie zu und begann mit ihr zu reden und zu scherzen; obwohl ich kein Wort davon verstand, war es mir doch klar, daß er zu ihr nicht von göttlichen Dingen und frommen Werken sprach; und er wollte ihr die Backe streicheln. Und, was glaubst Du, geschah? Sie gab ihm einen solchen Schlag auf die Hand, daß ich ganz starr war! Du hättest sehen sollen, wie stolz sie sich von ihm wegwandte und hinausging. Ich hatte große Freude daran ...

Daraus kannst Du ersehen, daß Genendel trotz allem ein reines Kind ist und daß Du sie verleumdest. Du schreibst, daß sie mich wie einen Fisch in ihre Netze fangen will, und noch ähnliche Dummheiten mehr. Ich bin bereit, jeden Eid, selbst einen am Jojmkipper vor der Thora zu leisten, daß es eine Lüge ist. Nur Dir zuliebe halte ich mich von ihr fern und vermeide jede Begegnung mit ihr. Und wenn ich mit ihr zusammenkomme, antworte ich ihr auf hundert Worte mit einem Kopfnicken. Und ich muß Dir wieder sagen, daß Du sie ganz grundlos verdächtigst. Du sündigst vor Gott! Ich hätte es Dir, wie immer, vergeben, wenn es nicht zu einer so bösen Geschichte geführt hätte, vor der Gott jeden bewahren möchte. Ich hätte vorgezogen, in die Erde zu versinken, als diese Schande zu erleben.

In der vergangenen Woche fühlte ich mich einmal bei der Arbeit unwohl. Mir schwindelte im Kopfe, und ich wurde ohnmächtig. Als ich wieder zu mir kam, lag ich schon in meinem Zimmer im Bett. Vor dem Bett stand der Arzt und sagte, daß es eine Fieberkrankheit sei. Ich lag an die zehn Tage. Während der ganzen Zeit wich Lejb der Chasen nicht von meinem Bett und pflegte mich wie ein eigen Kind. Später erfuhr ich, daß auch Sophie mich oft besucht hat, als ich im Fieber lag ... Und an einem dieser Tage kam eine Postkarte von Dir, in der Du Deiner Erbitterung über die unschuldige Sophie Luft machtest ... Sie haben Deine Karte ganz bestimmt gelesen, denn ich lag ja im Fieber ...

Und während Du Deine Beschimpfungen und Verleumdungen schriebst, opferten sie sich für mich auf ... Sie ließen Ärzte kommen, gaben mir die Arzneien ein und versetzten einiges von ihrem Hausrat, um mich retten zu können. Er brachte mir sogar eine Flasche Wein. Den Wein, der doch sicher Götzenopferwein war, habe ich natürlich nicht angerührt, aber seine Absicht war gut ... Außerdem maßen sie mir dreimal am Tage mit einer Glasröhre das Fieber, wie es die hiesigen Ärzte verlangen ... Und von wem weiß ich das alles? Vom Schächter und seinem Weib: sie haben mir alles erzählt. Wenn ich nicht Lejb den Chasen und Sophie bei mir gehabt hätte, wärest Du jetzt, Gott behüte, eine Witwe. Du aber schreibst solchen Unsinn. Pfui, es ist eine wahre Schande! Ich weiß gar nicht, ob Du nach Amerika kommen kannst, ob Du in Amerika leben können wirst.

Ich hoffe, meine liebe Chanele, daß Du Dir diesen Unsinn aus dem Kopfe schlagen wirst und mir in Zukunft das Dasein nicht mehr mit solchen Briefen vergällen wirst. In schlaflosen Nächten sehe ich Dich oft, wie Du vor dem Tische sitzt und mir einen Brief schreibst. Du schreibst und streichst das Geschriebene wieder aus, und schreibst und streichst wieder. Ich sehe den Brief, kann aber aus er Ferne die Buchstaben nicht erkennen, und es tut mir weh, daß ich den Brief nicht lesen kann. Und Du legst die Feder dem Kind in die Hand und fährst mit ihr über das Papier.

Du siehst doch, meine liebe Frau, daß ich Dir jede Woche fünf Dollar schicke; ich selbst komme mit sehr wenig aus und habe im ganzen nur drei Hemden. Ich kann doch nicht Sophie bitten, mir noch mehr Hemden zu besorgen. Die Schächterin liegt aber im Wochenbett, und morgen wird, so Gott will, der Briß stattfinden ...

Es ist aber gar nicht das, was ich Dir sagen will. Das Wichtigste ist: sei vernünftig wie für Dich selbst so auch für Deinen Mann

Schmuel-Mojsche.

Nachschrift quer über den ganzen Briefbogen:

Soeben kommt wieder ein Brief von Dir. Nun muß ich es Dir, Chanele, sagen, daß Du, Gott sei es geklagt, wirklich verrückt bist! Ich bin einfach sprachlos. Du schreibst, daß auch Du Dir zwei Zöpfe wachsen lassen kannst und mit vornehmen Christen zu sprechen verstehst; daß auch Du singen und tanzen kannst und daß Du Dich zum Rebben begeben und ihn bitten wirst, mir und ihr einen plötzlichen Tod zu schicken ...

Was schreibst Du? Was sind das für Worte?

Schöpfer der Welt, was ist aus Dir geworden?

Ich zerbreche mir den Kopf und weiß nicht, was ich mir denken soll. Ich rate Dir: höre mit Deinen Verleumdungen, Beschimpfungen und Flüchen auf! Ein solches Benehmen steht Dir nicht an. Ich schwöre Dir, daß ich Dir nicht mehr antworten werde, wenn Du mir nicht sofort einen Brief schreibst, wie er einer züchtigen jüdischen Frau geziemt. Ich werde einen Bevollmächtigten hinüberschicken und das Kind allein abholen lassen ... Hörst Du? Oder ich werde mich ins Meer stürzen ... Es ist ja wirklich zum Verrücktwerden!

Dein obenerwähnter Mann.

JIZCHOK LEJB PEREZ

Ein unvollendeter Brief Chanes an ihren Mann

Masel-tow, mein teurer, frommer Mann, Masel-tow!

Diesmal sollst Du von mir erfreuliche und trostreiche Nachrichten vernehmen. Gebe Gott, daß auch ich von Dir ebenso erfreuliche und trostreiche Nachrichten erhalte! Amen. Gottes Wille geschehe! Wir sind ja, wie Du mir geschrieben hast, wie auf dieser so auch auf jener Welt aneinander gebunden.

Erstens teile ich Dir, mein lieber Mann, mit, daß mein lieber Bruder Menachem-Mendel, leben soll er, und seine Frau Chawe-Gitel, leben soll sie – mögen beide Messias' Zeiten erleben! – mir alles vergeben haben und mich zu der Hochzeit ihrer Tochter Bejle-Ssosche kommen ließen. Die Hochzeit war sehr schön, und eine schönere kann es gar nicht geben. Gelobt sei der Herr, daß mir die Gnade zuteil wurde, eine solche Hochzeit zu sehen. Es gab allerlei Braten, Rindfleisch und Geflügel; dann gab es gefüllte und ungefüllte Fische, und noch allerlei andere Speisen. Außerdem Wein und Branntwein und alles mögliche ...

Und alles war fein und gut geraten! Ich selbst habe das Fleisch gekocht, die Fische gefüllt, den Zimmes bereitet und den Tisch gedeckt; und vorher habe ich alles selbst eingekauft.

Ich war, gottlob, die eigentliche Hausfrau. Und ich war auch die Aufwärterin. Denn ich war nicht nur zu meinem Vergnügen zur Hochzeit gekommen.

Ich habe meine Zwiebeln verkauft, mir ein Kleid machen lassen und war auf Wunsch meiner Verwandten ganze acht Tage vor der Hochzeit zu ihnen gekommen. Denn es war niemand da, der alle die Vorbereitungen hätte machen können. Die Braut selbst war mit ihrer Aussteuer beschäftigt und verbrachte ganze Tage beim Schneider, beim Schuster und selbst beim Goldschmied.

Meine Schwägerin Chawe-Gitel aber hustet, nebbich. Und es heißt, daß auch ihre Milz nicht ganz in Ordnung ist.

Darum war ich die eigentliche Mechutteneste vor der Hochzeit und nach der Hochzeit, aber nicht während der Hochzeit. Während der Hochzeit war ich sehr müde und abgespannt. Darum saß ich in einem Winkel und weinte vor großer Freude, weil ich die Gnade erlebt habe, meines Bruders Tochter zu verheiraten. Und daß sie eine so schöne Hochzeit hat.

Aber auch nach der Hochzeit jagten sie mich, Gott behüte, nicht gleich aus dem Hause.

Gleich nach der Hochzeit fuhr meine Schwägerin, sie soll leben und gesund sein, nach Lublin zu einem Arzt, um sich mit ihm zu beraten, welchen Arzt in Warschau sie aufsuchen soll.

Und dann fuhr sie nach Warschau und konsultierte dort alle berühmten Ärzte. Aus Warschau fuhr sie nach einem andern Ort, um irgendein Wasser zu trinken. Während der ganzen Zeit, an die sechs Monate, war ich die Hausfrau. Der Herr, gepriesen sei Er, möchte sie dafür belohnen!

Eine Köchin war nicht im Hause, und ich kochte das Essen. Und daraus schöpfte ich Freude.

Denn erstens hatte ich dabei keine Zeit, zu grübeln und nachzudenken, und bin darum nicht verrückt und nicht einmal trübsinnig geworden. Ich hatte keinen Augenblick freie Zeit, denn die Wirtschaft meines Bruders ist, gottlob, sehr groß.

Auch die Schenke war immer voller Leute. Er verdient einen Haufen Geld wie von den Gojim, so auch von den Juden, es sei zwischen ihnen wohl unterschieden!

Die gefüllten Fische meiner Schwägerin Chawe-Gitel, leben soll sie, sind berühmt, und es kommen immer Leute zu essen und zu trinken.

Einmal begann ich zu grübeln; ich wollte sogar über manches nachdenken; aber Bejle-Ssosche, leben soll sie, ließ es nicht zu und ermahnte mich gleich an meine Pflicht. Sie hat, unberufen, einen guten Blick und sieht alles. Und alles ging schön und gut vonstatten . . .

Vor großer Freude, daß ich die Hausfrau bin, spuckte ich einmal einen Tropfen Blut aus; es war nur ein einziger Tropfen.

Als mein Bruder, gesund soll er sein, das Blut sah, schärfte er mir ein, keinem Menschen etwas davon zu sagen. Denn wenn die Leute es erfahren, werden sie, Gott behüte, sein Haus meiden. Jossel, der Gastwirt von gegenüber, wird gleich sagen, daß es die Schwindsucht ist, und unsere Straßenseite wird dann bald mit Gras bewachsen.

Bejle-Ssosche ist aber klüger als er. Sie verstand sofort, daß es nicht die Schwindsucht ist; sie meinte, daß ich wohl Fische gegessen und mir mit einer Gräte den Hals verletzt habe. Und damit ich an der Gräte nicht ersticke, begann sie mich auf den Buckel zu schlagen, damit die Gräte herauskommt oder hinuntergleitet, und nicht im Halse steckenbleibt. Sie klopfte mit soviel Liebe und Eifer, daß die Gräte sicher hinuntergeglitten ist, aber meine Knochen haben davon etwas gelitten . . .

So ist alles gut abgelaufen. Und Chawe-Gitel, gesund soll sie sein, kam von ihrer Wasserkur heim.

Sie kam, gelobt sei der Herr, frisch und gesund, so daß es eine Freude war, sie anzuschauen. Sie leuchtete wie die Sonne. Und sie brachte Geschenke mit, gar feine Sachen: für sich, für ihren Mann, für die Tochter und für den Schwiegersohn ... Es waren sehr schöne Geschenke, mir brachte sie aber nichts mit. Ich bin ja, sagte sie, Gott behüte, kein Dienstbote, dem man Geschenke mitbringt; ich bekomme auch keinen Lohn. Ich war ja die Hausfrau!

Chawe-Gitel hat es selbst mehr als einmal gesagt, daß ich die Hausfrau gewesen bin und alles getan habe, was nur mein Herz gelüstete.

Chawe-Gitel erfuhr gleich nach ihrer Rückkehr, daß Menachem-Mendel während ihrer Abwesenheit kein einziges Mal beim Rebben gewesen war; sie rang die Hände, so daß die Finger knackten, und schickte mich gleich auf den Markt, eine Fuhre zu mieten.

Noch am selben Tag und zu einer glücklichen Stunde fuhr Menachem-Mendel, gesund soll er sein, zum Zaddik. Am nächsten Morgen gab mir aber Chawe-Gitel den guten Rat, meine Sachen zu packen und mich zum Teufel zu scheren ... Da sie schon wieder zurück sei und Bejle-Ssosche ihr in der Wirtschaft helfe, sei ich wie das fünfte Rad am Wagen und könne, Gott behüte, vor lauter Nichtstun verrückt werden. Sie sagte mir, ich könne entweder wieder heimfahren, oder auch hier bleiben und tun, was mir beliebt. Sie wolle mir, Gott behüte, nichts vorschreiben.

Die nächste Nacht verbrachte ich nicht mehr unter ihrem Dache.

Die Nacht war sehr schön, und ich ging mit meinem Bündel durch die Straßen spazieren.

Nun siehst Du selbst, mein treuer, frommer Mann, daß es mir gut geht und daß Du mir kein Geld mehr zu schicken brauchst. Gib das Geld lieber Lejb dem Chasen, damit er Dir einen vollständigen Talmud kauft; oder gib es Genendel-Sophie, damit sie Dir neue Hemden machen läßt. Sie soll Dir aber die Hemden selbst anmessen und schauen, ob sie gut passen – Ihr seid ja in Amerika!

Wie Du siehst, mein lieber, treuer Mann, verdächtige ich sie nicht mehr ohne Grund. Ich sage nicht mehr, daß Genendel, Lejb des Chasens Tochter, mir einen Löffel oder, Gott behüte, den Mann gestohlen hat. Und wenn ich jetzt weder den Löffel noch den Mann habe, so weiß ich, daß es nicht ihre Schuld ist. Ich bin fest davon überzeugt, daß der Herr, gepriesen sei Er, Dir und mir seine Gnade erweisen wollte und Dich darum auf dem Schiffe mit Lejb dem Chasen und Genendel zusammenführte, damit sie für Dich sorgen. Und so kam alles, was Du mir geschrieben hast. Eines wird aber doch nicht nach Deinem Wunsche geschehen! Und wenn Du auch aus der Haut fährst, wirst Du keinen Bevollmächtigten schicken, der das Kind von mir abholt und zu Dir nach Amerika bringt. Denn das Kind ist, dank Deinen frommen Verdiensten und den Verdiensten Deiner Väter, nicht mehr hier. Man hat es auf den Friedhof, in ein kleines Stübchen ohne Türe und Fenstern gebracht. Und wenn Du noch so schreist, wirst Du doch nie erfahren, wo seine Gebeine liegen. Da steht kein Grabstein und kein Merkzeichen. Geh, suche den Wind im Felde!

Der Tod hat es unter seine Fittiche genommen ...

Und da Du ein gutes Gedächtnis hast und Dich an alles erinnerst, was ich je gesagt oder getan habe, so will ich Dir eine Geschichte erzählen; vielleicht wirst Du sie Dir auch merken. Es ist die Geschichte von einem Schal, von dem ich nicht wußte, was mit ihm anzufangen: sollte ich mich in ihn hüllen und hinauslaufen, um einen Arzt für das Kind zu holen; sollte ich mit ihm das zerbrochene Fenster verstopfen, damit der Wind den Schnee nicht in die Stube, wo das kranke Kind lag, hereinwehte; oder sollte ich mit ihm das heisere Kind, das zu ersticken drohte, zudecken: denn es war kalt, furchtbar kalt! Ich lief viele Male hin und her: vom Kind zum Fenster, vom Fenster zur Türe, und von der Türe wieder zum Fenster und zu der Wiege ... Ich lief immer hin und her! Diese Augenblicke wirst Du, mein lieber Mann, wohl niemals vergessen. Du sagst ja selbst, daß ich an Dich gebunden bin, und daß wir beide am Kinde hängen; doch jetzt, wo das Kind nicht mehr da ist, können wir beide aus der Welt verschwinden. Aber was wird Genendel dazu sagen? Die Wahrheit zu sagen, habe ich mich entschlossen, mir lange Haare wachsen zu lassen und mich so zu kleiden, wie man sich in Amerika kleidet. Du weißt ja, daß ich auch eine süße Stimme habe und alle Gebete nachsingen kann. Als ich jetzt bei meinem Bruder Menachem-Mendel, gesund soll er sein, war, hörte ich in seiner Schenke von den betrunkenen Bauern allerlei schöne Lieder und lernte sie nachsingen. Ich singe sicher ebensogut wie Genendel, vielleicht noch besser als sie; und ich weiß auch mehr Lieder als sie. Und gestern nachts, als ich unter freiem Himmel nächtigte, kam zu mir die Königin von Saba und lehrte mich tanzen. Und ich tanzte die ganze Nacht im Mondlichte mit der Königin von Saba. Du aber, mein lieber Schmuel-Mojsche, hast Dich getäuscht! Denn ich bin schöner als Genendel. Ich kann mich gut erinnern, daß sie zwei Muttermale hat – eines am linken Ohr und das andere an der rechten Backe; auch ist ihr Näschen etwas schief. Aber ich habe, wie Du weißt, einen reinen Leib ganz ohne Muttermale. Du glaubtest, daß nur Genendel allein zu singen und jeden Freitagabend zu tanzen versteht, daß nur sie allein sich lange Zöpfe wachsen lassen kann, und daß die andern dies nicht können. Aber ich bin Dir, Gott behüte, nicht böse. Behalte nur Deine Genendel! Mir genügt, daß ich das Grab des Kindes hier habe; ich besuche es oft und will mir auf dem Grab ein kleines Kämmerchen bauen und darin jede Nacht bis zum Hahnenschrei sitzen. Ich werde meinem Kinde mit leiser, süßer Stimme von seinem Vater Schmuel-Mojsche erzählen, und es wird große Freude davon haben. Und wenn Du selbst herkommst oder einen Bevollmächtigten herschickst, um das Kind abzuholen, werde ich Euch beiden mit meinen Nägeln die Augen auskratzen, denn das Kind gehört mir und nicht Genendel, ausgelöscht sei ihr Name und Gedächtnis, möchte sie doch zugleich mit Dir ...

Dieser Brief ist offenbar nicht beendet. Man fand ihn zugleich mit den anderen Briefen in der Tasche der verrückten Chane.

SCHOLEM ASCH

Über die Grenze

Das Städtchen liegt zur Hälfte auf dem Berg, und die andere Hälfte reicht bis zum Wasser hinunter. Wenn man oben vor dem Schulplatz steht, kann man über das Wasser sehen, wo sich die Felder in die Ferne hinziehen und sich, Gott weiß wo, verlieren... Und wenn so ein Chejderjunge oben vor dem Schulplatz steht und über das Wasser schaut, hat er oft den Wunsch, die Hände vor sich auszustrecken, die Füße von der Erde zu heben und nach den Feldern, die sich jenseits des Wassers hinziehen, hinüberzufliegen und sich zugleich mit ihnen, Gott weiß wo, zu verlieren...

Es war ein schöner Frühlingstag. Der Himmel wölbte sich über Gottes Welt und tat das Seinige: er strahlte so freundlich herab, wie es ihm noch in den sechs Tagen der Schöpfung befohlen worden war. Und auch das Wasser tat das Seinige und floß breit dahin. Eine Welle jagte die zweite, die zweite fing die dritte auf und ergoß sich über sie. Ein Bote eilt aus weiter Ferne in eine andere weite Ferne und kann seine Botschaft nicht ausrichten, weil er unterwegs ertrinkt; ein zweiter Bote jagt ihm nach, holt ihn ein, übernimmt von ihm die Botschaft und kommt auch nicht ans Ziel; und die Botschaft wird von einem dritten Boten übernommen... und von einem vierten... und das Wasser zieht in die weite Welt hin. Am Ufer steht das Städtchen wie ein treuer Wächter, und die niedrigen Häuschen klimmen den Hügel hinauf. Das eine erhebt sich über dem Dach des andern. Die ganze kleine Welt sieht wie eine gute Familie aus, deren Mitglieder friedlich beisammen leben und jedes das Seinige tut. Der Mann sitzt vor der Nähmaschine und singt sein Lied, das Weib steht in der Küche, kocht das Abendessen und singt ihr Lied.

Am Donnerstagnachmittag läßt man die Kinder früher als sonst aus dem Chejder, und sie gehen zum Wasser hinunter. Da steht eine Frau am Wasser und wäscht ihre Kinder für den Sabbat. Ein sechsjähriges Mädelchen entreißt ihren nassen eingeseiften Kopf den Händen der Mutter und beginnt jämmerlich zu weinen. Die Jungen spielen im Boot, das am Ufer steht. Der eine stößt es ab, und plötzlich ist es im Wasser. Die Kinder schreien. Aus der Ferne kommt aber ein großer Kahn geschwommen und zieht ruhig, langsam wie ein Schatten am Städtchen vorbei. Rote Frauenröcke leuchten, nackte Beine stehen im Wasser, nackte Arme bearbeiten weiße Wäschestücke. Ein Mädel steht am Ufer und wäscht Geschirr. Ein Teller fällt ihr ins Wasser, und sie beginnt zu weinen. Ein Chejderjunge, der es sieht, geht mit seinem langen Kaftan ins Wasser und fischt mit der Mütze den Teller heraus. Reb Chajim-Dowid und Boruch der Fischer kommen in einem Boot gefahren und bringen ein volles Netz Fische für den Sabbat. Und nackte Söhne Jakobs, nur mit dem Arbekanfes bekleidet, vergnügen sich so, als ob sie gar nicht im Golus wären, und patschen im Wasser herum wie die echten Kinder einer echten Mutter. Und ein Windstoß bläht die Segel auf, zerzaust die Bärte, läßt die Pejes erzittern und spielt mit den Schaufäden an den Arbekanfes.

Etwas weiter, wo sich der Himmel ebenso sicher wölbt und auch das Wasser, auf Gottes Barmherzigkeit bauend, ebenso sicher dahinfließt, lagern am Ufer

Menschen, die von einem andern Wasser hergekommen sind: es ist eine Partie »Litwakes«. Jung und alt liegen im freien Feld. Aus der Ferne sieht man nur die blechernen Teekessel, die an das Gepäck angebunden sind. Eine Frau liegt da, den Kopf an einen Koffer gelehnt; sie hat ihre nackte Brust dem nackten Säugling preisgegeben und das Gesicht dem Himmel zugekehrt. Ihre geschlossenen Augen flehen nicht mehr; sie scheinen dem Schöpfer nur zu sagen: Wenn Du es so haben willst, so tue es so! . . .

Die Väter ruhen auf den Gepäckstücken; die einen haben die Köpfe in die Hände gestützt und grübeln; die andern sitzen stumm und gleichgültig da und scheinen auf etwas zu warten. Neben dem Vater sitzt die Mutter und verteilt unter die kleinen Kinder Brot und Gurken; der Vater hat den Kopf von den essenden Kindern abgewandt und starrt in den Himmel. Unten am Wasser steht die ältere Tochter; sie schaut den Wellen nach, aus ihren Augen fallen stille Tränen, und ihre Lippen scheinen etwas leise zu flüstern.

Still ist es in der Partie. Ein junger Mann versucht mit einem Alten ein Gespräch anzuknüpfen, dieser aber schweigt. Der junge Mann redet immer weiter, und der Alte bleibt immer stumm.

Ein kleiner Litwak von der Partie wagt sich zu den Kindern des Städtchens hinüber, die in ihren langen Kaftans im großen Boot spielen. Der kleine Litwak kommt, sich ängstlich umblickend, immer näher heran. Da hat er schon einen Fuß ins Boot gesetzt. In der Partie sieht es aber eine schlanke Frau; sie winkt ihm erschrocken und ruft »Schlejmke!« Und der kleine Litwak kommt unzufrieden zurück, setzt sich zu den Männern, wirft sehnsuchtsvolle Blicke zu den Stadtkindern hinüber und schweigt, wie die Erwachsenen schweigen.

Hinter der Windmühle, die die Partie von den Menschenaugen verdeckt, kommt ein kleiner, hagerer Jude mit geschorenem Bärtchen in einem merkwürdigen »deutschen« Regenmantel und einem vierkantigen Hütchen heraus; der hält ein Notizbuch in der Hand und schreibt etwas auf. Nach ihm kommt hinter der Mühle ein großgewachsener Soldat mit einem Messingohrring in einem Ohr heraus. Der Soldat und der Jude tuscheln miteinander. Der Soldat schaut auf die am Ufer sitzenden Juden, und der kleine Jude schreibt noch immer in seinem Buch. Ein großer Bursche mit verbundenem Gesicht und einem dicken Stock in der Hand geht auf sie zu und klopft mit dem Stock auf den feuchten Sand.

In der Partie wird es still. Die Auswanderer sitzen auf ihrem Gepäck und schweigen. Das Mädchen, das früher am Wasser gestanden hatte, kehrt zurück und setzt sich zu den übrigen. Der kleine Litwak versteckt sich unter der Schürze der Mutter und zittert. Und die erschrockenen Gesichter und die gesenkten Augen scheinen zu sagen: Wir können nichts dafür! Wir können nichts dafür!

Hinter der Windmühle wird ein Stück von einem schwarzen Kaftan sichtbar, ein halbes Gesicht, ein halber Bart, ein halber Hut und ein Auge, das aus der Ferne den Juden im Regenmantel betrachtet. Und dann kommt eine Hand zum Vorschein und winkt der Partie zu.

Die Auswanderer sitzen, schauen einander an und schweigen.

Es ist Abend. Der Wind zieht über das still dahinfließende Wasser, und man glaubt ein ungeheures Tier mit fließenden Weichselzöpfen auf dem Wasser liegen zu sehen. Auf den Kähnen werden die Segel aufgezogen. Ein Floß kommt geschwommen, auf dem Floße brennt ein Feuer. Und dort eilt ein Mann in einem Boote dem Ufer zu. Und das Wasser fließt unter dem Abendhimmel ruhig dahin: der Held ist müde geworden und ruht. Vom Hügel herab leuchten die sechs kleinen Lichte, die im kleinen Bejßmedresch vor dem Orejn-Kojdesch brennen. Dunkel wird es auf dem Wasser, dunkel wird der Himmel, und das Städtchen hüllt sich in Nebel und ruht. Und aus dem kleinen Bejßmedresch dringt ein weinendes Gebet, und es schwebt über dem Wasser und über den Feldern dahin ... Es ist das »Schma-Jißroel« der ganzen Welt, das sie vor dem Einschlafen spricht ...

Die Nacht ist angebrochen, und ringsum ist es still. Das Wasser schmollt den Chejderjungen, die ihm den ganzen Tag keine Ruhe ließen, und hüllt sich in den Nebel; in der Menschensprache heißt es: es hat sich ins Haus verkrochen, hat die Fensterladen geschlossen und sich schlafen gelegt. Auf dem Floß brennt ein Licht – ein Diamant, in finstere Nacht gefaßt. Die Stadtleute haben sich in ihre Häuschen zurückgezogen, und jeder sucht und findet Schutz unter dem Dache, das er von seinem Großvater geerbt hat. Das ganze Städtchen hat sich in den Nebel gehüllt, der vom Flusse aufsteigt, und scheint Gott zu danken: Ach, was für einen gütigen Gott wir doch haben! Und der Nebel, der über dem Städtchen schwebt, ist wie eine Mutter, die ihre Schürze über ihre kleinen Kinder ausbreitet und um Gnade für sie fleht.

Nur der Mond allein steht am Himmel und schaut auf die Erde herab; er allein irrt durch die Welt auf der Suche nach einem andern Mond ... Ein kalter Strahl fällt auf das schlafende Wasser und gleitet über die ruhigen Wellen. Alles sucht Schutz unter den Fittichen Gottes und fleht verängstigt: Herr, erbarme dich unser!

Das Wasser ist zu einem einzigen Stück erstarrt, verschmolzen mit der ganzen Welt, mit der Erde, mit dem Himmel und mit Gott. Am Ufer rührt sich etwas ... Sind es Menschen oder tote Schatten der

Nacht? ... Gesichter schauen zum Mond hinauf und bitten um etwas.

Und still ist es ringsum.

Man hört in der Ferne etwas rauschen... Eine Welle jagt der andern nach, und sie küssen sich und flüstern einander etwas zu ... Baden die Seelen der Verstorbenen im Wasser? ... Ein Schatten gleitet über das Wasser. Und er kommt immer näher. Man hört Ruderschläge: Lokch, Lokch, Lokch ... Das Wasser küßt in der Stille das Ufer ... Das Wasser schlägt am Ufer auf ... Ein Boot landet.

Ein Schatten steigt ans Ufer ...

»Pst! Seid still!«

Schlürfende Schritte im hohen taubedeckten Gras.

»Juden!«

»Wo seid ihr? Seid ihr alle da? ...«

»Kommt!«

»Pst ... Still ...«

Es schleicht über das Feld, das feuchte Gras knistert unter den Füßen.

»Lisa, hast du den Awreml?«

Man flüstert in der Stille.

»Boruch, wo bist du?«

»Beim Vater.«

Man geht.

»Juden, haltet euch an den Händen!« kommandiert jemand in der Stille. Man geht.

»Pst! ...«

»Seid ganz still!«

»Schweigt!«

In der Ferne knistert etwas im Gebüsch.

»Ich glaube, jemand horcht?«

»Ja.«

»Hört nur ...«

»Man kommt.«

»Man jagt uns nach ...«

»Seid doch still! Pst! ...«

»Legt euch leise auf die Erde!«
»Drückt die Gesichter ins Gras!«
»Haltet den Atem an!«
Still ist es ringsum.
»Der Mond steht in einer Wolke, sie werden uns nicht sehen.«
»Gut.«
»Der Mond kommt nicht so bald aus den Wolken heraus!«
»Gut.«
»Ganze Scharen schwarzer Wolken ziehen über ihn hin!«
»Gelobt sei Gott!«
Ein Kind beginnt zu wimmern.
»Haltet dem Kind den Mund zu, es darf jetzt nicht schreien.«
»Um Gottes willen! Was tut ihr?«
Das Kind wimmert nicht mehr.
Pferdegetrabe.
»Wir sind verloren!«
»Habt nur keine Angst!«
»Legt euch auf die Erde und rührt euch nicht.«
»Betet im Herzen zu Gott!«
»Schöpfer der Welt!«
»Pst! Still!«
»Mutter, wo bist du?«
»Hier, hier! . . .«
»Schweigt doch!«
»Mutter, ich habe Angst.«
»Sei still, ich bitte dich!«
»Mutter, verdeck mich mit dem Tuch!«
»Werdet ihr still sein?«
»Mutter . . .«
»Schmeißt ihn ins Wasser! . . .«
Die Pferde kommen immer näher.
»Still!«
Die Pferde bleiben stehen.

Still ist's ringsum.

»Hat sich da nicht etwas gerührt?« fragt jemand russisch.

Still ist es, man horcht.

»Es ist nichts zu hören«, antwortet eine zweite Stimme.

Die Pferde entfernen sich im Galopp.

Die Hufschläge verklingen in der Ferne.

Nun ist die Nacht wieder stumm.

»Gelobt sei der Herr!«

Man schweigt.

»Was für einen guten Gott wir doch haben!«

»Steht leise auf ...«

»Nehmt euch wieder bei den Händen.«

»Kommt, Juden!«

Man hört wieder Schritte.

»Hier, werft das Gepäck in das Boot!«

Das Wasser schlägt ans Ufer.

»Wo ist Awreml?«

»Hier, hier.«

»Steigt ein, schneller.«

»Zum letzen Mal sehe ich dich, es ist mein letzter Schritt auf deiner Erde! ...«

»Laß die Klagelieder für später.«

»Hab' des Vaters und der Mutter Grab zurückgelassen und schleppe mich Gott weiß wohin ...«

»Mach dich nicht zum Narren!«

»Holla! Schneller, verliert keine Zeit.«

»Fertig?«

»Stoß ab!«

»Mach es leise ...«

Man rudert. Das Wasser schlägt ans Ufer, es plätschert unter dem Boot ... Lokch, lokch, lokch ...

Der Mond schwimmt ruhig unter den Wolken heraus. Er lächelt. Ein kalter Strahl streift die Wellen.

S. J. ONEJCHI

Unser Land

Bei Nacht in wilde, morgenländische Träume gehüllt, am Tage von blendend heller Wüstenglut übergossen, ruht wie am Ufer eines Traumes, im Lande Judäa, zwischen Hügeln und Tälern das kleine jüdische Dorf Nachlon. Zwei Reihen kleiner, weißer Häuser bilden die Straße; hinter ihnen liegen die Ställe und Schuppen. Wie zwei Schafherden, die in der Wüste weiden und sich in der Sonnenglut hingelegt haben, um auszuruhen, sehen sie aus. Vor den Häusern sind Bäume gepflanzt; vor einigen stehen ruhig und stolz die stillen, in sich verschlossenen und immer geheimnisvollen Zypressen. Wie im Gebet versunken stehen sie da, in ein ruhiges, stilles Gebet, das gerade in den Himmel steigt.

Links vom Dorfe ragen die Berge Judäas. Sie ziehen sich durch das heiße, wüste Land, sich übereinander türmend und miteinander verwachsen. Sonnenglut und Feuer umschweben sie, die alten, ewigen Gedanken der Propheten ruhen auf ihnen. Auf ihren steinharten, glühenden Rücken ist das Schwertgeklirr der Helden der Könige David und Salomo erstarrt und der Zorn und die Kraft der Richter. In einem blauweißen durchsichtigen Schimmer, der wie aus blauweißer Seide und silbernem Sonnenschein gewebt ist, ruhen die Berge Judäas mit ihren Klüften und Geheimnissen aus uralter Zeit . . .

Rechts vom Dorfe Hügel und Täler, Täler und Hügel bis zum sandweißen Ufer des Meeres. Auf einem Hügel steht eine Palme mit ihrem gelben, schlanken Hals und üppigen, grünen Kopf und schaut aufs Meer. Zwei Straßen beginnen an den beiden Enden des Dorfes; sie erklimmen die Hügel, winden sich durch die Täler und verlieren sich an den beiden Enden des immer klaren, hohen, tiefen und glühenden Himmels.

Manchmal klingt von einer der Straßen ein wildes Wüstenlied. Ein Araber reitet hinter dem Hügel auf seinem Esel und treibt ein mit Warenballen beladenes Kamel vor sich her. Seine braunen Beine sind bis zu den Knöcheln nackt. Ein schwarzes Tuch umflattert seinen Kopf, die treue Büchse hängt am Rücken. Er reitet, wendet sein schwarzes, wildes Gesicht nach rechts und links, blickt mit den feurig schwarzen Augen um sich und singt mit leiser, träger Stimme ein Lied, so eintönig wie die Hügel und Täler ringsum. Und das Kamel nickt mit dem stolzen Kopf, blickt vor sich hin und träumt von der heißen Wüste.

Ein Vormittag. Die Männer sind draußen auf dem Felde. Es ist Erntezeit. Auf der Straße vom Felde zu der Tenne schwebt eine Staubwolke: auf Kamelen und auf mit Ochsen bespannten Wagen bringt man das Getreide ein. Die Weiber sind zu Hause und sorgen für das Mittagessen. Ab und zu werfen sie einen Blick durchs Fenster zu der Tenne, hinter dem Dorfe: »Ist das Korn heuer geraten? Vater im Himmel, wenn es nur geraten ist! Und bei dieser Hitze müssen sie draußen im Felde sein ...«

Vor einem Hause sitzt auf der Bank ein Bursche von etwa zwanzig Jahren, ein Arbeiter. Gestern abends ist er hergekommen, um Arbeit zu suchen. Ein großgewachsener, kräftiger Bursche mit sonnengebräuntem Gesicht und verbrannten Händen. Trotz und Jugend leuchten aus seinen braunen, unruhigen, sehnsuchtsvollen Augen. Er sitzt da und hat den scharfen Blick auf den glühenden Horizont gerichtet. Sucht er, in die Erinnerungen des ewigen Volkes versunken, die Seele des wüsten Landes zu ergründen?

Die schwarze Mirjam tritt vor das Haus. Schlank, mit bloßen Füßen, in einem weißen, leichten Rock und weißer Jacke, den Kopf mit einem weißen Tuch umbunden. Sie ist jung, vielleicht siebzehn. Aber sie ist im Morgenlande geboren und aufgewachsen. Ihre Brüste und Hüften sind früh entwickelt, die Augen klein und ebenso schwarz wie die Haare, die lose um die Schultern fließen. Die scharfen Augen leuchten und sengen. Sie ist eine lebendige, schwarze Blume des Morgenlandes. Durstig ist schon ihr Herz und wollüstig ihr Blick. Und sie schaut den fremden Burschen an, der vor dem Hause gegenüber sitzt. Es verdrießt sie, daß ihr Gesicht und Hals so verbrannt sind, und sie freut sich zugleich: ein neuer Bursche im Dorfe! Sie geht wieder in die Stube, um ihr schwarzes Haar zu kämmen und Schuhe auf die bloßen Füße anzuziehen.

Vor seinem Hause sitzt im Schatten eines Maulbeerbaumes Reb Nochum, ein Mann von etwa fünfzig Jahren. Sein langer, breiter Bart und die auf chussidische Art gedrehten Pejes sind schon grau, aber Augen und Stirne sind noch jung. Er sitzt und denkt:

»Unser Land, unser Land, Erez-Jißroel . . .«

Vor fünf Jahren ist Reb Nochum nach Palästina gekommen. Er hat seine Waldgeschäfte in Rußland liquidiert, hat sich mit tiefem Herzleid von den Gräbern seiner Eltern und von seinen Freunden im Stübel verabschiedet, den Talmud und den Sohar, das Erbe seines Vaters, zusammengepackt und auch die silberne Schnupftabaksdose mitgenommen, ist nach Palästina gezogen und hat hier in Nachlon ein Stück Land gekauft. Seine älteren Söhne bearbeiten das Feld. Er hilft ihnen mit Ratschlägen. Sonst nimmt er täglich, wie früher in der Heimat, ein Blatt Talmud durch und am Sabbatabend – ein Blatt Sohar. Seit er hergekommen ist, spürt er eine gewisse Unruhe. Es ist ihm, als wäre er noch gar nicht ins Heilige Land gekommen, als sei er unterwegs steckengeblieben. Als hätte er seine Hände ausgestreckt, um das heilige, geliebte Land zu umfangen: das Land ist aber für ihn zu groß und zu heilig, oder seine Arme sind zu schwach und zu klein. Heute ist er noch gar nicht draußen im Felde gewesen. Etwas nagt ihn am Herzen. Er sitzt vor dem Hause und denkt:

»Unser Land, unser Land, Erez-Jißroel . . .«

Die arabischen Hirten haben die Herden zum Brunnen vor dem Dorfe zusammengetrieben: die Kühe, die Schafe mit den dicken, fetten Schwänzen und die Ziegen mit den langen Ohren. Und von der Tenne her zieht eine Staubwolke zum Dorf: die Leute fahren schon heim zum Mittagessen und um auszuruhen. Bald zeigt sich Gerschejn mit seinem Wagen. Er lenkt seine Pferde stehend. Gerschejn ist fünfundfünfzig, schlank und hager und hat einen schwarzen, verwilderten Bart. Er trägt gerne die Manieren eines echten Ackerbauers zur Schau. Wenn sein Gesicht verschwitzt ist, wischt er es nicht anders als mit dem Ärmel des Hemdes ab. Hat er etwas zu tragen, so trägt er es immer auf der Schulter. Steht er vor dem Hause herum, so nur barfuß, und fährt er in seinem Wagen vom Felde heim, so nur stehend. Er steht im Wagen und fährt ohne große Eile. Er weiß, daß der echte Ackerbauer seine ermüdeten Pferde niemals antreibt. Nach ihm kommt in einem mit zwei Ochsen bespannten Wagen Reb Chajim, Mirjams Vater. Auch er ist in den Fünfzigern. Breitbeinig ist er, kräftig und selbstbewußt. Er ist schon als Kind nach Palästina gekommen. Er sitzt in seinem Wagen und weiß, daß er der Gemeindevorsteher des Dorfes ist und daß sein Ertrag auch größer sein wird als der der andern. Er freut sich über seine Ochsen, mit denen er jetzt fährt, und über die Pferde und Esel, die mit dem arabischen Knecht draußen auf dem Felde geblieben sind. Er zieht seine Schnupftabaksdose aus der Tasche, nimmt eine ordentliche Prise und schreit die Ochsen an, so ganz ohne Grund, zum bloßen Vergnügen. Nach einer Weile zeigt sich vor dem Dörfchen Reb Menasche, ein immer nachdenklicher Mann von fünfundfünfzig Jahren. Er hat ein neues Pflanzsystem erfunden und ist überzeugt, daß, wenn alle ihm folgen und ihn verstehen wollten, er das ganze jüdische Volk und alle Kolonien von Palästina retten würde. Seit fünf Jahren pflanzt er auf seinem Boden Ölbäume; er macht immer neue Versuche und schreibt ein Werk darüber; dem Werke gibt er auch seine Biographie bei. Aber niemand folgt ihm und niemand hört auf ihn. Er ist von allen verkannt. Und da ihm niemand hilft, erreicht er auch nichts. Kann man denn mit leeren Händen etwas machen? Jetzt denkt er daran, daß seine Pflanzungen bei dieser großen Hitze täglich bewässert werden müssen. Das wird er auch in seinem Buche erwähnen. Ruwen, der Spötter des Dorfes, holt ihn ein. Ruwen ist ein schwarzer, lebhafter, lustiger junger Mann, der gerne Witze macht, besonders, wenn die Feldarbeit in vollem Gange ist. Er wendet sich zu Menasche:

»Guten Morgen, Reb Menasche! Was sagt ihr zu der Hitze? Man kann kaum atmen. Das Haar auf dem Kopfe verbrennt einem. Woher kommt Ihr?«

Reb Menasche erwacht aus seinen Träumen und antwortet stolz:

»Woher soll ich kommen? Von meinen Pflanzungen.«

Ruwen macht ein ernstes Gesicht und fragt:

»Wie steht es dort? Ich hab' heute aus der Ferne hinübergeschaut – es sieht gut aus, ausgezeichnet!«

Reb Menasches Stolz schwillt noch mehr.

»Ist es noch eine Frage, ob ich recht habe? Sie sind alle Narren, Esel, Ochsen, verbohrte Köpfe.«

»Ich sage ja immer, daß Ihr recht habt«, sagt Ruwen mit verstohlenem Lächeln. »Wißt Ihr was? Hab ich es

Euch noch nicht gesagt? Ich habe die Absicht, dasselbe zu pflanzen . . .«

Reb Menasche gerät in Feuer und läßt ihn nicht ausreden:

»Man kann damit sein Glück machen! Keiner hört aber auf mich. Ich hab' schon ein ganzes Buch darüber geschrieben. Heuer hätte ich allen zeigen können, daß ich recht habe, selbst ein Ochse hätte es zugeben müsen. Leider haben sich Würmer gezeigt. Ich habe wohl zu stark gedüngt und zu wenig umgegraben. Ich bin ja ganz allein. Ich habe auch zu wenig gepflanzt. Man muß doch auch etwas zurücklassen, um leben zu können. Niemand hilft mir ja. Wenn Ihr es auf Euch nehmen wolltet, könnten wir zusammen noch mehr Versuche anstellen. Ihr sollt aber Eure Pflanzung gleich neben der meinigen anlegen. Dann können wir uns einen gemeinsamen Wächter anstellen. Viele Auslagen werden dann geringer sein. Man kann damit sein Glück machen. Die ganze jüdische Kolonisation in Erez-Jißroel wird aufleben. Wißt Ihr, bei der Hitze muß man jeden Tag etwas wässern. Auf mich könnt Ihr Euch verlassen . . .«

Reb Menasches Augen leuchten, sein Gesicht glüht. Er ist gleichsam gewachsen. Er hätte noch lange träumen können, aber sein Blick fällt auf Ruwen, und er bemerkt das Lächeln in seinen Augen. Etwas sticht ihn ins Herz, und er geht nachdenklich, zerstreut, wie zusammengeschrumpft, seinem Hause zu.

Noch einige Wagen erscheinen auf dem Wege von der Tenne zum Dorfe. Eine dichte Staubwolke begleitet sie. Dieser Wolke folgt zu Fuß der abgearbeitete, nachdenkliche Mojsche, ein Mann von fünfundvierzig Jahren. Mojsche war einer von den ersten, die sich vor fünfzehn Jahren hier in Nachlon niedergelassen haben. Er hat aber kein Glück. Fast alle Kolonisten haben ein schweres, dürftiges Leben, doch sie können es immer noch aushalten. Er aber hat gar kein

Glück. Nicht nur, daß er wenig Land besitzt – er hat jedes Jahr auch noch eine Mißernte, und sein Vieh stirbt eines nach dem andern. Heuer verlor er in einem einzigen Monat einen Ochsen und zwei Pferde. Und seine Familie wird immer größer, die kleinen Kinder wachsen heran, und sein Weib ist kränklich. Die Schulden erdrücken ihn. Er kann es nicht länger ertragen. Nun hat er sich entschlossen, das Land zu verlassen. Und er ist versorgt und bekümmert.

Vom abgemähten Felde her reitet auf seinem schönen arabischen Pferde Gerschejns Sohn, ein Bursche von etwa zwanzig Jahren. Er ist als Reiter in der ganzen Gegend berühmt. Selbst die Araber haben vor ihm Respekt. Das Pferd ist wild – Blut und Feuer. Es rennt wie der Wind, alle Muskeln bis zu den Hufen sind gespannt, es berührt wie schwimmend mit dem Bauche die Erde, die Nüstern sind gebläht, es verschlingt förmlich die Straße unter sich. Der Reiter sitzt fest und unbeweglich im Sattel, als ob er und das Pferd aus Bronze gegossen wären. Beide zeigen der strahlenden, glühenden Sonne ihre Kunst. Und sie verstehen einander. Der Reiter ist wild, das Pferd selbstbewußt. Mitten im Fluge wenden sie plötzlich um, wie die Schlange ihren Kopf umwendet. Oder sie bleiben plötzlich stehen. Und dann fliegen sie wieder über das heiße, wilde Land, über Berg und Tal. Dicht vor dem Dorfe bleiben sie wie angewurzelt stehen. Der Reiter streichelt seinem Pferde den schönen Hals und dankt ihm. Das Pferd wirft den Kopf stolz empor und wiehert. Der Reiter ist mit sich und mit seinem Pferde zufrieden. Das Pferd hat Freude an sich selbst und an seinem Reiter. Stolz tänzelt es durchs Dorf.

Das Dorf ist nun voller Leben. Die vom Felde Heimgekehrten spannen vor den Häusern ihre Ochsen und Pferde aus. Andere kommen erst eben von der Tenne. Man ruft sich über die Straße kurze Bemerkungen zu: vom heurigen Ertrag, von der Ernte und von der fürchterlichen Hitze. In der Schule wird geläutet. Die Schüler dürfen heim zum Mittagessen. Auf der Straße erscheinen die Kinder des Dorfes, sommerlich leicht gekleidet, mit sonnengebräunten Gesichtern und schelmischen, gutmütigen Kinderaugen. Der junge Lehrer steht vor der Schule, begleitet mit zufriedenen Blicken seine Schüler und schaut zu, wie die Pferde und Ochsen ausgespannt werden. Eine große Freude zieht ihm ins Herz: »Und es war um die Zeit, daß die Ernte anging ...« Und er beschließt, morgen mit seinen Kindern ins Feld hinauszuziehen: »Und es war um die Zeit, daß die Ernte anging ...«

Die Leute haben ihre Zugtiere ausgespannt und sind in die Häuser gegangen. Alle suchen Schutz vor der glühenden Sonne. Sie essen zu Mittag und ruhen von der Arbeit aus. Still ist es nun auf der Straße. Mirjam zeigt sich ab und zu an der Schwelle ihres Hauses und blickt auf die Straße hinaus. Sie sucht den neuen Burschen. »Wo ist er? Schon fort? Wo kann er sein?« Sie hat sich die Schuhe angezogen und das Haar aufgesteckt, er aber ist schon fort. Die Augen traurig gesenkt, verschwindet sie im Hause.

Und wie die Sonne etwas tiefer steht, und der Wind vom Meere stärker und frischer weht, fahren die Männer wieder ins Feld. Diesmal fährt auch Reb Nochum mit. Auf dem Felde hilft er den Weizen auf den Wagen laden. Wenn ein Wagen voll ist, setzen sich seine Söhne hinauf und fahren zur Tenne. Reb Nochum folgt dem Wagen zu Fuß. Die Sonne ist jetzt mild und ergießt ihr Licht mit süßem Lächeln über Gottes Welt. Über die Welt der Hügel und Täler unter dem tiefen, blauseidenen Himmel. Der Seewind weht schon recht frisch ins Gesicht. Und in den Tälern und auch stellenweise auf den Hügeln liegen schon Schatten, weich und leicht, wie schwarze Seide. Hie und da sind sie von goldenen Sonnenflecken unterbrochen. Es ist, wie wenn eine aus schwarzen und goldenen

Stücken gewürfelte Decke auf allen Dingen ruhte. Reb Nochum folgt dem Wagen zu Fuß. Erinnerungen ziehen ihm durch den Kopf: »Zu der Zeit, als die Richter regierten . . . Und ein Mann von Bethlehem zog in der Moabiter Land . . . Und Boas kam eben von Bethlehem und sprach zu den Schnittern: Der Herr mit euch . . .« Und er schaut um sich mit erstaunten Blicken, wie ein Bräutigam auf seine schöne, geliebte Braut schaut und in ihrem Antlitz das Geheimnis ihrer Schönheit zu ergründen sucht. Und er denkt sich:

»Unser Land, unser Land, Erez-Jißroel! . . .«

Die Sonne setzt sich auf den Hügel hinter dem Dorfe, wie um auszuruhen. Groß ist sie jetzt und rot. Sie versinkt still hinter dem Hügel, und der Westen glüht. Der Seewind weht nicht mehr, er hält seinen Atem an. Die Farben des Tages erlöschen. Und eine Weile später wird ein neuer, kühler Wind geboren, und der Horizont kleidet sich in dunkle Schatten. Sie ziehen über die Hügel dahin, durch die Täler, umweben die Zypressen und nehmen sie in sich auf. Sie ruhen auf der Krone der einsamen Palme. Und die Nacht senkt sich herab, eine dunkelblaue Nacht, mit dem Lichte der Sterne und des Mondes durchwebt.

Nun sind schon alle vom Felde heimgekommen. Vor einem Stalle haben sich einige arabische Arbeiter versammelt. Einer steht in der Mitte und bläst auf der Flöte eine morgenländisch gewundene und sehnsüchtige Weise. Die andern tanzen mit großem Eifer um ihn herum. Auf der Bank vor einem der Häuser sitzen die Männer des Dorfes in Hemden und Schlafröcken. Auch die Weiber sind dabei. Sie schauen in die helle Nacht hinaus und unterhalten sich. Sie besprechen das Gerücht, daß in der Nähe, zwei Stunden vom Dorfe, noch ein Stück Land hinzugekauft werden soll. Dann wird Nachlon aufleben. Erstens wird man in der neuen Kolonie seine Waren absetzen können; und zweitens wird es Durchreisende geben, an denen man gleichfalls etwas verdienen kann. Alle werden aufleben. Dann klagt man darüber, daß die Ernte doch nicht so gut ist, wie man es erwartet hat. Der eine sagt, daß man den europäischen Pflug beibehalten soll. Aber nicht alle sind damit einverstanden. Es liegt nicht am Pflug. Es ist hier eben ein anderer Boden. Und die Steuern bringen einen um. Man spricht auch davon, daß man in Nachlon Baumpflanzungen anlegen müsse. Vom Getreide allein könne man nicht reich werden. Man hat aber kein Geld. Und die Bank will für die Baumpflanzungen kein Geld vorschießen. Menasche gerät in Feuer und sagt, daß, wenn man ihm gefolgt und in Nachlon Pflanzungen nach seinem System angelegt hätte, alle längst reich geworden wären. Die Leute lächeln.

Dann redet man davon, was man von den arabischen Wächtern auszustehen hat. Man erwischt sie, wie sie den Weizen stehlen. Und nun erzählt man sich Geschichten von Zusammenstößen zwischen Arabern und jüdischen Kolonisten. Gerschejn erzählt, was er einmal auf dem Wege von Jaffa nach Nachlon erlebt hat. Einmal fährt er am Abend von Jaffa weg. Es ist gefährlich, nachts allein zu fahren. Er muß aber noch an diesem Abend zu Hause sein. Sein Weib liegt fieberkrank danieder. Und morgen muß er das Feld bestellen. Und wenn man Ackerbauer ist, darf man sich nicht schonen. Wenn man noch am gleichen Abend zu Hause sein will, muß man eben fahren. Er lädt seinen Revolver und fährt. Es ist schon recht spät geworden. Alles ist still, er trifft keinen Menschen und ist ganz allein auf der Straße. Aber unten im Tale erblickt er zwei Araber, die anscheinend von den Bergen kommen. Beide haben Büchsen. Es ist nicht gut. Aber den Arabern zeigen, daß man vor ihnen Angst hat, ist noch viel schlimmer. Also fährt er weiter. Wie sie ihm begegnen, sagen sie ihm: »Marchaba, chawadsche.« Antwortet er: »Marchabaten.« Fragen sie ihn: »Hast du Feuer?« Und einer ergreift sein Pferd am Zaume. Es ist nicht gut. Sie wollen ihm das Pferd nehmen. Zeigt er ihnen den Revolver und sagt: »Wenn ihr Feuer wollt, so kann ich's euch nur damit geben.« Zeigen sie auf ihre Büchsen und sagen: »Auch wir haben Feuer.« Richtet er sich im Wagen auf und sagt ihnen: »Geht doch lieber weiter. Mit Gutem werde ich euch das Pferd nicht geben. Einer von uns bleibt hier tot liegen. Ich schieße. Wollen wir sehen, wer hier liegen bleibt.« Er schoß in die Luft. Sein Pferd war scheu. Es erschrak, riß sich aus den Händen des Arabers los und begann zu rennen. Das Pferd rennt, und er schießt. Er sieht nichts, er hört nur, wie sie ihm nachjagen und schießen. Eine ganze Stunde rannte das Pferd. Erst kurz vor Nachlon hatte es sich beruhigt.

Ein anderer erzählt, wie ihn Araber am hellichten Tage überfallen hatten. Ruwen berichtet, wie ihm die Kolonisten einmal einen Streich gespielt hatten. Es war kurz nachdem man sich in Nachlon niedergelassen hatte. Die jetzigen Häuser standen noch nicht da. Man wohnte in arabischen Hütten. Die Tenne mußte man selbst bewachen. Einmal kam die Reihe an ihn, bei der Tenne zu wachen; an ihn und zwei andere junge Leute. Die beiden anderen waren aber nicht rechtzeitig zur Stelle. So sitzt er bei der Tenne und hat das Gewehr neben sich liegen. Er ist todmüde und schlummert etwas ein. Plötzlich erwacht er und sieht zwei Männer in der Tenne stehen und Weizen in Säcke stopfen. Er will nach der Büchse greifen, aber die Büchse ist verschwunden. Was soll er tun? Ein Geschrei erheben, schämt er sich. Die Diebe werden auch davonlaufen. Da erinnert er sich, daß sein Wagen dicht neben ihm steht. Er reißt ein Brett vom Wagen los und stürzt sich auf die Diebe. Die Diebe ergreifen die Flucht, und er ihnen nach. Sie laufen zum Dorfe. Im Dorfe fing er zu schreien an, daß man die Diebe aufhalte. Es entstand große Aufregung. Die Schlafenden erwachten und stürzten schreiend auf die Straße. Und was stellte sich heraus? Es waren eigene Leute. Man spielte ihm diesen Streich zur Strafe dafür, daß er eingeschlafen war. Alle lachen. Man scherzt. Man frischt alte Erinnerungen auf.

Durch die Gasse gehen die Mädchen des Dorfes mit dem neuen Burschen. Auch Mirjam ist dabei. Sie wissen schon, daß er Genin heißt, daß er Arbeiter ist und hergekommen ist, um Arbeit zu suchen, und daß er in Nachlon bleibt, um die Tenne des Nachts zu bewachen. Die Mädchen sprechen mit ihm, erzählen ihm Geschichten und fragen ihn aus. Alle geben sich Mühe, dem neuen Burschen zu gefallen. Mirjam allein schweigt die ganze Zeit. Die Bekanntschaft mit dem neuen Burschen kommt ihr so seltsam vor. Alle ihre Freundinnen reden mit ihm und fühlen sich frei und unbefangen in seiner Nähe, und sie allein schweigt. Das verdrießt sie so, daß sie weinen könnte. Sie fühlt, daß ihr Gesicht glüht, es klingt ihr in den Ohren. Und sie fragt ihn:

»Wo werdet Ihr wohnen?«

Er war aber gerade in eine lebhafte Unterhaltung mit den Mädchen vertieft, als Mirjam mit ihrer Frage kam. Ihre Freundinnen erröteten. Es war so dumm, mit der Frage herauszuplatzen. Und ihre Stimme hatte so sonderbar gezittert.

Genin wandte sich zufrieden nach ihr um und antwortete verschämt und sanft:

»Das weiß ich noch nicht.«

Die Mädchen ärgern sich. Der neue Bursche wird ja glauben, daß alle Mädchen im Dorfe ebenso dumm sind wie Mirjam. Sie schauen alle Genin flehend in die Augen. Als ob sie sagen wollten: »Was können wir dafür? Wir sind doch nicht so dumm . . .«

Die Straße leert sich allmählich. Die Männer und Frauen haben sich schon in ihre Häuser zurückgezogen. Morgen muß man ja früh aufstehen und ins Feld gehen. Reb Nochum allein ist vor seinem Hause geblieben. Er geht nachdenklich auf und ab. Genin nimmt Abschied von den Mädchen und verschwindet in irgendeinem Hause. Nach einer Weile erscheint er wieder mit einer Büchse auf der Schulter und geht zur Tenne. Die Mädchen sind schon alle heimgegangen. Mirjam allein steht noch vor ihrem Hause. Sie schaut traurig zur Tenne hinüber und denkt:

»Gefalle ich ihm ebenso wie er mir? Gefalle ich ihm?«

Der scharfe Blick ihrer schwarzen Augen durchdringt die Nacht. Sie schaut zur Tenne hinüber, und ihr Herz klopft schnell und unruhig.

Glühend heiße Tage ziehen dahin. Jeder Stein, jeder Baum, jede Blüte, jeder Grashalm glüht. Gottes Welt ist von der Sonne, von der Hitze und vom Feuer berauscht. Die Nächte aber sind still und kühl, voller Nachtträume und Nachtgedanken. Das Morgenland vertieft sich in sein Wunder. Werden unter dem hohen, tiefen Nachthimmel neue Religionen geboren? Sehnen sich die alten grauen Steine in den Tälern und auf den Bergen nach den alten Propheten und dem kommenden Messias?

In der Tenne hat sich schon recht viel Getreide angesammelt, und jeden Abend kommen dort die Dorfleute zusammen. Alle kommen hin, alt und jung, mit Frauen und Kindern. Man führt ernste Gespräche: vom heurigen Ertrag, von der Zukunft des Dorfes; wie dürftig und schwer hier das Leben sei. Man spricht vom Fieber und will sich einreden, daß hier im Dorfe weniger Erkrankungen vorkämen als anderswo. Man spricht auch von Mojsche, der fortgehen will. Mojsche klagt über sein Leben. Er will gar nicht fort, nein, er will nicht. Er war ja einer der ersten, die sich hier in Nachlon niedergelassen haben. Damals mußte man noch Tag und Nacht seine Büchse bei sich haben. Die

Araber machten jeden Augenblick Überfälle. Es gab ewigen Krieg mit ihnen. Man arbeitete bei Tag mit der Büchse hinter dem Rücken im Felde und behielt sie auch nachts in den Händen. Man wohnte in kleinen arabischen Hütten. Mojsche erzählt mit großem Eifer von den damaligen Zuständen. So lustig war es damals. Man war auf alles gefaßt und mit allem zufrieden. Und jetzt muß er Erez-Jißroel verlassen. Das muß er schon seiner Familie wegen. Die andern trösten ihn. Reb Nochum allein schweigt. Man tröstet Mojsche damit, daß er unschuldig sei, daß auch die anderen mit Mühe und Not ihr Leben fristen. Der Wächter der Tenne, Genin, mischt sich ins Gespräch ein: »Nein, wie schwer hier auch das Leben ist, ich werde niemals von hier fortgehen. Hier will ich leben und hier sterben. Ich will nicht von meinem Posten weichen, ich will nicht das Land verlassen. Hier müssen wir unser Leben finden oder unsern Tod.« Auch der Lehrer ist begeistert: »Wir alle müssen ebenso denken wie Genin. Es ist gar nicht so schwer. Hier ist unser Heim und unser Glück.« Die Leute schweigen und denken daran, daß es in Judäa und Galiläa schon eine Menge jüdischer Dörfer mit Baumpflanzungen und großen Getreidefeldern gibt. Ein jeder fühlt, wie schön die Nacht ist und daß das Getreide, auf dem er sitzt, ihm gehört und von seinem eigenen Lande geerntet ist. Freude durchströmt die traurigen Herzen. Und die Nacht senkt sich über die Tenne und die Häuser und über das kleine Häuflein Menschen, die hergekommen sind, zu den Wilden und Fremden, um in ihrem eigenen Lande, in ihrem alten Heim zu wohnen. Die Jüngeren werden mutwillig. Sie bewerfen einander mit dem Korn. Sie stoßen hinter dem Rücken der Älteren die Mädchen. Ein junges Paar will sich durchaus anständig benehmen und bei den Älteren sitzen bleiben. Die andern sind ja so ausgelassen. Also haben die beiden Grund, sich eng aneinanderzuschmiegen ... Die Jugend beginnt zu singen.

Man singt jüdische Lieder und verträumte morgenländische Weisen. Die Älteren hören zu und werden nachdenklich. Im Dorfe gibt es plötzlich Lärm. Einige Leute, die dort geblieben sind, haben einen Araber erwischt, der Weizen stehlen wollte. Sie kommen zu der Tenne und erzählen es. Nun gehen alle in das Dorf.

Der Wächter allein bleibt in der Tenne zurück. Er fühlt sich schon heimisch im Dorfe. Man ist mit ihm zufrieden. Er gefällt auch den Mädchen. Sie gehen mit ihm herum und wollen ihm gefallen. Aber sein Herz sehnt sich nur nach der einen. Die schwarze Mirjam mit den schwarzen Augen hat ihn gefangengenommen. Auch sie fühlt sich zu ihm hingezogen. Sie halten sich aber in einiger Entfernung voneinander. Sie dürfen ja nicht immer zusammen sein. Die Dorfweiber haben schon etwas gemerkt und passen auf. Einmal sind sie allein zur Tenne gegangen. Der Weizen und die Gerste, der Himmel und die Sterne waren Zeugen: sie hatten die ganze Zeit geschwiegen. Er ergriff ihre Hand und wollte sie etwas fragen. Sie sah ihn mit einem so heißen, liebevollen, durchdringenden Blick an. Und er ließ ihre Hand los. Am nächsten Morgen tuschelten aber schon die Weiber und machten auch ihre Mutter darauf aufmerksam. Und die Mutter sah sie böse an. Seitdem halten sie sich in einiger Entfernung voneinander.

Die Nacht hat sich tief über die Welt gesenkt, eine stille, tiefe, helle Nacht, von Schatten durchwebt, mit Mondschein durchtränkt. Gleich wird der Tau fallen. Und die ganze Welt Gottes singt ihr stummes Lied:

»Nacht, Nacht, Nacht.«

Einige Esel erheben hie und da einer nach dem andern ein jämmerliches Geschrei, und dann ist es wieder still.

Nacht.

Irgendwo fällt ein Schuß. Hat dort hinter dem Hügel ein Mensch einen andern überfallen? Und es ist wieder still.

Nacht.

Man hört die Schellen einer Karawane. Über die Hügel bewegt sich ein Zug Kamele, mit Warenballen beladen. Und alles ist still.

Nacht.

Im Dorfe hallen einsame Schritte, Reb Nochum geht vor seinem Hause auf und ab. Er bleibt stehen und geht dann wieder auf und ab. Er glaubt ein Geräusch zu hören. Und er denkt sich: »Unser Land, unser Land, Erez-Jißroel. Alle Wunder sind hier möglich.«

Nacht.

Etwas raschelt im Grase. Eine Schlange gleitet vorbei und verschwindet. Und dann ist es wieder still.

Nacht, Nacht, Nacht. Es ist eine Erez-Jißroel-Nacht mit allen ihren Geheimnissen und Wundern. Im Dorfe schläft man schon. Mirjam allein schläft nicht. Sie hatte sich schon zu Bett gelegt, konnte aber keinen Schlaf finden. Nun ist sie barfuß im bloßen Hemd mit offenem Haar hinausgegangen und hat sich auf die Bank vor dem Hause gesetzt. Und sie blickt mit ihren scharfen Augen zu der Tenne hinüber. Sie sehnt sich nach ihrem Liebsten. Wenn sie mit ihm jetzt sprechen könnte ... Sie würde ihm sagen:

»Ich habe schon mein Kleid ausgezogen, die Schuhe von den Füßen geworfen, das Haar aufgelöst und bin herausgekommen, um dich zu suchen. Wären nicht die Nachbarinnen und die Mutter, so wäre ich zu dir nackt, wie ich bin, gelaufen.«

Und sie würde ihm sagen:

»Mein Gesicht ist braun. Es ist von der Sonne verbrannt. Aber mein Leib ist frisch und hell. Und mein Herz ist so heiß. Es sehnt sich nach dir.«

Und sie denkt:

»Liebt er mich, wie ich ihn liebe? Liebt er mich?«

Vor der Tenne geht der Wächter, das Gewehr auf

der Schulter, auf und ab. Er bewacht den Besitz von Nachlon. Sein Herz sehnt sich aber nach Mirjam, nach dem wilden, braunen Mädel. Er schaut in die Nacht hinaus und vergeht vor Sehnsucht.

Er nimmt die Büchse von der Schulter und schießt in die wilde Nacht hinaus. Was gibt's? Hat er ein Geräusch gehört? Oder hat nur sein Herz vor Sehnsucht und Liebe gezittert? Er schießt einmal nach dem andern.

Mirjam erhebt sich. In dieser wilden Nacht ist sie wie ein wiedererstandener Traum von einst. Eine Tochter Jerusalems zieht nachts durch die Gassen und sucht ihren Geliebten. Ihre Haare sind feucht vom Tau. Ihr Leib zittert vor Sehnsucht. Ihre bloße Brust hebt und senkt sich. Das Feuer der Liebe glüht in allen ihren Gliedern, und ihre Liebe ist stark wie der Tod. Und ihre Seele sehnt sich nach der Tenne, und sie starrt mit ihren scharfen Augen in die wilde Nacht hinaus.

Einige Männer stecken ihre Köpfe aus den Fenstern. Sie haben die Schüsse gehört und lauschen hinaus. Schon fällt wieder ein Schuß. Und dann ist alles wieder still. Nun wissen sie es: der Wächter schießt. Und sie ziehen ihre Köpfe wieder ein.

Es ist still. Es ist Nacht. Eine Nacht voller Wunder und wilder Träume. Sehnt sich der Himmel nach den alten Propheten, nach dem Messias? Werden neue Religionen geboren? Stille. Nacht. Es ist die Erez-Jißroel-Nacht mit allen ihren Wundern und wilden Träumen.

Ein Nachmittag. Im Dorfe herrscht heute reges Leben. Mojsche soll heute abend abreisen. Und Reb Nochums Weib, die oft Fieberanfälle hat, ist wieder krank. Alle Weiber gehen zu Mojsche, um ihm beim Packen zu helfen und mit ihm vor dem Abschied dies und jenes zu besprechen. Und dann gehen sie zu Reb

Nochum, um nach der Kranken zu schauen. Reb Nochum ist den ganzen Tag neben seiner kranken Frau gesessen. Sie liegt zu Bett und schaut ihn mit traurigen Augen an. Es ist ihm, als ob sie ihn fragte:

»Nochum, die Kinder haben sooft Fieber. Auch ich bin immer krank. Aber ich weiß nicht ... Wie meinst du?«

Reb Nochum schweigt und denkt sich:

»Unser Land, unser Land, Erez-Jißroel.«

Die Weiber geben der Kranken Ratschläge. Und zwischendurch klagen sie über ihr Leben:

»Schwer ist es hier. Mojsche geht nun wirklich fort. Es ist auch kein Wunder. Ist es denn ein Leben? Bekommt man hier was zu essen? Und dann die Schulden. Ach, Vater im Himmel!«

Reb Nochum ist es schwer ums Herz. Er geht aus dem Hause. Nicht weit von seinem Hause, auf dem Wege zum Felde, hat er einen kleinen Mandelgarten. Er nimmt einen Spaten, geht in seinen Mandelgarten und beginnt, die Erde um die Bäumchen herum zu lockern. Er hat die Bäumchen mit seinen eigenen Händen gepflanzt. Er sieht sich um. Er steht vor einem Bäumchen und gräbt. Der Wind weht durch seinen breiten grauen Bart. Und es ziehen ihm die Worte durch den Sinn: »Und wenn ihr ins Land kommt und allerlei Bäume pflanzet ...« Reb Nochum hebt die Augen und schaut zu den Bergen Judäas hinüber. Das weißblaue Licht, das auf den wilden Bergrücken ruht, tröstet und liebkost ihm das Herz. Tränen rollen aus seinen Augen, und er spricht zu sich selbst:

»Und wenn ihr ins Land kommt und allerlei Bäume pflanzet ...«

Mojsche kommt in den Mandelgarten, geht auf Reb Nochum zu, begrüßt ihn und sagt:

»Ich fahre bald fort.«

Reb Nochum schaut ihn traurig an und schweigt. Mojsche spricht weiter:

»Reb Nochum, solange es ging, habe ich es hier ausgehalten. Nun kann ich es nicht mehr. Weder ich, noch mein Weib und meine Kinder.«

Beide schweigen.

»Reb Nochum, sechzehn Jahre habe ich in Erez-Jißroel gelebt. Als wir herkamen, war hier noch eine Wüste. Drei Jahre wohnten wir in einer arabischen Hütte. Mußten mit der Büchse in der Hand schlafen. Reb Nochum . . .«

Mojsche fühlt, daß ihm die Tränen in die Augen treten. Er schweigt. Dann streckt er die Hand aus und sagt:

»Nun, wollen wir uns verabschieden.«

Reb Nochum verspricht, noch zu ihm ins Haus zu kommen, um dort Abschied zu nehmen. Mojsche geht fort. Reb Nochum blickt ihm nach und spricht zu sich selbst:

»Unser Land, unser Land, Erez-Jißroel.«

Im Hause Mojsches hat sich das ganze Dorf versammelt. Die Weiber reden. Alle seufzen. Mojsches Weib weint. Die andern Weiber trösten sie:

»Wer weiß, ob nicht uns allen dasselbe bevorsteht.«

Mojsches Weib ist untröstlich. Sie weint und jammert:

»Mojsche hat hier seine besten Jahre gelassen.«

Mojsche aber weint nicht. Das ziemt sich nicht für ein Mannsbild. Er packt die Sachen und schnürt sie zusammen. Die Mäner helfen ihm. Und er denkt daran, wie lustig er war, als er hier einzog. Die Büchse hing ihm am Rücken. Und er glaubte so fest an sich und an das Leben. Man erwartete damals jeden Augenblick einen Überfall der Araber, und doch war es ihm so lustig zumute, und der Tod erschreckte ihn nicht. Und jetzt ist ihm so bitter ums Herz. Er packt die Sachen mit großem Eifer, als wollte er seinen Schmerz betäuben. Alle helfen ihm bei der Arbeit. Jemand wendet sich an den Wächter Genin:

»Warum steht Ihr so da? Helft doch mit.«

Genin blickte düster drein. Er antwortet:

»Meine Hände wollen nicht einem Juden helfen, Erez-Jißroel zu verlassen. Nein.«

Mojsches Gesicht durchzuckt ein neuer Schmerz. Er macht sich mit noch größerem Eifer ans Packen.

Inzwischen ist auch Reb Nochum gekommen. Mojsche ist mit dem Einpacken fertig. Man beginnt Abschied zu nehmen. Man weint, man küßt sich heiß und lange. Mojsches Weib und Kinder steigen in den Wagen. Mojsche setzt sich auf seinen Esel. Eine Weile herrscht Schweigen. Man hört nur das Weinen von Mojsches Weib und die langen heißen Küsse, die sie mit ihren nächsten Freundinnen wechselt. Der Wagen setzt sich in Bewegung. Mojsche reitet auf seinem Esel hinterher. Man begleitet sie aus dem Dorfe hinaus. An der Dorfgrenze bleiben alle stehen. Die Fortziehenden entfernen sich immer mehr, nun sind sie schon ganz weit. Mojsches Herz krampft sich zusammen. Er wendet den Kopf um, um noch einen Blick auf das Dorf zu werfen. Nun kann er sich nicht länger beherrschen und beginnt still und bitter zu weinen.

Die Sonne geht eben unter. Die Berge von Judäa glühen. Still ist es ringsum. Die Dorfleute stehen traurig da, hören das Weinen, und es ist ihnen, als ob es die Stimme von einst wäre, ein Widerhall aus jener Zeit, als der Feind die Juden in die Verbannung wegführte. Traurig, bekümmert, aber stolz und selbstbewußt kehren sie ins Dorf zurück. Denn sie sind dageblieben bei ihren Häusern, bei ihrer Tenne und ihren Feldern um das Dorf herum.

Man erzählt sich im Dorfe, daß ein ganzes Heer hungriger Araber aus Arabien angekommen ist und die Felder in der Gegend verwüstet. Ein jeder schaut seinen Revolver nach. Man kauft Patronen und versieht sich mit guten Gewehren. Die Weiber sind außer sich vor Angst. Man beruft eine Versammlung ein und überlegt sich, ob man nicht noch mehr Wächter bei den Feldern anstellen solle. Man gibt es auf. Man hat ja kein Geld.

Und eines Nachts, als alle schon schlafen, kommt einer der Wächter vom Felde ins Dorf geritten, schießt einigemal in die Luft und weckt das schlafende Dorf. Alle laufen aus den Häusern heraus, und der Wächter berichtet: Man hat die Felder überfallen. Das ganze Dorf ist auf den Beinen. Die Weiber weinen und wollen ihre Männer nicht gehen lassen. Sie hören aber nicht auf sie. Sie kleiden sich schnell an, springen auf die Pferde und reiten, mit Büchsen und Revolvern bewaffnet, davon. Sie jagen wie wild und schießen fortwährend in die Luft. Ein Pferd stolpert und stürzt, der Reiter liegt neben dem Pferd. Beide erheben sich schnell auf die Beine, der Reiter sitzt schon wieder im Sattel und jagt vorwärts. Einer schlägt ungeduldig sein Pferd mit der Peitsche und klagt: »Ausgerechnet heute muß mein Pferd hinken!« Der Wächter Genin ist auch dabei. Er ist von der Tenne ins Dorf gekommen, hat irgendein Pferd erwischt und reitet mit den andern. Die Reiter haben sich schon weit vom Dorfe entfernt und nähern sich den Feldern. Einige bange Minuten verstreichen. Still und stumm ist die Nacht. Man hört nur den Hufschlag der Pferde. Und plötzlich erschallt in der stummen wilden Nacht ein Kriegsgeschrei. Man schießt, man schreit, man jagt einander nach. Man ist auf die Räuber gestoßen, und nun entbrennt eine große, heiße, wilde Schlacht.

Die Weiber sind allein im Dorfe. Nur Reb Nochum ist mit ihnen geblieben. Seine Kinder ließen ihn nicht fort. Die Weiber stehen in einem Haufen, einsam, verlassen in der stummen, wilden Nacht vor den leeren Häusern. Sie stehen erschrocken da und weinen.

»Wehe uns, wehe uns!«

Und Nochum seufzt:

»Unser Land, unser Land. Es ist doch unser, unser.«

Von den Feldern her klingt das Geschrei immer lauter und lauter. Die Schießerei wird heftiger. Die Weiber jammern:

»Der Meinige wird gewiß umkommen ...«

»Und der Meinige geht doch immer selbst ins Feuer. Er weiß gar nicht, was Vorsicht ist. Immer muß er der erste sein.«

»Alle wollen die ersten sein, alle gehen ins Feuer.«

»Wehe uns, wehe uns!«

Reb Nochum tröstet:

»Betet zu Gott, betet zu Gott. Er wird helfen. Es ist doch unser, unser Land. Gott will es so. Es ist ein gottgefälliges Werk, für Erez-Jißroel Krieg zu führen.«

Auf der Straße erscheint der Lehrer des Dorfes mit dem Revolver in der Hand. Er hat bis jetzt geschlafen und erst eben das Schießen gehört. Also kommt er gelaufen. Man erzählt ihm, was los ist. Er will sofort ins Feld. Eine Frau sagt:

»Wir sind allein im Dorfe. Bleibt bei uns.«

Er überlegt sich, bleibt schließlich bei den Weibern und tröstet sie:

»Habt doch keine Angst. Sie werden schon die Araber verjagen.«

»Die Araber haben schlechte Büchsen. Man muß eben Krieg führen. Habt nur keine Angst, sie werden sie ganz gewiß verjagen.«

Die Schlacht draußen tobt immer wilder. Der Lärm entfernt sich immer weiter vom Dorfe, weit in die Tiefe der Nacht hinein. Man hört wilde Schreie, Schuß fällt auf Schuß. Es überläuft alle kalt, alle Haare stehen zu Berge. Alle sind vor Schreck erstarrt. Und plötzlich wird es still. Draußen im Felde ist schon etwas geschehen. Hat man die Räuber verjagt, oder sind alle Männer des Dorfes gefallen? Die Weiber können nicht mehr ruhig stehen. Sie weinen bitter:

»Wehe uns, wehe uns!«

Eine Weile später erklingen die Hufschläge der heimkehrenden Reiter. Und sie kommen immer näher und näher. Man hört sie sprechen. Lachen sie nicht? Ja, sie sind lustig. Die Weiber stürzen den Reitern entgegen. Die Männer kommen zufrieden, müde und erhitzt ins Dorf. Die Weiber rufen ihnen zu:

»Seid ihr alle da? Alle?«

»Ja, ja. Nur ein Pferd ist leicht verwundet. Wir haben sie verjagt.«

Und sie erzählen zufrieden und siegesbewußt:

»Die Kugeln flogen wie der Hagel über unsern Köpfen. Wir wichen aber nicht von der Stelle. Wir haben sie verjagt.«

»Und der Wächter Genin«, erzählen sie, »ist ein wahrer Held. Er ritt uns allen voran. Eine Kugel hat ihm die Mütze durchbohrt, und er ritt immer voran. Eine Weile war er ganz allein unter den Arabern. Sie schreien: ›Kehr um, du bist doch allein!‹ Er schießt aber auf sie und schreit: ›Nein, ich werde nicht weichen. Ihr werdet hier nichts holen. Keine einzige Ähre. Nein!‹ Wir holten ihn bald ein. Er ging immer ins Feuer. Ein Held, ein wahrer Held!«

Man steigt von den Pferden und bindet sie an die Bäume an. Und alle setzen sich mit den Gewehren in den Händen auf eine Bank vor einem der Häuser. Die Männer lassen ihre Blicke längs der Dorfstraße und der beiden Häuserreihen schweifen. Die Weiber stehen um sie herum und weinen. Die einen holen ihre Schnupftabakdosen heraus und nehmen eine Prise, die andern stecken sich Zigaretten an. Und sie lächeln:

»Weint, Weiber, weint: wir haben die armen Araber vertrieben!«

«Es ist ein Glück, daß ich keine Pejes habe: heute nacht wären sie mir verbrannt, denn die Kugeln flogen mir dicht an den Ohren vorbei.«

»Nun, dann hättest du eben eine Peje verloren.

Aber wenn ich eine längere Nase hätte, wäre es viel schlimmer. Dicht vor der Nasenspitze flogen mir die Kugeln.«

Die Weiber schimpfen:

»Was lacht ihr noch? Ein schönes Lachen ist es! Wenn ihr selbst ins Feuer geht . . .«

Ruwen der Spötter schaut auf seine schwächliche, kleine, hagere Ssore und scherzt:

»Gewiß haben die Weiber recht. Mich hat nur mein Weib gerettet. Ich schrie den Arabern zu: ›Hütet euch, mein Weib Ssore geht auf euch los!‹ Und sie liefen sofort davon.«

Alle beginnen laut zu lachen, auch Ssore lacht mit.

Und dann berichtet man wieder, was sich draußen im Felde abgespielt hat. »Es war ein ganzes Heer Araber, und alle hatten Gewehre. Sie wollten durchaus nicht weichen. Wir fragen sie: ›Was wollt ihr von uns?‹ – ›Wir haben Hunger‹, schreien sie. ›Kommt dann zu uns als Freunde‹, sagen wir, ›erzählt uns alles, und wir werden euch nach Kräften helfen. Aber wenn ihr bei Nacht unsere Felder überfallt . . .‹ Sie schießen aber unaufhörlich aus den Büchsen und wollen nicht weichen.«

»Und Genin«, bestätigten alle, »ist ein Held, ein wahrer Held! . . .«

Mirjam hört, wie man den Wächter lobt. Ihr Herz zittert vor Freude. Sie sucht ihn mit den Blicken. Er ist aber nicht dabei. Er hat sein Pferd jemand übergeben und ist selbst zur Tenne gegangen. Mirjam stiehlt sich fort und läuft zur Tenne, barfuß, mit wehendem Haar. Sie läuft auf Genin zu, umarmt ihn und küßt seinen Kopf, der vom Tau ganz feucht ist.

»Ein Held, ein Held bist du. Alle sagen das. Alle loben dich. Ich liebe dich.«

Sie umschlingt ihn heiß und fest mit ihren heißen, jungen wilden Armen. Genin ist glücklich und stammelt:

»Ja? ... Ja? ... Mirjam ... Lobt mich dein Vater auch? ... Dein Vater? ...«

Mirjams junger biegsamer Leib ruht in seinen kräftigen sicheren Armen. Und Mirjams Lippen haben sich an seinem Hals festgesogen. Der Kuß ist so heiß, so stark, daß die Nacht vor ihm erzittert. Mirjam umfaßt seinen Kopf mit den Händen und sagt hastig und leise:

»Ich muß zurück. Daß Vater und Mutter nicht merken, daß ich hier gewesen bin. Ich muß laufen.«

Genin fühlt ihre glühenden Lippen auf seiner Stirne, und sie verschwindet wie ein Traum ins Dorf.

Im Dorfe ist's wieder still. Es ist wieder die stille, stumme, wilde dunkelblaue Erez-Jißroel-Nacht mit ihren großen Sternen, mit ihrem hellen Mond, mit ihren stillen, tiefen Wundern. Nacht. Still ist es ringsum. Die Schatten verweben sich mit den Mondstrahlen und legen sich auf die Berge und Täler und auf die einsame Palme. Irgendwo in der Ferne heulen hungrige Schakale. Und dann ist es wieder still. Das ganze Dorf schläft. Mirjam allein sitzt vor dem Hause mit offenen schwarzen Haaren und schaut mit ihren schwarzen glühenden Augen zur Tenne hinüber. Vor seinem Hause steht Reb Nochum. Er kann gar nicht einschlafen. Heute hat es ja eine Schlacht gegeben, eine Schlacht in unserem Lande. für unser Land. Er steht und schaut in die Nacht hinaus. Er glaubt etwas zu hören. Ist es ein Wunder? Er ist ja in Erez-Jißroel: alle Wunder sind hier möglich. Er geht aus dem Dorfe hinaus, wirft die Schuhe von den Füßen, fällt mit dem Gesicht auf die Erde und erstarrt in einem stummen, heißen, langen Kuß:

»Unser Land, unser Land, Erez-Jißroel!«

ERKLÄRUNGEN JIDDISCHER WÖRTER

(h. = hebräisch)

Abgesonderte: Männer, die sich von allem Weltlichen, zumal von ihren Ehefrauen, absondern und sich nur der Lehre (Thora) widmen (»Peruschim«).

Agune: Aguna (»die Gebundene«), eine verlassene Frau, deren Ehemann verschollen ist. Für sie ist Wiederverheiratung unmöglich, solange der Tod des Mannes nicht konstatiert worden ist.

Aleph: Erster Buchstabe des hebr. Alphabets.

Almemor: (arab. »Die Kanzel«, hebr. »Bima«) Platz in der Mitte der Synagoge zur Verlesung der Thora.

Alschich: ein Talmudkommentar.

Arbekanfes: (h. Arba Kanfot = »Vier Ecken«) Rituell vorgeschriebenes Kleidungsstück = leinenes Leibchen mit »Schaufäden«, unter der Kleidung getragen (vgl. »Talis-kutten«).

Aron ha-Kodesch: »Hl. Schrein«, Wandschrank an der Misrachwand (s. d.), in dem die Thorarollen aufbewahrt werden.

Baal-Schem (Balschemm) »Meister des (göttlichen) Namens«, der Stifter des Chassidismus in Polen: Israel ben Elieser (1699–1760).

Badchen (Mz. Badchunem): Spaßmacher bei Hochzeiten, Bänkelsänger und Gelegenheitsdichter.

Barmizwe (Bar-Mizwa): »Sohn des Gesetzes« heißt der jüdische Knabe an seinem 13. Geburtstage, an dem er die religiöse Volljährigkeit erreicht und erstmals Tfillin (s. d.) legt. B. auch Bezeichnung der Feier (die der Konfirmation entspricht).

Batlen (Mz. Batlonim, Batlunem): Jemand, der Honorar erhält, um ständig im Lehrhause (Bejßmedresch) zu »lernen«; allgemein: unpraktischer Mensch.

Beigel: eine Art Gebäck

Beis (Beth): zweiter Buchstabe des hebr. Alphabets.

Bejßmedresch (Bejß Hamidrosch, Bet-ha-Midrasch): talmud. Lehr- und Bethaus.

Belfer (»Behelfer«): Gehilfe eines Melammed (s. d.).

benschen (»benedicere«): Segensspruch bei der Mahlzeit sprechen.

Bove-Maisses: Erfundene Geschichten (nach einem alten Werk der jüd. Literatur).

Briß (h. Berit »Bund«): Beschneidungsfeier (am 8. Tage nach der Geburt des Knaben), der unsichtbar der Prophet Elias beiwohnt.

Challe (h. Challa »Kuchen«): Geflochtenes Weizenbrot für den Sabbat und Feiertag, im Westen »Barches« genannt.

Chanekke (Chanukke): h. Chanukka »Einweihung«. Achttägiges Lichtfest.

Chanukkegeld: Geschenk an Arme und Kinder an diesem Tage.

Chanukkelampe: Achtarmiger Leuchter, bei dem an jedem Tage ein Licht zusätzlich entzündet wird.

Chasen (Mz. Chasanim): h. Chasan (»Aufseher«): Vorbeter, -sänger, Kantor.

Chejder: (Cheder = »Stube«) traditionelle jüdische Elementarschule.

Chimmesch (Chumesch): Die fünf Bücher Mose (Pentateuch).

Chummet: Chomez (h. Chamez »Gesäuertes«). Alles, was mit Sauerteig zubereitet ist, ist für die Pejssachzeit verboten und wird vor Festbeginn fortgeschafft.

Chuppe (h. Chuppa): der Traubaldachin, unter dem Braut und Bräutigam zusammengegeben werden.

Chussid (Chossid, Mz. Chassidim): h. Chassid »der Fromme«. Heute Anhänger der mächtigen, im 18. Jahrhundert im Ostjudentum aufgekommenen Richtung (Chassidismus), die gegenüber dem (talmud.) Wissen das Gefühl besonders stark betont.

Dajen (Mz. Dajonim): h. Dajjan (»Richter«): Rabbinergehilfe, Rabbinatsassessor.

Dalles: die Verkörperung der Armut (h. dallut).

dawnen: beten.

»Ejn Jaakew« (»Auge Jakobs«): ein Talmudkommentar.

Ellel (Elul): letzter Monat des jüdischen Kalenders (entspricht ungefähr August-September), der – vor den hohen Festtagen – dem Andenken der Verstorbenen geweiht ist.

Fleisch und Milch: Müssen streng getrennt bleiben (daher getrenntes Geschirr).

»Frejlachs«: Fröhliches (= e. lustige Marschmelodie).

»Furchtbare Tage« (jamim noraïm): die zehn hohen »Tage der Umkehr« (Teschuwa) von Neujahr bis Versöhnungsfest, wo Gott über die Menschen zu Gericht sitzt (1.–10. Tischri).

Gabbe, Mz. Gabbojim (h. Gabbai »Einnehmer«): Vorsteher einer Synagogengemeinde.

Gaon, der Wilnaer: Elia ben Salomo (1720 – 1797) in Wilna; größte talmudische Autorität (daher der uralte Ehrentitel), schärfster Gegner des Chassidismus.

Gemure (h. Gemara »Das Erlernte«): Erläuterungen und Ausführungen der Aramäer (3.-5. Jahrh.) zur Mischna. »Gemure« bezeichnet oft den Talmud überhaupt.

Gilden (Gulden): alter polnischer Gulden (= 15 Kopeken).

Goj (Mz. Gojim): Nichtjude, Christ, davon Adjektiv gojisch.

Goldene Suppe: Die Suppe, die das Brautpaar nach der Trauung (Chuppe) als erste gemeinsame Mahlzeit verzehrt.

Goles (Golus): h. Galuth »Verbannung, Exil«; seit der Zerstörung des 2. Tempels. (Redensart »so lang wie der Goles«).

Haggode (»Haggada«): Erzählung vom Auszug Israels aus Ägypten, wird an den ersten beiden Pejssachabenden am Sseder-Tisch, oft aus kunstvoll verzierten Handschriften, vorgelesen.

Haknossas Kallo: »Verheiratung der Braut«. Pflicht, einem armen Mädchen die Heirat durch Stiftung der Mitgift und Aussteuer zu ermöglichen.

Hand geben: Zur Begrüßung eines Fremden oder von der Reise Heimgekehrten. Bei Frauen nicht angewandt, da jede Berührung zwischen den Geschlechtern verboten ist.

Handwaschung: Rituell vorgeschriebene Handlung (mit Segensspruch) vor dem Morgengebet, bei jeder Mahlzeit.

Hawdole (h. Hawdala »Unterscheidung«): Zeremonie der Trennung des Sabbats vom Werktag; bei Sabbatausgang wird über Licht und Wein ein besonderer Segensspruch gesagt.

Hejschano-Rabbo (Hoschana Rabba): Der 7. Tag des Laubhüttenfestes (Ssukes), an dem nach jüd. Lehre das göttliche Gericht über den Menschen, das am Neujahr (Roscheschune) beginnt, zum Abschluß kommt.

»Jahrzeit« (a. d. Mittelhochdtsch. f. »Jahrestag«): Die alljährlich durch Sprechen des Kaddisch (oder Vorbeten) begangene Feier des Todestages der Eltern.
»Jahrzeitlicht.«

Jeschiwe (Jeschiwa): Freie Hochschule für höhere Talmudstudien; »Rosch-Jeschiwe« = Leiter der J.

Jeschiwe-Bocher (Bachur): Schüler einer Jeschiwe. Die Jeschiwe-Bochers haben in wöchentlichem Turnus freie Beköstigung bei wohlhabenden Gemeindemitgliedern (»Köst essen«).

Jojmkipper (Jom-Kippur, h. Jom ha-Kippurim = »Tag der Sühnungen«): Versöhnungstag zwischen Gott und Mensch, auch zwischen Mensch und Mensch, am 10. Tischri. Höchster Feiertag bei ununterbrochenem Fasten und Gebet durch 24 Stunden. Gebete »in Talis und Kittel« (s. d.). – Klein-Jojmkipper bei manchen Frommen am Vorabend jedes Neumondtages mit Fasten und Bußgebeten.

Jontew (h. Jom-Tow »Guter Tag«): Feiertag, Festtag.

Kabbala (»Überlieferung«): engere Bezeichnung der jüdischen Mystik (seit dem 13. Jahrhundert).

Kabbolas-Schabbes: »Begrüßung des Sabbat«.

Kaddisch (Kaddisch): »Heiliger«, altes (aram.) Gebet. Bestandteil des täglichen Gottesdienstes, auch Gebet, das die Söhne für ihre verstorbenen Eltern (auch nahe Verwandte) im Trauerjahre oder bei Wiederkehr des Todestages (»Jahrzeit«) sagen.

Auch Bezeichnung für denjenigen, der K. spricht.

»Kaw Hajoschor« (h. Kaw Hajaschar = »Das gerechte Maß«): volkstümliches Moralbuch in jiddischer Sprache.

Kiddusch (Kiddesch): »Heiligung«. Einweihung des Sabbats bzw. Festtages durch den Hausherrn mit Segensspruch über einen Becher Wein (»Kidduschbecher«, oft besonders kunstvoll).

Kislew: dritter Monat des jüd. Kalenders; ungefähr Nov. – Dez.

Kittel: Weißes Leinenhemd (Totenhemd, »Kittel und Häubel«), das bei feierlichen Anlässen, z. B. am Versöhnungstage oder Neujahr, im Gottesdienst über den Kleidern getragen wird.

Köst (Kest): Beköstigung und freie Wohnung, die das junge Paar nach der Hochzeit einige Jahre im Elternhaus erhält (Teil der Mitgift). Vgl. auch Jeschiwe.

Kojhen (Mz. Kojhanem): h. Kohen »Priester«, Nachkomme Aarons, für den besondere Vorschriften gelten. Hat noch heute innerhalb der Gemeinde besondere Rechte und Pflichten. Wird in einer Ehe als erstes Kind ein Knabe geboren, so hat der Vater ihn (gem. 4. Mose 19, 15) durch Zahlung an einen Priester auszulösen (»Pidjon ha-Ben«). Der Kojhen darf kein Haus betreten, in dem ein Toter liegt, darf keine geschiedene Frau oder Witwe heiraten u. a. m.

Kolniddre (Kol-Nidrej): »Alle Gelübde«; aram. Anfangsworte des Gebets, mit dem in der Synagoge der Versöhnungstag eingeleitet wird.

Kopfbedeckung: Stets vorgeschrieben für Segenssprüche, Gebete und das »Lernen«.

Koscher (h. kascher = »recht«): was der Ritualvorschrift entsprechend erlaubt ist (Gegensatz zu trejfe).

Ksibbe (Ketubba): Heiratskontrakt (aram. oft in besonderer Schönschrift), der die Rechte und Pflichten der Eheschließenden festhält.

Kugel (Kiggel): von »Gugel« (?); Sabbatspeise, die schon am Freitag zubereitet und für den Sabbat im Ofen warmgehalten wird.

Lamden: »Gelehrter« (in jüd. Wissen).

Lernen: Beschäftigung mit dem religiösen Schrifttum.

Leviathan: Meeresungeheuer. Nach dem nachbiblischen Schrifttum wird das Fleisch des L. den Gerechten im Paradies als Speise vorgesetzt.

Litwak (Mz. Litwakes): Litauische Juden, deren Frömmigkeit in anderen Gegenden angezweifelt wird. Die »Litwakes« werden als »Freigeister«, besonders von den Chassiden, oft mit gewisser Nichtachtung behandelt.

Magid (»Verkünder«): Prediger, oft auch Wanderprediger (-redner).

Mahlzeit, dritte: Vor Sabbatausgang (Schaleschudes).

Maimonides: Rabbi Moses ben Maimon (Rambam), bedeutendster jüdischer Philosoph des Mittelalters (1135–1204).

Maftir: Vorlesung aus dem Propheten Jonas am Nachmittag des Versöhnungstages. Als Ehrenamt versteigert.

Marew (Maariw): Abendgebet.

Masel-tow (Masseltow = »Gut Glück!«): Allgemeine Glückwunschformel.

Mazze (Mazza, Mz. Mazzes, Mazzot): Ungesäuertes, flaches Passahbrot. Alljährlich wird ein Stück Mazze aufgehoben und »zum Gedächtnis« bis zum nächsten Passah (Pejssach) an sichtbarer Stelle aufbewahrt (»Gedächtnismazze«).

Mechutten (Mz. Mechuttonim, weibl. Form »Mechutteneste«): Als M. bezeichnen sich gegenseitig die Eltern von Braut und Bräutigam.

Mejlech Eljen (h. Melech Eljon »Höchster König«): Gebet am Neujahrstage (Roscheschune).

Melammed (Mz. Melamdim): Lehrer im Chejder (Elementarschule); muß verheiratet sein.

Midrasch (h. »Forschung«): Auslegung des Alten Testaments nach den Regeln der jüd. Schriftgelehrten.

Mikwe: Rituelles Tauchbad, seit ältesten Zeiten in jeder jüd. Gemeinde.

Minche (h. Mincha »Speiseopfer«): Nachmittagsgebet.

Minjen (h. Minjan »Zahl«, Mz. Minjanim): Zehnzahl religionsgesetzlich volljähriger Juden, die als Mindestzahl zur Abhaltung eines vollgültigen Gemeindegebets vorgeschrieben ist.

Mischna (»Wiederholung«): Die »mündliche« Lehre, zugleich mit der schriftlichen Lehre (Thora) gegeben und mündlich überliefert. Aufzeichnung um 200 n. Chr. abgeschlossen. – Bildet zusammen mit der Gemure (Gemara) den Talmud.

Mischnajes: Es ist Sitte, für das Heil eines Verstorbenen ein Kapitel der M. (»ein Blatt Mischnajes«) zu »lernen« (s. d.) oder lernen zu lassen.

Misnagid (Mitnagid »Gegner«): Gegner des Chassidismus.

Misrach (Sonnenaufgang, Osten): Diese Himmelsrichtung hat für die Juden besondere Bedeutung, weil sich dort ihr Vaterland Israel befindet. Die Synagogen werden nach dieser Richtung gebaut. Aus diesem Grunde werden in der Synagoge (Schul) die an der »Misrachwand« gelegenen Sitze besonders geschätzt und teuer bezahlt. In den Wohnungen wird oft eine bemalte Tafel mit der Inschrift »Misrach« angebracht, um dem Betenden die Richtung nach Jerusalem anzuzeigen.

Mizwe (Mizwa »Gebot«): göttliches Gebot, gottgefälliges Werk. Die erste Mizwe der Hl. Schrift »Seid fruchtbar und mehret euch!«, daher Pflicht zur Ehe, Förderung von Eheschließungen (vgl. »Haknossas Kallo«).

Mogen Dovid (Magen David »Davidsschild«, -stern): Seit jeher Zeichen des Judentums.

Name (ha-Schem): der unausgespr. Gottesname, »der liebe Name«.

nebbich: Unübersetzbarer Ausdruck des Bedauerns.

Neun Tage: Vor dem 9. Aw (Tischebuw, Tag der Tempelzerstörung); an diesen Tagen wird zum Zeichen der Trauer kein Fleisch gegessen.

Nile (Neile, Neila »Abschluß«): Schlußgebet am Versöhnungstage.

Peje (Mz. Peies, h. peot »Ecken«): Schläfenlocke; nach altjüdischem Brauch nicht zu beschneiden.

Pejssach (Pessach »das Vorübergehen«): Passah, Osterfest. Achttägiges (14.-21. Nissan) Erinnerungsfest an den Auszug der Juden aus Ägypten, nachdem der Todesengel an den jüdischen Häusern »vorübergegangen« war. (Fasten der Erstgeborenen.) Zur Erinnerung an das ungesäuerte Brot der eilig aus Ägypten aufgebrochenen Juden dürfen nur ungesäuerte »Mazzes« (s. d.) gegessen werden. Festmahl »Sseder« (s. d.).

Perücke (»Scheitel«): Verheiratete jüdische Frauen dürfen das eigene Haar nicht sehen lassen und tragen daher Perücken (»Scheitel«).

Pidjon ha-Ben: »Lösung des Sohnes«; Auslösung des Erstgeborenen durch Zahlung eines Geldbetrages an einen Kojhen (30 Tage nach der Geburt).

Psiches: Öffnen des Hl. Schreines (Thoraschreins) bei gewissen Gebeten.

Purim (»Lose«): Freudenfest, Erinnerung an die Errettung der Juden vor der Vernichtung durch den persischen Minister Haman (am 14. Adar = Februar, entspricht der Fastnacht). Purimgeschenke (»Schlachmones«), Gebäck (»Hamantaschen«). Verlesung der Esther-Rolle (»Megille«).

»Rabojssai!«: Meine Herren!

Raschi: Traditioneller Talmudkommentar des R. Salomo ben Isaak (Salomo Izchaki); berühmtester Exeget im 11. Jahrhundert (Troyes 1040–1105, zeitweilig in Worms), nach dem auch ein Schriftcharakter (Raschi-Schrift) benannt ist.

Reb: Ehrentitel für Gebildete, Fromme oder auch nur ältere Männer (s. »Row«).

Reb Jid (Herr Jude!): Anredeformel, soviel wie »Herr Nachbar«.

Rebbe: chassid. Führer (Zaddik), oft auch für den Melammed gebraucht.

Rebbezin: Rabbinerfrau.

Roscheschune (Rosch-ha-Schana »Jahresanfang«): Jüdisches Neujahrsfest (am 1. und 2. Tischri = Herbst); als sehr ernstes Fest mit sehr langen Bußgebeten (in »Kittel und Häubel«) begangen.

Row (Mz. Rabbonim): Titel des Schriftgelehrten des offiziellen Gemeinderabbiners; Anrede: »Rabbi« (»mein Herr«).

Sabbat (Schabbes, h. Schabbat »Ruhe«): Siebenter Tag der Woche, Ruhetag mit sehr strengen Vorschriften über Vermeidung jeder Arbeit. (Unerläßliche Tätigkeiten besorgen Nichtjuden = »Schabbesgoj«), s. »Ejruw«, »Kiddusch-Hawdole«. Grußformel »Gut Schabbes!«

Sandek: derjenige, der das Kind während der Beschneidung in den Armen hält.

Schabbes-Nachme (»Sabbat-Nachmu«): Name des Sabbats nach dem Fasttag der Tempelzerstörung (»Tischebuw«), so genannt nach Jesaja 40, 1 »Nachmu...« (Tröstet, tröstet mein Volk!«).

Schächter (Schochet): Der Gemeindebeamte, der Tiere nach den Vorschriften des jüd. Ritualgesetzes schlachtet.

Schadchen (Mz. Schadchonim): Heiratsvermittler (h. Schadchen »Der gut zuredet« – zum »Schidduch« = Partie).

Schaleschudes: »Dritte (Sabbat-) Mahlzeit«.

Schammes (Mz. Schamossim, h. Schamasch): Diener, besond. Synagogendiener.

Schatnes (h. Schaatnes = Mischgewebe): Wolle und Leinen zusammen, was nach dem jüd. Gesetz (3. Mose 19,19) verboten ist. Daher Verbreitung des Schneiderhandwerks.

Scheidebrief (Get): Nach dem Gesetz Scheidung nur in einem Ort möglich, der an einem Flusse »mit Namen« (also nicht an einem namenlosen Gewässer) liegt.

Schemes (h. Schemot »Namen«): Blätter aus alten Gebetbüchern u. ä., auf denen der Gottesname vorkommt und die daher nicht vernichtet werden dürfen. Werden im Bethaus in Truhen oder Verliesen (Geniza) aufbewahrt und nach gewisser Zeit in geweihter Erde eingegraben.

Schma Jißroel: »Höre Israel« (»Er unser Gott, Er ist Einer«); das heiligste Bekenntnis der Juden. Wird als letztes vor dem Tode gesprochen oder dem Sterbenden vorgesprochen.

Schmojneessre (»Schemone essre« = Achtzehn): Achtzehngebet, das Gebet (Teffilla) schlechthin. Wird stehend (daher auch »Amida« = »das Stehen« genannt) und unbeweglich, das Gesicht nach Osten gerichtet, gesprochen.

Schnorrer: Wandernder Betteljude.

Schojfer (Schejfer h. Schofar): Widderhorn, krummes Blasinstrument (Posaune), wird am Roscheschune und Jojmkipper geblasen.

Scholem (Schalom) »Alejchem!«: »Friede sei mit Euch!« Begrüßungsformel bei der Ankunft von Fremden oder verreisten Personen.

Schor-Habor: Riesenstier der talmud. Sage. Wird dereinst – wie der Leviathan (s. d.) – im Paradies den Gerechten zur Speise gereicht.

Schul (Schil): Bezeichnung der Synagoge (bei Luther: »Judenschule«). Männerschul und Frauenschul getrennt.

Schulklopper: Gemeindediener, der durch Klopfen an alle Türen der Judengasse zum Morgengebet ruft.

Schuschannes-Jaakew (Schoschanos Jaakew, h. Schoschannat Jaakow = »Lilie Jakobs«): Purim-Hymne, oft durch jidd. Zusätze erweitert.

Schwues (Schwies, Schawuot »Wochen«): das Wochenfest, sieben Wochen nach Pejssach (entspricht Pfingsten).

Sfirozeit (Sefira »Zählung«)! Die Tage zwischen Pejssach und Wochenfest: Trauerzeit, vielfach auch Fasten, in der keine Hochzeit stattfindet.

Sliches (Slieches h. Selichot »Verzeihung«): Bußgebete, die vor den hohen Feiertagen im Herbst und an Fasttagen, oft vor Tagesanbruch, in der Synagoge verrichtet werden. »Slicheszeit«.

Sohar (Glanz): Das Hauptwerk der Kabbala, der mystischen Lehre des Judentums (wahrscheinlich im 13. Jahrhundert entstanden).

Sprüche der Väter (Pirke Awot): volkstümlichstes Stück der Mischna.

Sseder (Ssejder, »Ordnung«): Die Ordnung für die mit einer Fülle von Zeremonien und symbolischen Speisen verbundene Familienfeier an den ersten beiden Pejssachabenden, bei der u. a. den Teilnehmern geboten ist, vier Glas Wein zu trinken. Der Familienvater verliest die »Haggode« (s. d.). Der Prophet Elias wird ständig erwartet (Elias-Becher, offene Tür).

Ssore bas-Tewim (Sara bat-Tuwim): legendäre Verfasserin beliebter Tchines (Frauengebete).

Ssukes (h. Sukkot, »Hütten«): Laubhüttenfest am 15.-22. Tischri (September – Oktober); letztes der (Wallfahrts-)Feste, an dem der Aufenthalt in einer »Laubhütte« vorgeschrieben ist.

Streimel (Mz. Streimlach): Eigentümliche Pelzmütze, die von geistlichen Personen, in einigen Teilen Osteuropas auch von allen Männern, am Sabbat und an Festtagen getragen wurde.

Tachnun (Tachanun): Tägliches Bußgebet, das am Sabbat und an Feiertagen nicht gesprochen wird, ebenso nicht, wenn sich unter den Betenden jemand befindet, in dessen Hause ein Briß (s. d.) gefeiert wird.

Talis (h. Tallit, »Gebetsmantel«): viereckiger, weißer Überwurf aus Wolle oder Seide mit Schaufäden an den Ecken, der von den Juden zum Morgengebet und bei feierlichen Zeremonien gebraucht wird. (= Großer Talis »Tallit gadol«).

Talis-kutten (Tallit katan): »Kleiner Talis« = »Arbekanfes« (s. d.).

Talmud: Kompendium der mündlich überlieferten Lehre (Auslegung) des Mosaischen Gesetzes, um 500 n. Chr. abgeschlossen. Umfaßt Mischna und Gemara (»Gemure«, daher oft auch nur »G« genannt).

Talmud-Thora (Talmud-Toire): »Unterricht in der Lehre«. Öffentliche, von der Gemeinde unterhaltene Religionsschule (Elementarschule) für arme Kinder.

Tammus: 10. Monat des jüd. Kalenders; entspricht ungefähr dem Juni – Juli.

Tchines (h. Techinnot; Techinna »Bittgebet«): Frauengebete in jiddischer Sprache.

Terach: Vater Abrahams; wird auch als Schimpfwort gebraucht.

Tfillin (Twellen): Gebetsriemen (Phylakterien), von erwachsenen Juden bei Verrichtung des Morgengebets an Stirn und entblößten linken Oberarm angelegt.

Thora (Toire) »Lehre«: Mosaische Lehre = fünf Bücher Mosis (Pentateuch), für gottesdienstlichen Gebrauch auf Rollen (Megille) geschrieben, die im Aron ha-Kodesch (s. d.) aufbewahrt werden.

Tillem (Tehillim): Psalmen.

Tischebuw (Tischa-be-Aw): 9. Aw; Trauertag (mit Fasten) zur Erinnerung an die Zerstörung des Tempels (586 v. Chr. und 70 n. Chr.).

Tischri: Erster Monat des jüd. Kaltenders, ungefähr dem September – Oktober entsprechend.

Treife: Rituell verboten; Gegensatz von »koscher«.

Wanderung nach dem Tode: Nach dem jüd. Volksglauben wandern die jüd. Toten nach der Beerdigung unterirdisch nach Jerusalem.

Widduj: Sündenbekenntnis am Versöhnungstage und vor dem Tode.

Zaddik (»Gerechter«): Wundertätiger Rabbi (Rebbe) der Chassidim. Bezeichnung nach dem Wohnort; z. B. der Kozker Rebbe, Belzer Rebbe, Sadagorer Rebbe.

»Zelt«: Gemauertes Betstübel, das auf Gräbern hervorragender Männer statt eines Grabsteines errichtet wird.

Zimmes (»Zugemüse« ?): Eingedünstetes Gemüse oder Obstkompott.

Zisses (Zizzit): Schaufäden an Arbekanfes (s. d.) und Talis (s. d.); Erinnerung an die Gebote (4. Mos. 15, 37).